A Comparative Guide

to the Asian
Infrastructure Investment Bank

亚洲基础设施
投资银行比较指南

[美]李耐德（Natalie Lichtenstein）　著

孔庆江　张西峰　丁　如　吴盈盈　车路遥　译

孔庆江　丁　如　校

中国政法大学出版社

2019·北京

版权登记号：图字01-2019-2372号

图书在版编目（ＣＩＰ）数据

亚洲基础设施投资银行比较指南/(美)李耐德著；孔庆江等译. —北京：中国政法大学出版社，2019.12
ISBN 978-7-5620-9247-6

Ⅰ.①亚⋯　Ⅱ.①李⋯　②孔⋯　Ⅲ.①投资银行－对比研究－亚洲　Ⅳ.①F833.03

中国版本图书馆CIP数据核字(2019)第247210号

出　版　者	中国政法大学出版社
地　　　址	北京市海淀区西土城路 25 号
邮寄地址	北京 100088 信箱 8034 分箱　邮编 100088
网　　　址	http://www.cuplpress.com (网络实名：中国政法大学出版社)
电　　　话	010-58908289(编辑部) 58908334(邮购部)
承　　　印	北京中科印刷有限公司
开　　　本	720mm×960mm　1/16
印　　　张	21.75
字　　　数	360 千字
版　　　次	2019 年 12 月第 1 版
印　　　次	2019 年 12 月第 1 次印刷
定　　　价	88.00 元

写在中文版出版前的话

这本介绍亚洲基础设施投资银行的书，现在已经以中文的形式和中国读者见面了。亚投行是总部位于中国的几个主要国际组织之一。中国在推动亚投行成立的多边化进程中发挥了主要作用。在亚投行成立至今，中国始终是最大的股权国。

尽管如此，亚投行并非中国的国内银行，相反它是由近 90 个已经批准的来自世界各地的成员所管理的国际组织。亚投行是一家多边开发银行，建立在其他多边开发银行的框架和经验的基础上。本书提供了亚投行与其他多边开发银行先驱和合作伙伴相比较之下的详细信息，中文版的出版将为对多边开发银行感兴趣的中国读者提供更多的资源。

我欣赏中国政法大学国际法学院院长孔庆江教授的远见与卓识，并衷心感谢孔庆江教授及他的翻译团队中勤奋能干的同事——张西峰博士、丁如博士、车路遥博士、吴盈盈博士、张叶小姐、宋浩先生和梅冰小姐——为这部书中文版的出版所付出的艰辛努力！我很高兴中国政法大学出版社与牛津大学出版社合作出版了本部译著。

李耐德（Natalie Lichtenstein）

华盛顿特区

2018 年 11 月

前　言

当我被任命为专责创建一个新的多边开发银行的多边临时秘书处秘书长的那一刻，她的名字出现在我的脑海。我认为，没有人比李耐德更适合担任首席法律顾问了。她长期在公共领域、政府和世界银行从事法律事务的经验与她对亚洲的了解及对亚洲的情感互相匹配。

考虑到美国对创立一个新的多边开发银行的立场，有些人质疑我为何选择一个美国人担任如此重要的工作，事实上，这件事本身向世界传达了一个强烈的信息，那就是包容性，唯才是举和性别平等将深深植根于这个新的机构。她就这样加入了我为亚洲基础设施投资银行迅速召集的多国籍的拥有各种专长成员的筹备小组。秘书处与22个意向创始成员的首席谈判代表们配合工作良好，正是后者签署了2014年关于创立亚投行的《谅解备忘录》，而后不久又有更多区域内外的国家或地区加入了此《谅解备忘录》，使意向创始成员数量达到57个。

议程的事项之多，与此相对应的开会地方也多。我们第一次会议在昆明召开，然后相继到了孟买、阿拉木图、北京、新加坡、第比利斯、法兰克福和雅加达。东道主对发展基础设施的渴望以及它们对亚投行设想的压倒性的支持强化了与会者对互联互通的重要性的认识。我想象一辆大篷车沿着古老的丝绸之路前行，越向前其队伍越壮大。中国的领导人播下了种子，而使其苗壮成长的是所有利益相关者的共享的设想和协调一致的努力。

就《亚投行协定》达成共识的过程惊人地顺畅，表明利益相关者关于创制一个21世纪的多边开发银行的共同希望和承诺。首席谈判代表们始终瞄准亚投行的宗旨和使命，聚焦于重大事项，毫不拖泥带水地完成了谈判。谈判强度很大但依然气氛和谐，因为大家的希望和需求都非常明确。

我们一致认为，是时候了。亚洲需要一个新的开发机构。成功孕育挑战，几十年的迅速发展带来了基础设施的瓶颈，需要突破路障。这些国家或地区不同程度地受益于全球化，但也正是受益大小不均，有一些落在后面。一种基于共商共建共享理念的新方法正当其时。灵感来源于亚洲国家如中国、韩国、日本有关基础设施投资如何驱动经济发展并使数以百万计的人口脱贫的经验。我们拥抱合作和互通，欢迎一个设立新的开发银行的设想，该银行发展新的合作共事的方法，积极参与到重塑亚洲的进程中去。

除了其他有创意的特点外，亚投行存在的理由反映在它的治理结构和运作方式上。我们都拥抱自己参与创建的这个机构的新设想，都同意其标志性的混合非常驻的董事会和授予管理层行使项目批准权的做法，高成本效益比和高效率的组织架构，致力于透明度和植根于银行哲学的亚洲发展思想。亚投行一个显著的特点是其引入了合规、效率和廉洁部，该部门独立于管理层而工作，直接对董事会负责。

从一开始，亚投行的核心原则就很清楚。我们建立的不是由一个或少数几个成员控制的银行，而是基于多边化和国际合作的银行。它包容、创新、高效且具有成本效益，建立在信任和伙伴关系之上。它留在多边开发银行家族中，属于同类，但不是对现有多边开发银行的克隆。多边主义的产儿代表新世纪，但又与现有成长了的姐妹银行紧密合作。携带着其创制者的基因，亚投行迅速降生。

这个得益于其前面的多边开发银行的经验，具有亚洲身份的新的投资银行的创建，我们均与有荣焉。其中，李耐德女士起到的作用再怎么强调也不过分。她把首席谈判代表们的设想转化为务实和精准的法律框架，这框架后来构成亚投行的基石。她足智多谋，随时从其工具箱中拿出法律的表述，解决条款的争议，从而弥合理解上的差距。正如首席谈判代表们和秘书处所慷慨表示的那样，她渊博的专业智识、明智的忠告和勤奋的工作赢得了各方的尊敬。

　　我与他们一起感激与赞赏她的贡献。本书是她的贡献的证明。亚投行将永远留有她的痕迹。

　　很多关于亚投行的出版物将在几年内陆续出版。李耐德的书带了一个好头。

金立群

亚洲基础设施投资银行行长

自　序

这本书始于另一本书。

2014 年秋天，当我前往北京开始讨论亚洲基础设施投资银行协定的起草时，我带了一本简明而具有开拓性的著作：《欧洲复兴开发银行——组织文件的比较分析》(*The European Bank for Reconstruction and Development—A Comparative Analysis of the Constituent Instrument*)，该书由易卜拉欣·希哈塔（Ibrahim F. I. Shihata，1983—1998 世界银行总法律顾问）所著，于 1990 年出版。当我在书架上找到该书并准备行程时，发现我的这册书是 25 年前作者为了感谢我在其中小小的贡献而题字后送我的。现在亚投行已经成立，我自己的书也已经完成，我也充满感怀。

由于我在世界银行（在世界银行，希哈塔的法律意见像黄金一样贵重）工作的缘故，我深刻地理解起草人和总法律顾问所面临问题的广度和深度。[我的那册有题字的希哈塔编撰的经典作品《世界银行法律文件汇编》(*The World Bank Legal Papers*) 已经被翻烂。] 在起草《亚投行协定》(AIIB Charter) 的时候，我意识到希哈塔的《欧洲复兴开发银行》一书是多么有用。在征询世界各地的多边开发银行的法律顾问们对各银行协定的真知灼见时，很多人都提及了此书，说是办公室书架上最常用的书之一。他们发现该书的用处，已经超出对《欧洲复兴开发银行协定》（EBRD Charter）的介绍本身，而成为希哈塔博士自己所称的"在对多个建立多边开发银行协定文本方便地比较时非常需要的资料源"[1]。

就在完成《欧洲复兴开发银行协定》后不久撰写的，并在该银行正式成立后之前出版的《欧洲复兴开发银行——组织文件的比较分析》，集中于对欧洲复兴开发银行的法律规定进行分析。在对有关其他多边开发银行的早期参考资料进行更新和扩展时，[2] 我发现我被多个多边开发银行协定的最初的故事吸引。在起草《亚投行协定》过程中有所感悟，我开始思考为何有些特定的条款见诸某些多边开发银行的协定而仅在有限的情况下见诸所有银行的协定。对每个协定进行全面的研究，远远超出关于亚投行的本书的范围。有些研究发现仅在相关的注释中说明，而另外一些互相印证的观点则放在本书第10章反思中讨论。

在读者诸君面前的本书严重地依赖于本人在起草和参与谈判《亚投行协定》时所获知的资料。这个过程最有收获的是与一众的国际金融机构的法律顾问们进行的深度的谈话。他们告诉我哪些条款是他们本来希望在协定中看到或不希望看到的，哪些主要条款是要保留的，哪些缺憾是要避免的。有些人已经退休了，回顾他们在不同地点不同时间的漫长职业生涯，提供他们在免于日常压力情况下才有的深刻见解。我非常珍惜他们的真知灼见，一些人甚至贡献了他们对《亚投行协定》的想法，另外一些人则对我撰写本书的某些章节有所启发。在我的多位顾问中，让我首先一并感谢 Jeremy Hovland，Elizabeth Hunt，Daud Ilyas，Emmanuel Maurice，Andres Rigo Sureda 和 James Spinner，他们来自亚洲开发银行、黑海贸易开发银行、欧洲复兴开发银行、美洲开发银行、国际农业发展基金、世界银行和全球基金，等等。我对世界银行的几位老同事表示感激，他们分享了他们在形成时期的建议，他们是 A-bel Caamano，Anna Chytla，Clifford Frazier，David Rivero，特别是 Adam Shayne 和 Jaap van Opstal，还有 Heikki Cantell，Damien Eastman 和 Gerard

---

　[1]　Shihata（1990）at xi.
　[2]　Andres Rigo Sureda 博士在 2004 年海牙国际法学院关于"国际开发银行活动适用法律"的讲座中，更新了 1990 年多边开发银行协定比较研究的许多方面。他发表在 Rigo Sureda（2004）讲座的报告，也成为了我在亚投行工作手头备用的资料。

Sanders，以及 William Alford 和 Edith Brown Weiss 教授。

我在起草《亚投行协定》中所做的，不是发明亚投行的规定，而是将他人的规划转换成能体现细微差别的长期的法律架构。我无意留下这个协定的内容是起草者创制的印象，故请允许我强调一下，协定的具体内容来自金立群秘书长领导的亚投行多边临时秘书处。在秘书处，我受益于与来自世界各地同事的合作。最后，感谢来自各个国家或地区的首席谈判代表们给我们的指导和认可。

最终，到了我离开亚投行并不再进行每月一次的从华盛顿的家到北京之间往返的时候了。一个非常驻董事会将使亚投行受益，而一个非常驻的总法律顾问对一个已完全投入运营的和活跃的多边开发银行来说并非长期办法。2016 年秋天，我转而撰写本书，分享我从中学到的和将更多学到的。我很感谢几位经验丰富、知识渊博的专家阅读了本书稿的早期版本，并提供了友善的评论和批评。为了他们这些最有价值的贡献，我要特别感激 Philip Daltrop，Nicolette DeWitt，Jeremy Hovland，Daud Ilyas，Elie Raimond，Andres Rigo Sureda 和 Jaap van Opstal。其他人也费时评阅了部分章节，并分享了他们在各自领域的专业知识，他们是 Nancy Jacklin，Lance Liebman，Stephen Lintner，Eva Meigher，Russell Munk，Ian Nightingale，Joan Powers 和 Gerard Sanders。还有一些人就本书的出版帮助了我，他们是 Antonio Parra 和 Scott Seligman。世界银行的 Vikram Ragahavan 是关于世界银行历史的无与伦比的知识库，感谢他的好意分享。在本书写作的最后阶段，Charles Hobbs 作为一个勤勉和周到的研究助手也对本人帮助很大。

在整个过程中，我从约翰·霍普金斯大学国际问题高级研究院的中国问题研究团队的合作和支持中获益良多，本人在该院担任兼职教授，并传授"中国法律与社会"课程。对于本书而言，来自国际问题高级研究院的帮助，如本人与 David Lampton，Pieter Bottelier，Carla Freeman 和 Zhaojin Li 教授的互动，是很有必要的。

我还要感谢牛津大学出版社的 Merel Alstein，是他看中了本书的出版价值，并飞速地批准了它；也感谢 Natasha Flemming 和 James Baird，是他们监督确保此书及时出版。

我也要按常规感谢我的家庭。这种感谢无论如何用文字是不足表达的。他们完全有理由期待我自 2010 年从世界银行退休以后能重新在家庭与事业之间选择家庭。但当四年后亚投行进入我的生活后，他们的希望基本破灭了。我离开亚投行后又花了一年时间写作本书，我想这时他们已经对我的忙碌见怪不怪了，相反对本书项目变得慷慨支持甚至在有的情况下还很热情呢。

为感谢他们充满爱意的宽容，我将本书和永远的感激之心献给我亲爱的丈夫 Willard Tom 和我们的好儿子 Alexander Lichtenstein Tom 和 Joshua Lichtenstein Tom；献给我亲爱的兄弟 Jonathan Lichtenstein 和他的家庭（Deann, Nathaniel 和 Samuel Lichtenstein）；献给我引以为自豪的父母 Cecile 和已经去世的 Abba Lichtenstein。在我从世界银行退休时 Abba 坚持说多边开发银行的工作我还没有做够——现在看来他是多么的富有远见。

尽管有那么多的善心人士和其他人士的建议和支持，但本书如有任何错误，概由本人负责。

李耐德（Natalie Lichtenstein）

华盛顿特区

2017 年 12 月

译者序

《亚洲基础设施投资银行比较指南》一书的作者李耐德（Natalie Lichten-stein），长期在公共领域和世界银行从事法律事务，她对亚洲具有较深的了解及深厚的感情。李耐德女士曾于 2018 年应邀访问中国政法大学国际法学院，并以"多边开发金融机构法律问题"为主题给学院师生作了一场精彩的学术报告。李耐德女士从 2014 年 11 月起，作为为筹建亚投行而设立的临时秘书处的首席法律顾问，负责相关法律事务，包括拟定《亚投行协定》及亚投行作为多边开发银行的职责。2016 年 1 月，亚投行首次会议之后，李耐德女士继续担任亚投行首席总法律顾问。亚投行行长金立群先生认为：没有人比李耐德更适合担任亚洲基础设施投资银行首席法律顾问了，李耐德女士在亚投行创建过程中起到的作用再怎么强调也不过分。她把首席谈判代表们的设想转化为务实的、精准的法律框架，这框架构成亚投行的基石。

2018 年，牛津大学出版社出版了《亚洲基础设施投资银行比较指南》一书的英文版。本书从一位参与过《亚投行协定》草案拟定并为创办方提供咨询建议的法律专业人士的视角来介绍《亚投行协定》。本书是一本介绍亚投行的集大成之作，对亚投行的成立背景、使命、投资业务、成员资格、资本和财务、治理结构、制度性事项等内容进行了详细客观地论述。本书回答了为什么要建立亚投行、亚投行会做什么、谁是其成员、它将如何筹集资金、它将如何被管理、其组织将如何工作等问题。本书中关于亚投行及与之进行比较的主要多边开发银行的法律细节尤为丰富。

本书中文版是中华人民共和国司法部 2015 年度国家法治与法学理论研

究重点课题"亚洲基础设施投资银行建设法律问题研究"（项目编号：15SFB1006）的成果之一。中国政法大学国际法学院院长孔庆江教授组织主持了本书的翻译工作，译者分工：孔庆江第一章、第二章；张西峰第三章、第四章及索引；丁如第五章；吴盈盈第六章、第七章、第八章；车路遥第九章、第十章。全书由孔庆江教授和丁如博士校对。译者感谢在翻译过程中提供了无私帮助的人们，特别是亚投行总部官员 Tingying Wang 所提供的帮助。学生张叶、梅冰和宋浩也参与了部分工作。尽管译者力求保证译作的质量，但译文中仍可能存在错谬之处，当然译文中的错谬由译者负责，译者在此恳请读者诸君对译作批评指正。

孔庆江

2019 年 6 月 10 日

简写和专有术语

AfDB 指非洲开发银行；AfDB Charter 指 1963 年 8 月 4 日通过，2002 年 7 月 5 日最后修订的《非洲开发银行协定》，见 510 UNTS 546

AIIB 指亚洲基础设施投资银行（亚投行）；AIIB Charter 指 2015 年 6 月 29 日的《亚洲基础设施投资银行协定》（《亚投行协定》）

AsDB 指亚洲开发银行；AsDB Charter 指 1965 年 12 月 4 日的《亚洲开发银行协定》，见 571 UNTS 123

BIS 指国际清算银行；BIS Charter 指 1930 年 7 月 20 通过，2005 年 6 月 27 日修订的《国际清算银行协定》

BRICS 指新开发银行所有的创始国巴西、俄罗斯、印度、中国和南非

BSTDB 指黑海贸易开发银行，BSTDB Charter 指 1994 年 6 月 30 日通过的《黑海贸易开发银行协定》

CAF 指安第斯开发协会（西班牙语为 Corporacion Andina de Fomento）；CAF Charter 指 2012 年最后修订的《安第斯开发协会协定》

CDB 指加勒比开发银行；CDB Charter 指 1970 年 1 月 26 日通过，2007 年最后修订的《加勒比开发银行协定》

Charter 指各多边开发银行的协定；当引用"多边开发银行协定"时是指各开发银行协定，除非另有所指

Chief Negotiators' Report 指 2015 年 5 月 22 日在新加坡由首席谈判代表会议通过的《关于亚洲基础设施投资银行协定的报告》，当天他们通过了最终的《亚投行协定》

CNM 指首席谈判代表会议，是《亚投行协定》和建立亚投行的谈判场所

EBRD 指欧洲复兴开发银行；EBRD Charter 指 1990 年 5 月 29 日，2013 年 9 月 12 日最后修订的《欧洲复兴开发银行协定》，见 1646 UNTS 97

ECAFE, ESCAP 指亚洲及远东经济委员会和它的后继者联合国亚洲及太平洋经济社会委员会

EIB 指欧洲投资银行；EIB Charter 指 2013 年 7 月 1 日版本的《欧洲投资银行协定》

EU 指欧洲联盟

IADB 指美洲开发银行；IADB Charter 指 1959 年 4 月 8 日通过，1995 年修订的《美洲开发银行协定》，见 389 UNTS 69

IBRD 指国际复兴开发银行；IBRD Charter 指 1945 年 12 月 27 日通过，2012 年 6 月 27 日最后修订的《国际复兴开发银行协定》，见 2 UNTS 134

IDA 指国际开发协会；IDA Charter 指 1960 年 1 月 26 日的《国际开发协会协定》，见 439 UNTS 249

IFC 指国际金融公司；IFC Charter 指 1955 年 5 月 25 日通过，2012 年 6 月 27 日最后修订的《国际金融公司协定》，见 264 UNTS 117

IMF 指国际货币基金组织；IMF Charter 指 1945 年 12 月 27 日通过，2016 年 1 月 26 日最后修订的《国际货币基金组织协定》，见 2 UNTS 40

ISDB 指伊斯兰开发银行；ISDB Charter 指 1974 年 8 月 12 日的《伊斯兰开发银行协定》

MDB 泛指多边开发银行，例如 AfDB，AsDB，EBRD，EIB，IADB 和 IBRD 等

MOU 泛指备忘录；本书中"the MOU"指代《意向创始成员筹建亚洲基础设施投资银行备忘录》（《谅解备忘录》），2014 年 10 月 24 日由意向创始成员签署

NDB 指新开发银行；NDB Charter 指 2014 年 7 月 15 日的《新开发银行组织章程》，是《新开发银行协定》的附件

NIB 指北欧投资银行；NIB Charter 指 2011 年 2 月 16 日的《北欧投资银行协定》

OAS 指美洲国家组织

PFM 指在 MOU 中认定的意向创始成员

Special Majority 指特殊多数，亚投行第 28.2（iii）条规定的亚投行理事会的
　　决策经由理事会多数，并代表不少于全体成员总投票权的多数票确认

Super Majority 指超级多数，亚投行第 28.2（ii）条规定的亚投行理事会的决
　　策经由理事会 2/3 多数，并代表不少于全体成员总投票权的 3/4 确认

UN 指联合国

US dollar 和 USMYM 指美国的货币

　　注：根据《亚投行协定》36.2 条，本书提及的特定性别适用于所有
性别。

目　录

表、框列表目录

第 1 章

成立伊始

1.01 　新加坡温暖的 5 月见证了主要来自亚洲和欧洲的 57 个国家的代表以旋风般的速度结束了为时 4 个月的谈判，通过了亚洲基础设施投资银行（亚投行）协定草案的最终文本。一个月后，在北京炎热的 6 月，50 个国家正式签署了《亚投行协定》，其余 7 个国家也于同年内签署了该文件。最终，在寒冷的 2016 年 1 月的北京，亚投行理事会举行就职仪式，宣布亚投行的正式运营——此时距离在孟买开始的关于《亚投行协定》的第一次讨论才仅仅过去了一年。

1.02 　于是，亚投行成为一个拥有 1000 亿美元股本的多边开发银行，能够为亚洲以及从太平洋到地中海国家或地区的发展提供基础设施建设的融资。亚投行在其最初的两年内于基础设施领域的投资就已高达 40 亿美元。作为一个国际性组织，亚投行涵盖了来自东亚、南亚、中亚、西亚、大洋洲以及欧洲、非洲、拉丁美洲和北美洲的共计 84 个成员；作为一家国际融资机构，亚投行享有国际资本市场的 AAA 评级。亚投行内来自多个国家或地区的管理层及员工现已在位于亚投行倡议者、最大的股份持有方——中华人民共和国的首都北京的总部工作。

1.03 　然而这一成果是预先难以估计的，因为没有人知道亚投行具体会采取怎样的设计与构想，或者是否会有国家愿意真正加入它的组建。得益于 21 世纪初在亚洲金融界广泛流传的一个一般概念，中国于 2014 年所提出的关于亚投行的具体建议得到了 21 个亚洲国家的支持。也有一些国家，包括亚洲或亚洲之外的发展中国家或发达国家，曾经表示疑虑或反对，提出了对于新建多边开发银行的普遍性问题：为什么要设立一个新的机构，而不是对现有的进行扩张或改革？亚投行会不会被打造成为当下多边开发银行及其主要股东的潜在竞争对手？在一个全新的最大股份持有者（中国）的领导之下，这家新兴的多边开发银行是否还会遵循先前多边开发银行的传统和标准?

　　1.04　《亚投行协定》的协商本可能在最初的 26 个亚洲国家间于孟买的谈判中达成。他们当时可能就一个较小范围和覆盖面的组织达成一致。毕竟,多边开发银行的最大玩家美国,公开地对设立亚投行的倡议持消极态度;亚洲最大的多边开发银行股份持有者日本也表现出抗拒态度。虽然如此,当最终协定在新加坡达成时,亚投行的亚洲创始成员数已增长至 37 个,另有 20 个非亚洲创始成员加入,两组创始成员中分别有发展中国家和发达国家。

　　1.05　过去设立多边开发银行倡议的历史似乎昭示了一个颇为局限的开始。第一家多边开发银行,国际复兴开发银行(或者世界银行),与国际货币基金组织一起,是由 44 个国家在布雷顿森林会议中提议的。在第二次世界大战中达成的国际复兴开发银行战后开始为世界的重建与发展提供资金支持。今天,国际复兴开发银行和国际货币基金组织各自拥有 189 个成员。在随后几十年中建立的其他多边开发银行在各自协定之下关注区域性问题,并且成立时拥有的成员数量是远少于当下的。下面列出了这些主要的多边开发银行,其协定为亚投行提供了最相似的模式:

　　·欧洲投资银行于 1957 年由 6 个欧洲国家(现为 28 个)所成立,致力于为欧洲内部市场发展做出贡献。

　　·美洲开发银行于 1959 年由美国和 20 个拉美国家(现为 48 个)成立,致力于为域内成员的经济和社会发展做出贡献。

　　·非洲开发银行于 1963 年由 33 个非洲国家(现为 81 个)共同成立,致力于为其域内成员的经济发展和社会进步做出贡献。

　　·亚洲开发银行于 1965 年由 21 个亚洲国家和 12 个非亚洲地区国家(现为 67 个)共同成立,致力于亚洲的发展、经济增长与合作。

　　·欧洲复兴开发银行于 1990 年设立,拥有 31 个欧洲国家和 9 个非欧洲国家(以及 2 个欧洲机构)(现为 66 个),其关注中欧及东欧地区的发展与转型。

　　近年来建立的次区域多边开发银行,关注点更加趋于局限,如加勒比开发银行、黑海贸易与开发银行及北欧投资银行。一些多边开发银行,与国际复兴开发银行一样,主要为成员公共领域提供贷款与担保;其他的一些多边开发银行或是其附属机构也为私人部门提供贷款、担保和股权投资。总而言之,历史实践证明，亚投行可以在多边开发银行的模式之间选择不同的架构、规模和目标。

1.06 何为亚投行的核心特色？亚投行的框架模式与其他多边开发银行相比又如何？这本书将通过对《亚投行协定》，即 57 个创始成员签订的、作为亚投行基本法律的组织文件的剖析，来回答这些问题。

1.07 与众不同的是，本书将从一位参与过《亚投行协定》草案拟定并为创办方提供咨询建议的律师的视角来介绍《亚投行协定》。我感到十分荣幸能在亚投行的创办中获得一席特别的位置。从 2014 年 11 月起，我作为为筹建亚投行而设立的临时秘书处的首席法律顾问，负责相关法律事务，包括拟定《亚投行协定》及亚投行作为多边开发银行的职责。自 2016 年 1 月亚投行首次会议之后，我继续担任亚投行首席总法律顾问，直到我的下一任可以在 2016 年 8 月在北京继任该职位。对我而言，这是一生中珍贵的机会，将我在最早的多边开发银行（国际复兴开发银行）三十年的律师工作经验运用到这个最新的多边开发银行（亚投行）的建立中去。我在亚投行创立过程中的工作汲取了我对多边开发银行法律和治理问题的经验，以及长时间参与的多边开发银行在中国的业务和中国法律制度发展的深入了解的经验。考虑到美国并没有参加亚投行的创立，许多人感到惊讶的是我的美国护照；其他人则认为这是亚投行雇佣人时优先考虑技术技能而不考虑国籍的早期迹象。

1.08 与我的履历背景和在亚投行的职责相吻合，这本书中关于亚投行及与之进行比较的主要多边开发银行的法律细节尤为丰富。但它又不仅仅是为律师而著。每一个对亚投行感兴趣的人都会有相同的基本问题：为什么要建立亚投行？它会做什么？谁是其成员？它将如何筹集资金？它将如何被管理？其组织将如何工作？第 2 章（亮点）对这些问题的答案进行了一般性调查。

1.09 这本书后续的主要部分将以《亚投行协定》的内容为主体，将上述问题的答案分成不同的章节：使命；投资运营；成员；资本和财务；治理和机构问题。亚投行从协定草稿到羽翼丰满的机构的变迁历史被记录在第 8 章（过渡），展示了过渡时期的临时治理安排和流程。这些故事将为未来寻求建立无论是多边开发银行或其他类型的政府间组织提供有益信息。

1.10 本书的每一章都会为那些尚未接触过多边开发银行的一般性读者提

供背景介绍。然后我会列出《亚投行协定》中相关的法律条款（见于附录1），并与诸多多边开发银行中与亚投行类似的对手——非洲开发银行、亚洲开发银行、欧洲复兴开发银行、美洲开发银行和国际复兴开发银行等进行比较。丰富的脚注将为专家学者，尤其是那些工作于姊妹国际金融机构的法律顾问的同事们（他们曾在草拟过程中及之外提供了许多有价值的见解），提供更多的相关信息。并且，《亚投行协定》条款补充了截至2017年12月亚投行的关键文件和政策摘要、批准的项目和采取的行动。

1.11　读者在这本书中不会看到关于《亚投行协定》谈判的里里外外，也不会看到对亚投行提议者及贡献者背后动机的揭示。因为考虑到保密义务，这些故事应该由其他人来讲述。本书提供的是一个可以从中探索法律文本的来源与选择的独特的窗口。

1.12　本书提供的另一个视角是谈判的结果而非谈判过程本身。贯穿《亚投行协定》的一个突出主题是法律的灵活性，以便其能更好地执行它的成员方赋予它的任务，并且能在成员认为合适的情况下发展和调整自身以适应未来世界的变迁。塑造亚投行未来数年的协定中最重要的事项是谈判者同意的法律条款，而不是起草者的回忆。

1.13　现在让我们谈论一下《亚投行协定》的简短的史前史：亚投行倡议、创建过程及起草的考虑事项。

A. 设立亚投行的倡议

1.14　2013年10月，中国国家主席习近平在东南亚访问期间提出了一个设立亚洲基础设施投资银行的具体建议。习主席的提议源于亚洲的基础设施需求：

> 当前，亚洲国家特别是新兴市场和发展中国家的基础设施建设融资需求巨大，特别是近来还面临经济下行风险增大和金融市场动荡等严峻挑战，有必要动员更多资金进行基础设施建设，以保持经济持续稳定增长，促进区域互联互通和经济一体化。为此，中国倡议筹建亚洲基础设施投资银行，愿向包括东盟国家在内的本地区发展中国家的基础设施建设提供资金支持。

新的亚洲基础设施投资银行将与域内外现有多边开发银行一道，共同合作，相互补充，共同促进亚洲经济的持续稳定发展。[1]

这个倡议与早先建立一个类似机构的提议相呼应。2005 年，联合国亚洲及太平洋经济社会委员会（亚太经社会，ESCAP）的报告倡议，可以借鉴欧洲投资银行的模式建立亚洲投资银行，以满足区域基础设施需求并且促进区域发展。[2] 亚洲投资银行的想法就诞生于之后的区域讨论中。[3]

1.15　中国 2013 年的倡议是基于当下经济发展领域日益显著的对基础设施投资的重新关注。[4] 在亚投行被提出一年之后，以及多边开发银行在基础设施领域的数年讨论之后，世界银行集团在 2014 年宣布了全球基础设施便利化的发起。[5] 在 20 国集团（G20）领导人布里斯班首脑会议公报中也授权了一个由国际基础设施中心所支持的全球基础设施提议。[6]

1.16　一些观察者指出，中国及其他发展中国家对国际金融机构改革缓慢的失望是这份提议出台的另一个背景原因。他们指出，当下世界银行和国际货币基金组织的治理改革并不能使一些国家持有的份额与他们在全球经济中逐渐

---

〔1〕　引自习近平主席在 2013 年 10 月 7 日致亚洲太平洋经济合作组织（亚太经合组织，APEC）CEO 峰会的讲话。该提案在 2013 年 10 月 3 日向印度尼西亚议会发表的讲话中也提到过。See "China proposes Asian infrastructure investment bank", *China Daily*, October 3, 2013.

〔2〕　参见 UN ESCAP（2005），第 154 页："建立一个适合欧洲投资银行模式的亚洲投资银行以满足该地区的基础设施需求并促进区域一体化的可能性值得进一步研究。其任务是从金融市场和其他来源筹集大量资本，并将投资资金用于参与国家的项目。亚洲投资银行将能够解决该地区较弱国家特别是最不发达国家为重要的基础设施发展提供资金的特殊和紧急需求。"该报告的结论是，正如 20 世纪 60 年代亚太经社会发起筹备的亚洲开发银行，它可以发布类似的授权，研究设立亚洲投资银行的可行性。ESCAP（2005），第 155 页。

〔3〕　参见 Bhattacharyay（2012），第 376 页，提到对该提案的评论，并指出了建立新机构的一些弊端（建立过程冗长，与使用现有机构相比成本效益较低，预期缺乏 AAA 评级，因此借款成本较高，以及组建知识库和专家队伍所需的时间成本）。

〔4〕　多边基础设施行动计划工作组（2011 年 10 月提交给 G20），http：//documents.worldbank.org/curated/en/828751468331900533/. 基础设施行动计划（最后访问时间：2017 年 12 月 10 日）以及 Bhattacharya，Romani 和 Stern（2012）提议建立一个新的"基础设施和可持续发展开发银行"。

〔5〕　《世界银行集团发起了新的全球基础设施贷款》，世界银行集团新闻 2014 年 10 月 9 日。欲了解更多全球基础设施贷款的消息，见 www.globalinfrafacility.org（最后访问时间：2017 年 12 月 10 日）。

〔6〕　G20 领导人公报，布里斯班首脑会议，2014 年 11 月 15—16 日，第 5~7 段。G20 领导人欢迎发起全球基础设施贷款机构。

增长的排名相匹配，也不能使得成员的投票权与其所占全球经济的比重相吻合。但是为增加新兴经济体的话语权，只能相对减少其他国家的话语权，正是这种固有矛盾阻碍了中国及其他发展迅速的发展中国家将他们的份额增长至与经济发展相符合的水平。对一些发展中国家来说，对多边开发银行运营实践的失望成为开启一个新的机构而非拓展现有机构的另一个动机。[7]

1.17　投票权与资本的关系进一步解释了中国和其他国家通过现有多边机构将多边开发银行更多的资金导向亚洲基础设施建设的限制和约束。在世界银行和亚洲开发银行，他们只能在其他核心成员愿意减少投票权和影响力的情况下，通过购买更多的份额来获得更多的资金支持；否则，任何对多边开发银行的资金贡献都只能是捐赠资金而非份额，并且不会带来投票权的增长。中国本可以通过她的双边开发银行（原文如此——译者注）如中国国家开发银行来为基础设施提供更多的资助。就像其他的先行者一样，认识到多边方式在影响力与效率上的优势，[8] 以及双边途径的劣势（如高成本和公共关系的风险），中国转而采取多边方式，提出设立亚投行。

1.18　中国的提议显示出基础设施的发展在中国经济发展中所扮演的至关重要的角色。中国的观察者们也对中国自身的经济和政治发展给予高度评价，包括中国与邻国的经济关系（如"一带一路"和相关提议）。更有人指出，中国智库早在 2009 年就曾提出建立一个专注于基础设施的开发银行。[9]

B. 亚投行的设立过程

1.19　亚投行倡议公布的数月之后，中国和其他利益相关方参加了自 2014

---

〔7〕　He（2016），第3~4页，指出："事实上，中国和其他新兴大国批评世界银行和国际货币基金组织的低效和过度监管的贷款流程。目前基础设施投资需求与发展中国家现有国际融资组织的可用投资之间的差距为新兴经济体创造了一个机会，可以建立一个新型银行，并专注于这一领域。"

〔8〕　Morris（2016），第2~3页，指出了美国在主导和参与多边开发银行中获得的一些好处：推进促进市场经济的意识形态议程；发挥其财政捐助的杠杆作用；达到比美国更多的国家和经济部门能够通过自己的机构和计划；有效满足发展中国家的需求；并通过提供或扣留援助作为美国外交政策的有效工具。

〔9〕　介绍了亚投行提案的背景及其背后动机的文章有，Callaghan and Hubbard（2016），其中提到了中国国际经济交流中心提出的 2009 提案，Sun（2015），Wang（2015），Wang（2016）以及 Weiss（2017）。

年 1 月始的五次多边协商会议，这无疑都有着自身的激励因素。[10] 2014 年 10 月 24 日，这些会议最终达成了《意向创始成员筹建亚洲基础设施投资银行备忘录》（《谅解备忘录》）。共有 22 个国家签署了《谅解备忘录》，成为第一批意向创始成员。[11]

（1）谈判

1.20　亚投行的谈判在《谅解备忘录》达成后不久便开始了。每一个准创始成员方都授权他们各自的首席谈判代表与对方的代表之间相互配合，以便达成《亚投行协定》及设立亚投行的其他必要事项。首席谈判代表们建立了一个论坛，也就是首席谈判代表会议，并成为协定谈判的主要机制。其他有兴趣的各方也可以批准《谅解备忘录》，并作为准创始成员方加入首席谈判代表会议。为亚投行筹建而设立的多边临时秘书处负责提供技术及专业性支持和服务，由金立群作为秘书长。[12]

1.21　2014 年 11 月底于中国昆明举办的第一次首席谈判代表会议，誓言于 2015 年 6 月签署《亚投行协定》并在 2015 年底成立亚投行，为亚投行的创建进程打下基础。为了达到上述时间表，新加入者被期待于 2015 年 3 月 31 日之前在《谅解备忘录》的基础上表达正式加入谈判的兴趣，因此，如果被首席谈判代表会议通过之后，他们就能于 5 月之前作为准创始成员方加入首席谈判会议进程。这样一来，所有意向创始成员方的首席谈判代表就能于 5 月之前对《亚投行协定》的最终文本达成一致，并在 6 月底之前完成协定签署的准备工作。

---

〔10〕　Callaghan 和 Hubbard（2016）中有多边磋商会议的列表，118 页。作为筹备工作的一部分，中国财政部于 2014 年年初，在原副部长金立群的领导下成立了亚投行筹备工作组。见《楼继伟就筹建亚洲基础设施投资银行答记者问》，2014 年 3 月 7 日，载 http：//www.mof.gov.cn/zhengwuxinxi/caizhengxinwen/201403/t20140307_1053025.html（最后访问时间：2017 年 12 月 8 日）。

〔11〕　《谅解备忘录》签署方是孟加拉国、文莱、柬埔寨、中国、印度、印度尼西亚、哈萨克斯坦、科威特、老挝人民民主共和国、马来西亚、蒙古、缅甸、尼泊尔、阿曼、巴基斯坦、菲律宾、卡塔尔、新加坡、斯里兰卡、泰国、乌兹别克斯坦和越南。21 个国家于 2014 年 10 月 24 日在北京签署了《谅解备忘录》。见 Yuan Yuan，"The tale of a bank"，*Beijing Review*，No.4，January 28，2016，http：//www. bjreview. com. cn/Business/201601/t20160122_800047488. html（最后访问时间：2017 年 12 月 10 日）。印度尼西亚于 2014 年 11 月 25 日签署了《谅解备忘录》，见 Reuters Staff，"Indonesia's finance ministry signs MOU to join China-backed Asian bank"，http：// www. reuters. com/article/indonesia-china-infrastructure-bank-idUSL3N0TH1T420141127（最后访问时间：2017 年 12 月 8 日）。

〔12〕　Jin（2014），第 54 页，有关于该过程的总体概述。

1.22　通过这种机制，在谈判过程中，35 个国家加入了最初的 22 个意向创始成员方。在 2015 年 1 月于孟买举行的第二次首席谈判代表会议上，由另外的 4 个域内意向创始成员方加入了对《亚投行协定》草案的第一次讨论；4 个意向创始成员方加入了在 2015 年 3 月于阿拉木图举行的第三次首席谈判代表会议，包括最初的 3 个域外国家。另外的准创始成员方加入的最后期限即 3 月 31 日之后，在 2015 年 5 月于中国北京举办的第四次会议中，最终的 27 个新的意向创始成员方加入了首席谈判代表会议的进程。意向创始成员方加入首席谈判代表会议的时间在表 1.1 中予以列出。

表 1.1　亚投行意向创始成员[a]

第一次首席谈判代表会议 2014 年 11 月[b]	第二次首席谈判代表会议 2015 年 1 月[c]	第三次首席谈判代表会议 2015 年 3 月[d]	第四次首席谈判代表会议 2015 年 4 月[e]	第五次首席谈判代表会议 2015 年 5 月[f]
域内意向成员				
			澳大利亚	澳大利亚
			阿塞拜疆	阿塞拜疆
孟加拉国	孟加拉国	孟加拉国	孟加拉国	孟加拉国
文莱	文莱	文莱	文莱	文莱
柬埔寨	柬埔寨	柬埔寨	柬埔寨	柬埔寨
中国	中国	中国	中国	中国
			格鲁吉亚	格鲁吉亚
印度	印度	印度	印度	印度
印度尼西亚	印度尼西亚	印度尼西亚	印度尼西亚	印度尼西亚
			伊朗	伊朗
			以色列	以色列
		约旦	约旦	约旦
哈萨克斯坦	哈萨克斯坦	哈萨克斯坦	哈萨克斯坦	哈萨克斯坦

续表

第一次首席谈判代表会议 2014 年 11 月^b	第二次首席谈判代表会议 2015 年 1 月^c	第三次首席谈判代表会议 2015 年 3 月^d	第四次首席谈判代表会议 2015 年 4 月^e	第五次首席谈判代表会议 2015 年 5 月^f
			大韩民国	大韩民国
科威特	科威特	科威特	科威特	科威特
			吉尔吉斯斯坦	吉尔吉斯斯坦
老挝	老挝	老挝	老挝	老挝
马来西亚	马来西亚	马来西亚	马来西亚	马来西亚
	马尔代夫	马尔代夫	马尔代夫	马尔代夫
蒙古	蒙古	蒙古	蒙古	蒙古
缅甸	缅甸	缅甸	缅甸	缅甸
尼泊尔	尼泊尔	尼泊尔	尼泊尔	尼泊尔
	新西兰	新西兰	新西兰	新西兰
阿曼	阿曼	阿曼	阿曼	阿曼
巴基斯坦	巴基斯坦	巴基斯坦	巴基斯坦	巴基斯坦
菲律宾	菲律宾	菲律宾	菲律宾	菲律宾
卡塔尔	卡塔尔	卡塔尔	卡塔尔	卡塔尔
			俄罗斯	俄罗斯
	沙特阿拉伯	沙特阿拉伯	沙特阿拉伯	沙特阿拉伯
新加坡	新加坡	新加坡	新加坡	新加坡
斯里兰卡	斯里兰卡	斯里兰卡	斯里兰卡	斯里兰卡
	塔吉克斯坦	塔吉克斯坦	塔吉克斯坦	塔吉克斯坦
泰国	泰国	泰国	泰国	泰国
			土耳其	土耳其

续表

第一次首席谈判代表会议 2014 年 11 月[b]	第二次首席谈判代表会议 2015 年 1 月[c]	第三次首席谈判代表会议 2015 年 3 月[d]	第四次首席谈判代表会议 2015 年 4 月[e]	第五次首席谈判代表会议 2015 年 5 月[f]
			阿联酋	阿联酋
乌兹别克斯坦	乌兹别克斯坦	乌兹别克斯坦	乌兹别克斯坦	乌兹别克斯坦
越南	越南	越南	越南	越南
域外意向创始成员				
			奥地利	奥地利
			巴西	巴西
			丹麦	丹麦
			埃及	埃及
			芬兰	芬兰
			法国	法国
			德国	德国
			冰岛	冰岛
			意大利	意大利
		列支敦士登	列支敦士登	列支敦士登
			马耳他	马耳他
			荷兰	荷兰
			挪威	挪威
			波兰	波兰
			葡萄牙	葡萄牙
			南非	南非
			西班牙	西班牙
			瑞典	瑞典
		瑞士	瑞士	瑞士

续表

第一次首席谈判代表会议 2014 年 11 月[b]	第二次首席谈判代表会议 2015 年 1 月[c]	第三次首席谈判代表会议 2015 年 3 月[d]	第四次首席谈判代表会议 2015 年 4 月[e]	第五次首席谈判代表会议年 2015 年 5 月[f]
		英国	英国	英国

a 亚投行首席谈判代表《关于亚洲基础设施投资银行协定的报告》（见附录 2）列出了前五次首席谈判代表会议的与会方。

b 第一次首席谈判代表会议，于 2014 年 11 月 28 日在中国昆明举行。与会方是签署了《谅解备忘录》的 22 个意向创始成员。

c 第二次首席谈判代表会议，于 2015 年 1 月 15—16 日在印度孟买举行。

d 第三次首席谈判代表会议，于 2015 年 3 月 30—31 日在哈萨克斯坦的阿拉木图举行。

e 第四次首席谈判代表会议，于 2015 年 4 月 27—28 日在中国北京举行。

f 第五次首席谈判代表会议，于 2015 年 5 月 20 日—22 日在新加坡举行。

在 2015 年 5 月新加坡召开的第五次会议结束了《亚投行协定》最终文本的谈判，共有 57 个意向创始成员代表出席了此次首席谈判代表会议。[13] 所有的准创始成员都被列在了《亚投行协定》最终文本的附件 1 中，这使得他们获得了于 2015 年之前签署《亚投行协定》的权利，并最终成为亚投行的创始成员。[14]

1.23　四月份加入的 17 个域外意向创始成员给最初的 37 个域内意向创始成员与 20 个域外意向创始成员的结构带来了平衡，也给协定谈判带去了更全面广泛的视角。与此同时，所有的成员都是国际复兴开发银行的成员，也有许多成员有着作为亚洲开发银行或欧洲复兴开发银行（可以作为比较对象）成员的丰富经验，即作为发达国家成员或者潜在和实际的业务对象的经验。

〔13〕 第五次首席谈判代表会议于 2015 年 5 月 20—22 日在新加坡举行。《亚投行协定》谈判的实际时间框架与欧洲复兴开发银行主席《关于建立欧洲复兴开发银行的主席报告》中为《欧洲复兴开发银行协定》指出的时间框架非常（无意地）相似。欧洲复兴开发银行谈判开始于 1990 年 1 月 15—16 日，并于 5 月 20 日结束。亚投行谈判于 2015 年 1 月 15—16 日开始，5 月 22 日结束。《欧洲复兴开发银行协定》是在 1990 年 5 月 29 日谈判结束后不久签署的，而生效是在 1991 年 3 月 28 日，即大约 10 个月之后。《亚投行协定》于 2015 年 6 月 29 日签署，并于 2015 年 12 月 25 日生效，约 6 个月后生效。

〔14〕 截至 2017 年 12 月，共有 54 个意向创始成员方成为亚投行成员。剩下的 3 个意向创始成员直到 2018 年年底才完成会员程序。

1.24 国际复兴开发银行、亚洲开发银行和欧洲复兴开发银行的两个最大份额持有方——美国和日本都没有加入亚投行的谈判,虽然它们在亚欧的很多盟友国都已经加入。中美双方意见的这一分歧不可避免地出现在对中美关系的评论中。更为有趣的类似情况是美国当初也不情愿支持早先的区域性多边开发银行的提议,如美洲开发银行、亚洲开发银行和欧洲复兴开发银行,[15] 这与美国作为世界银行的主要提议者形成了鲜明对比。为了这些多边开发银行的创建,政治和经济关系的变化最终导致了美国的加入,建立起了美国继续发挥主导作用的国际金融机构。[16]

1.25 对于其他的多边开发银行本身来说,建立另外的多边开发银行的倡议将会带来对重复和竞争的担忧(当任务有重叠时)以及对降低运营与治理标准的担忧,并同时希望实现互补。这种情况尤其存在于世界银行建立的最初几十年中,当时关于区域开发银行(非洲开发银行、亚洲开发银行、欧洲投资银行和美洲开发银行)的建议被形容为"即刻的敬意和谴责"。[17] 如今,多边开发银行之间的合作得到了相当的关注,这可以从亚投行与其同行的关系中看出来。[18]

---

〔15〕 据传闻,美国一开始对美洲开发银行的提议很冷淡,直到美国在拉丁美洲的双边活动遭到公众的强烈抗议。参见 Tussie(1995),第 18~19 页,其中陈述了美国副总统理查德·尼克松在 1958 年拉美之行中遇到的敌意,这是美国参与美洲开发银行谈判的一个刺激因素。还有人指出,在美国于 1958 年在黎巴嫩和中东其他地区出现问题后,美国总统艾森豪威尔提出建立阿拉伯发展机构的公开提议,美国最终同意加入美洲开发银行谈判。Diaz-Bonilla 和 del Campo(2010),第 68~69 页。同样,对于亚洲开发银行,美国在最初的反对之后,在越南战争开始后为了寻求提高其在东南亚的地位,才开始对亚洲开发银行的提案表示积极。见 Wilson(1987),第 12~13 页,其中陈述了美国总统林登·约翰逊对亚洲开发银行看法的改变,认为其是作为 1965 年 4 月美国对东南亚援助的一部分。对于欧洲复兴开发银行,请参见 Weber(1994),第 15~16 页,也指出了美国对区域银行的怀疑是长期和深入的。

〔16〕 在美洲开发银行,美国是最大的股东,现在拥有总投票权的 30%(原先更高)。在亚洲开发银行,美国和日本是最大的两个股东,各拥有 12.784% 的投票权。在欧洲复兴开发银行,美国是最大的股东,拥有 10% 的投票权;日本、法国、德国、意大利和英国分列第二位,占 9%。参见 2017 年 3 月 3 日《美洲开发银行信息声明》,第 F-43 页;《2016 年亚洲开发银行年报》(成员、股本和投票权,截至 2016 年 12 月 31 日);欧洲复兴开发银行《投资选择》,2017 年 8 月,第 6 页。

〔17〕 Mason 和 Asher(1973),第 578 页,解释道:"是敬意,因为如果没有世界银行之前确定的廉洁、技术和经济实力的先例,以及在资本市场筹集资金的能力并将之在低收入国家投入良好的利用,那这些便不可能发生;是谴责,因为如果世界银行在这些国家中真的像它想得那么受欢迎,那么这些国家对区域银行的渴望就不会这么强烈。"

〔18〕 第 3 章的 3.15 段和 3.16 段总结了亚投行与其他多边开发银行的合作。

（2）创建

1.26 《亚投行协定》在 2015 年 6 月 29 日于北京的签署仪式上公开签字。共有 50 个意向创始成员于该日签署，其他的则之后在同年内签署。《亚投行协定》的有效性要求至少有 10 个签署方批准，且满足认缴股本的多数要求。这一要求于 2015 年 12 月 25 日得到满足，《亚投行协定》也最终合法生效。协定生效拉开了 2016 年 1 月 16—17 日亚投行理事会首次会议的序幕，亚投行正式宣布开始营业。

（3）首席谈判代表报告

1.27 2015 年 5 月 22 日，首席谈判代表会议对《亚投行协定》文本达成一致同意，并附随了一份为建立亚投行而发布的《关于亚洲基础设施投资银行协定的报告》（简称《首席谈判代表报告》）。《首席谈判代表报告》与《亚投行协定》的最终文本一致，并总结了首席谈判代表对《亚投行协定》中某些条款的理解。该报告指出，其将形成部分亚投行基本文件以供未来解释《亚投行协定》之用。《首席谈判代表报告》在形式和结构上都与《关于建立欧洲复兴开发银行的主席报告》相似。本书涵盖了对亚投行《首席谈判代表报告》的相关参考资料，文本可以在附录 2 中找到。

C. 起草时的考量

1.28 在研究亚投行机构之前考虑《亚投行协定》的法律沿革是颇有裨益的。对那些曾详细考察《亚投行协定》的人来说，与其他多边开发银行协定的交叉重叠是显而易见的。确实，其他多边开发银行的创建史表现出相同的路径模式，比如利用国际复兴开发银行的框架去设计欧洲投资银行和美洲开发银行；美洲开发银行的法律专家协助了非洲开发银行的起草者；亚洲开发银行的筹备组融合了国际复兴开发银行；美洲开发银行和非洲开发银行的条款，或是欧洲复兴开发银行草案建立在亚洲开发银行的文本之上。[19] 对于亚投行来说，对这种交叉重叠还有几点策略考量。

1.29 第一，各方寻求的是为亚洲基础设施动员更多的资金，建立一个新的融资机制并非是他们的主要目的。在创办一个新的机构时，参与方力求以专向性的关注重点和运营实践将亚投行与其他机构区分开。他们可以选择不同的架构模式。选择在某一多边开发银行的模式上进行建设，可以被视为反映出该模型被认为是有用和有价值的。这种选择也反映出了该模式已通过不同方式被成功运用：在《国际复兴开发银行协定》谈判结束后的 70 年里，其基本模式经过调整，用以适应 20 个或更多的多边开发银行或类多边开发银行机构的多样化的目标和需求。[20] 采取这种模式作为基础仍然留下了广泛的变动空间：已有的多边开发银行已经充分证明了相同的法律文本与结构可以导向完全不同的机构和运营模式。

1.30 第二，时间是一个主要的考虑因素，因为亚投行力求满足亚洲不断上涨的基础设施融资需求。建立在已有架构上，也意味着启动可以更迅速。尽管该模式已经证明了其自身的可靠性，但在这数十年中，也有许多关于多边开发银行的批评与改革的倡议。因为有改进和更新的余地，亚投行肯定需要做出一些改变，但这比从头开始一个全新的架构要更省时且复杂程度较低。

1.31 第三，一个全新的金融机构的可信度是另一个考虑因素。从一些可行的、为人所知的及可信赖的因素开始，可以给各国政府、金融市场、潜在的贷款对象及承包商提供某种可信度。为了使各意向创始成员政府的负责机构能够更好地动员国内机构与公众对亚投行的支持，一个熟悉的架构可以使其讨论更为便利，并更易于将注意力聚焦于亚投行的独特功能上。亚投行采用普通多边开发银行的框架机制，有助于亚投行证券的评级机构和投资者对其金融结构

---

〔19〕 亚洲开发银行的文本以美洲开发银行的文本为模板。White（1970），第 43 页。美洲开发银行的总法律顾问［阿诺德·韦斯（Arnold Weiss）］协助了非洲开发银行起草小组。Gardiner 和 Pickett（1984），第 12 页。最近的学者研究指出美国财政部起草《国际复兴开发银行协定》的模板是拟议的 1940 年美洲银行。该银行从未成立，其中一个原因是美国在政治上的不情愿。见 Helleiner（2014），特别是第 2 章。

〔20〕 Morris（2016）的图 3 提供了一个多边开发银行建立和时间安排的图表。

和状况进行评估。对于潜在的借款人和其他接受者来说，评估亚投行是否适合他们的基础设施融资要求，可以比较容易地将可识别的金融产品和政策与其他选择进行比较。在多边开发银行强调政策和程序协调一致的时代，熟悉但有所改进的业务流程将比全新的业务流程带来更少的负担，从而有利于实际执行多边开发银行资助项目的发展中国家。最后，亚投行可以广泛地吸取其他多边开发银行的经验。这种经验不仅会对亚投行的结构，也会对其未来运营、管理和法律解释产生影响。

1.32　哪一个多边开发银行的协定最适于作为亚投行的模型？为亚投行限定范围的《谅解备忘录》，是由域内意向创始成员谈判和签署的，而最初首席谈判代表会议讨论的参与方都是域内成员。对于这些意向创始成员来说，它们更熟悉区域性的模式，如《亚洲开发银行协定》。不仅如此，《亚洲开发银行协定》（1965）已经吸收了《国际复兴开发银行协定》（1945）的架构，这些架构已在《美洲开发银行协定》（1959）及《非洲开发银行协定》（1963）中得以改善。《亚洲开发银行协定》为1990年起草《欧洲复兴开发银行协定》提供了基础架构，这种模式的适宜性在此过程中已经得以证明。《亚洲开发银行协定》同时也是第一个从一开始就纳入了域内和域外成员的有关规定的协定，相比之下，美洲开发银行和非洲开发银行在创建之初都仅容纳域内成员。因此，使用《亚洲开发银行协定》作为《亚投行协定》的基本框架的同时，会带来经时间检验的其他多边开发银行的丰富实践。于是，这种基本框架被进一步地更新和重塑，吸收了其他核心多边开发银行的概念和条款，并引进了全新的条款以适应亚投行自身的独特背景。之后的章节中会重点阐述《亚投行协定》与其他协定的相似之处。

第 2 章

亮　点

2.01　亚投行是多边开发银行家族的最新成员，也是多边开发银行传统和创新历史上的崭新一页。基于第 1 章讨论的原因，以较早的协定为基础的多边开发银行的法律架构渗透在《亚投行协定》之中。从这个基本的设计来看，详细的规范被进一步调整以适应双方对亚投行组织的愿景。这种改变的过程也可以在其他多边开发银行协定的历史中看到。

2.02　本章提供了《亚投行协定》对亚投行定义的关键特征的阐释，并与其他多边开发银行协定进行了比较。以下章节的亮点提供了有关亚投行基本问题的答案：

·亚投行会做什么？（第 4 章 投资业务）

·谁将加入亚投行？（第 5 章 成员资格）

·亚投行将如何获得资助？（第 6 章 资本和财务）

·亚投行将如何运行？（第 7 章 治理）

·亚投行是如何成立的？（第 8 章 过渡）

·组织将如何运营？（第 9 章 制度性事项）

具体内容和参考资料可翻阅相关章节。本章总结了对《亚投行协定》中继承和创新的观察。

A.　使命

2.03　使亚投行的创始人聚集在一起的地缘政治因素和其他因素已在第 1 章中进行了简要介绍。《亚投行协定》下的任务从法律意义上告诉我们为何要建立亚投行。关于亚投行的任务可见诸《亚投行协定》的序言及其宗旨和职能中。

（1）序言

2.04 《亚投行协定》的序言反映了签署国在多次多边磋商中形成的《谅解备忘录》的目标，在首席谈判代表会议（CNM）中进一步改善，并于新加坡获得全体意向创始成员的同意。亚投行的总体目标是通过基础设施建设来实现区域经济增长和发展。亚洲基础设施发展融资的长期需求被视为亚投行成立的驱动因素，即作为一个通过合作和伙伴关系调动所需资源的多边金融机构。

（2）宗旨

2.05 亚投行的法律宗旨有两个部分。第一部分与序言中的目标紧密相连：通过投资于基础设施和其他生产性领域，促进经济的可持续发展，创造财富并改善亚洲基础设施的联通性。尽管强调经济发展在多边开发银行中很常见，但亚投行将基础设施连通作为核心重点具有新颖性。对可持续发展的反复强调呼应了新近的多边开发银行的协定和修正案，可持续发展是早期协定文本中遗漏的部分。"其他生产性领域"的说法可以追溯到 1945 年的《国际复兴开发银行协定》中的生产性目标的作用，其意在避免在第二次世界大战前期非常普遍的非生产性国际借贷（如为战争和预算赤字筹措资金）。

2.06 亚投行法律宗旨的第二部分在其他协定中也有体现：促进区域合作和伙伴关系，通过与其他多边和双边发展机构的密切合作解决发展过程中的挑战。区域合作与伙伴关系和促进区域经济增长与发展的目标相关联。与其他多边和双边发展机构密切合作的必要性与序言中所阐述的理念相联系，即亚投行的设立将与这些其他机构共同动员更多资源。亚投行与现有的多边开发银行合作的公开声明，与此前关于亚投行将成为现有机构的竞争者的顾虑形成鲜明对比。

（3）职能

2.07 《亚投行协定》还规定了该组织的法律职能，如下所述：

· 亚投行的任务是促进以发展为目标的在亚洲的公共和私人投资，特别是对基础设施和其他生产性领域。投资促进对其他多边开发银行来说亦十分普遍，但对基础设施的特别关注，亚投行是独一无二的。

· 亚投行有权利用其资源为亚洲的发展提供资金，以促进区域经济的共同增长，并特别关注该地区的欠发达成员。亚投行的此项功能与其他银行共通，但与其他银行有所不同，因为它不局限于对发展中国家或域内成员提供融资。

· 亚投行的任务是鼓励私人投资，并在私人资本不能按照合理的条款和条件提供时提供自己的资金。这项任务可追溯到《国际复兴开发银行协定》，并在其他协定中得到推广。

此外，《亚投行协定》同其他几个机构一样，明确授权银行开展其他活动和提供其他服务以促进上述职能。

（4）宗旨和职能的重要性

2.08　这些规定了宗旨和职能的法律条款具有特别重要的意义。许多协定条款界定了亚投行权力行使的条件，以决定所提议的行动或决定符合亚投行的宗旨且在其职能范围内。例如，对于亚投行使用资源，接受特别基金和信托基金，设立补助金及向非成员实体提供财务援助以及其他事项，这种查明是必需的。这种法律结构在其他协定中也是常见的。实践中，在法律意见中分析协定是否允许时，符合协定所规定的宗旨和职能范围通常是第一道法律标准。此外，国内法院有时会参考某一多边开发银行的法律目标和功能，来确定其豁免于国内法律的职能范围。

B. 投资业务

2.09　投资业务解决的是"是什么"的问题，即关于亚投行为了完成任务而进行的核心活动。投资业务是亚投行为公共和私营领域的业务对象提供基础设施发展的贷款、担保和股权投资。《亚投行协定》规定了适用于每项业务的目的、业务对象、业务类型以及业务和财务政策，包括环境和社会方面以及商品和服务的采购。

2.10　亚投行的投资业务模式架构基于其他多边开发银行的框架和经验之上。采用已被实践过的多边开发银行基本模式，使亚投行能够快速启动其投资业务。从最开始，这种核心结构与政策的相似性在亚投行资金接受者的初次参与中体现出优势，因为他们大都参与过其他多边开发银行的业务。这些相似之处也促进了亚投行与其他多边开发银行的合作，共同资助了许多投资业务，即亚投行可以和一个或多个多边开发银行共同为单个项目融资。随着时间的推移，亚投行将会进一步完善其实践和业务流程，并解决一些关于其他多边开发银行运营低效的问题，这也是其当初成立的动机之一。很多人会密切关注亚投行的业务政策和项目，看看多边开发银行之间所谓的"国际最佳实践"是否得以维持或更新，或以其他方式得到发展。

（1）投资目的

2.11 亚投行的投资目的基于其宗旨和职能，即在 A 部分（任务）中所介绍的：促进可持续的经济发展，创造财富并促进亚洲的设施连通，特别关注于基础设施和其他生产性领域。在谈及亚投行的投资地点时，有一个值得注意的细节，即亚投行的投资业务应针对亚洲基础设施和其他生产性领域的发展，但业务对象不必须在亚洲。如《首席谈判代表报告》所记录的，在其业务政策允许的范围内，亚投行可根据其宗旨和职能向位于该地区以外的业务对象提供融资。相比之下，其他一些区域多边开发银行协定则要求业务对象需为位于该区域的发展中国家。在没有将亚投行限制在域内业务对象的情况下，上文所述的《亚投行协定》序言重点强调的是域内成员的需求和该地区经济的发展。

（2）业务对象

2.12 亚投行融资业务对象的公共领域可以是亚投行成员或成员实体：成员方政府、政府分支（如省政府）、政府机构及工作部门。亚投行业务对象的私人部门可以是非政府实体或在成员方境内运营的任何企业。《亚投行协定》与区域多边开发银行一样授权——而非要求——亚投行针对每一投资项目获得成员方（或可接受的公共机构或工作部门）的担保。（国际复兴开发银行则总是需要类似的担保。）业务对象也可以是与该地区经济发展有关的国际或区域机构或实体。这些常规类别的业务对象直接借鉴于其他多边开发银行协定。

2.13 此外，《亚投行协定》承认在这些类别之外偶尔会有其他潜在的业务对象。如果亚投行成员达成共识，即亚投行为这些群体以外的特定业务对象提供资金符合亚投行的目标，则《亚投行协定》允许理事会授权该业务对象获得融资并确定适当的融资类型。理事会必须确定此类援助旨在达到亚投行的目标并在亚投行的职能范围之内，并符合亚投行的成员利益，且需获得超级多数的同意方能获得批准。授权给这些其他业务对象的协助类型可能有所不同。例如，在缺乏必要的法律和投资保护的情况下，贷款可能会被排除在外。其他多边开发银行已找到创造性的方法，向其他处于过渡期的业务对象提供有限的融资，例如，通常在业务对象不是成员或者不是位于成员的领土内的情况下。根据协定，亚投行有一条明确授权的道路，使其治理机构在不损害机制选择的情况下做出这一决定。

（3）融资类型

2.14 亚投行可以提供与其他许多银行相同类型的融资：贷款、担保、股权投资、技术援助和特别基金业务。《亚投行协定》还包括一项明确规定，允许在未来的授权投资业务清单中增加新类型的融资。增加其他类型的融资需要理事会的特别多数通过。通过这一规定，亚投行将能够以最佳方式设计新型融资，并得到其成员的广泛支持，不像其他银行一样被过时的协定文本语言束缚。

（4）业务原则

2.15 《亚投行协定》规定了适用于其投资业务的类似的运营原则。亚投行应以健全的银行业务原则为指导，对在合理期限内无法获得私人融资时提供融资，适当考虑业务对象的财务能力以及保障亚投行的收入和财务状况的必要性，并采取措施确保收益仅用于预期目的，同时适当考虑经济和效率问题。针对股权投资的特别条款则要求多样化，并且仅允许亚投行在实体或企业中发挥有限的作用。成员的特殊地位从下列要求中得以彰显并承认：如果成员反对，亚投行不会资助成员领土内的业务，并且亚投行避免为任何一个成员提供不成比例的融资。

2.16 《亚投行协定》明确规定，亚投行不对任何国家或地区的商品和服务采购施加任何限制，这意味着亚投行项目投资业务的采购对所有成员和非成员开放。其他一些多边开发银行的协定则对采购进行限制，通常要求是来源于成员的货物和服务。

（5）业务政策

2.17 亚投行政策框架的重要性因其法律要求而得到巩固，即其每项业务需符合亚投行的运营和金融政策。包括解决环境和社会影响的政策。虽然这也是其他多边开发银行的实践要求，但《亚投行协定》在陈述这一运营原则时亦具有独特性。纳入这一要求也反映了业务政策在多边开发银行业务中的影响日益扩大，并凸显了对发展所伴随的环境和社会影响重要性的日益深刻的认识。

2.18　亚投行为其投资业务构建了一整套的业务政策，包括有关融资的业务政策、采购政策、环境和社会政策、主权担保贷款和担保定价决策、主权担保贷款的一般条件、禁止实践政策和国际关系运营政策。亚投行的《公开信息临时政策》也包含业务政策方面。这些政策内容与其他多边开发银行保持了整体的和谐，在某些方面也进行了改革与创新。这些政策将在第 4 章（投资业务）中进行总结。

（6）第一阶段投资业务

2.19　根据《亚投行协定》的规定和这些政策，截至 2017 年 12 月，亚投行理事会已批准了用于 24 个投资业务的高达 43 亿美元的融资。在其运营政策的推动下，大多数亚投行的投资业务采取的是与其他多边开发银行进行合作的联合融资。2016—2017 年批准的亚投行投资业务列于第 4 章表 4.1。

C. 成员

2.20　《亚投行协定》中有关成员资格的规定告诉我们谁可以成为亚投行的股东，为亚投行做出贡献并进行管理。成员范围、成员类型及未来成员的加入方法都包含在该章的规定之中。

（1）成员范围

2.21　亚投行有关成员范围的规定简单精练：向国际复兴开发银行或亚洲开发银行的成员开放。从结构上来说，援引现存机构对成员范围进行界定的实践十分普遍，并保证了申请方已经是国际经济机构的参与方。国际复兴开发银行的成员必须是国际货币基金组织成员的国家，现今，国际货币基金组织与国际复兴开发银行的成员已基本相同。亚洲开发银行成员必须是联合国东亚和太平洋经济社会委员会（亚太经社会）的成员或准成员，或者是联合国或其专门机构成员中的域内成员或域外的发达国家。

2.22　国际复兴开发银行目前在全球各地拥有 189 名成员；亚洲开发银行有 67 名成员（包括 48 名域内成员）。只有 3 名亚洲开发银行成员不是国际复兴开

发银行成员：库克群岛、中国香港及中国台北。[1] 一些亚投行创始方和许多新
的亚投行成员是国际复兴开发银行成员，但不是亚洲开发银行成员，若将亚投
行成员资格限制为亚洲开发银行成员则会将其排除在外。因此，这种双管齐下
的方法（国际复兴开发银行或亚洲开发银行成员资格作为先决条件）反映了全
球及本区域对亚洲基础设施的支持，并为亚投行提供了更广泛的潜在成员。国
际复兴开发银行或亚洲开发银行的未来成员也可以申请成为亚投行成员。（第 5
章表 5.1 和表 5.2 分别比较了亚洲开发银行、亚投行和国际复兴开发银行在域内
和域外的成员资格。）

（2）意向创始成员、签署方和创始成员

2.23　在亚投行的筹备阶段，参与方即亚投行的意向创始成员。被称作
"意向创始成员"是因为在亚投行从法律意义上真正建立之前，这些国家或地区
无法成为亚投行的合法成员。他们需要满足对创始成员的加入要求。57 个意向
创始成员都有资格签署《亚投行协定》，并且通过在截止日 2015 年 12 月 31 日
之前签署协定而成为签署方。

2.24　至 2017 年 12 月，54 个签署方成为亚投行的创始成员。创始成员是
多边开发银行协定中的少见的概念，这一概念肯定了那些参与并为亚投行的建
立做出贡献的成员的特殊角色。除了分配给每位成员的股权投票权和基本投票
权，每位亚投行创始成员均获得创始成员投票权的特殊分配，以及选举董事会
董事和副董事的优先权。创始成员还有机会参与起草《亚投行协定》以及那些
在首次会议上批准的基本文件和政策。

（3）域内和域外成员

2.25　基于特定的目的，亚投行成员被区分为域内成员和域外成员，这种
分类在现今的区域开发银行中是常见的。[2] 不同情况下的区域定义取决于不同
的具体情况和该区域的地理位置，有时也与区域组织有关。对于亚投行，《亚投
行协定》参考了联合国在划分亚洲和大洋洲时的地理区域和组成要素来界定

---

〔1〕 中国香港和库克群岛不是意向创始成员方，但于 2017 年获得亚投行成员资格。2017 年 6 月，
中国香港加入。

〔2〕 IADB（1959）和 AFDB（1963）开始仅为区域性多边开发银行，后来向非区域性成员开放。
ASDB（1965）和 EBRD（1990）则从一开始就结合了区域和非区域成员。

"亚洲"概念，并在《首席谈判代表报告》中提供了联合国统计网站的相关链接，随后进一步明确授权了理事会在未来可根据需要进行调整。这种安排将联合国作为《亚投行协定》下区域分类的参考来源，同时保证了国家和边界在未来发生变化时的准确性和灵活性。

2.26 在亚投行中，域内和域外之间的区别与股权分配（75%的域内股权）、行长（域内成员的国民）和董事会（9个域内董事和3个域外董事）几个方面相关。此外，同样与地域相关的是亚投行的业务运作必须为亚洲的经济发展做出贡献。

（4）新成员

2.27 《亚投行协定》还规定，国际复兴开发银行和亚洲开发银行的成员可在未来申请成员资格，并由理事会特别多数通过。其他多边开发银行也可以看到相类似的规定，尽管投票通过的数量要求不同。亚投行自成立以来已于2017年批准了27个新的成员申请，现共有84个获得批准的成员。（详见第5章表5.3）

2.28 对于并非主权国家或不能为自己国际关系负责的亚洲开发银行成员来说，其申请亚投行成员方面，亚投行借鉴了《亚洲开发银行协定》的有关条款，允许他们申请成为完全的亚投行成员，前提是该申请获得对其国际关系负责的亚投行成员的批准。亚投行的成员资格将不会向非政府的投资实体或金融机构开放，虽然有少数银行允许（例如安第斯开发协会下的银行股东），除非国际复兴开发银行或亚洲开发银行率先做出改变，允许这类实体加入国际复兴开发银行或亚洲开发银行。

D. 资本与财务

（1）资本结构及其影响

2.29 《亚投行协定》规定了其资本架构，即银行法定股本为1000亿美元，由每位成员20%的实缴股本与80%的待缴股本组成。实缴股本的支付是股本认购程序的要求，待缴股本则是各成员做出的具有约束力的承诺，即在未来亚投行要求时支付剩余的股本。实缴与待缴股本的区分在其他多边开发银行中也较常见，虽然实缴股本的比例随时间发展而不断变化。一般来说，成立之初的实缴股本比例较高（20%到50%之间），也有少数现已低于10%。在本书讨论的多边开发银行中从未有过对资本的要求。

2.30　基于这种资本结构，多边开发银行通常通过国际资本市场为其投资业务筹集资金，以成员对待缴股本的承诺作为担保。[3]　实缴股本可以被当作股本持有人付出的相对较小的初始资本化成本，从而使得多边开发银行借此杠杆为业务对象筹集资金，这种方式相较其他方法更为有利。[4]　成员方政府通常倾向于未来对多边开发银行的资金贡献进行限制（鉴于竞争预算优先级），进而影响了多边开发银行资本增加的时间与程度，并明晰了多边开发银行资金管理稳固性的重要性。

2.31　多边开发银行对待缴股本承诺的依赖还体现在另一方面：成员间股本比例的分配。有利的市场评级降低了多边开发银行可以转嫁给客户的借贷成本，因此支撑它待缴股本的成员方的经济实力将对其发展融资产生影响。正是因为这个原因，股本分配通常会基于经济考量而非单纯的地理政治学因素。进而，股本持有在成员投票权中占绝对主导，又使得这种基于经济的股份分配决定了成员间机构内的权力平衡。

（2）实缴与待缴股本

2.32　如其他银行一样，在亚投行，成员通过实缴股本的缴纳对成员资格进行预先支付。亚投行实缴股本被分为五个部分，以美元或其他可自由兑换货币[5]命名和支付。对于待缴的股份，《亚投行协定》采取了一般的标准以号召成员履行支付承诺：当这是满足亚投行的法律责任所必需的。这一提法遵循了

---

〔3〕　这种融资机制通常适用于基于市场的贷款（"硬贷款"）。优惠发展融资（"软贷款"或赠款）的资金历来是通过成员捐款提供的，而不是通过这种资本结构和市场借贷。

〔4〕　参见 Humphrey（2016），第 92 页；第 6 章第 6.03~6.05 段。

〔5〕　《亚投行协定》为欠发达的亚投行成员（世界银行集团归类为"仅限国际开发协会 IDA"的国家）提供了一种特殊的替代方案，可以按可兑换货币的十年分期付款或五年分期付款，以本国货币最高可达50%。所有符合条件的会员都选择了十年计划，以便所有亚投行最初的 200 亿美元实收股本将以可兑换货币支付。通过这种方式，亚投行及其成员将避免维持不可兑换货币认缴的行政负担和财务复杂性，这些问题在其他多边开发银行中很常见。与此同时，欠发达国家获得了认可其可兑换货币认购困难的付款方式。

最近多边开发银行避开可能限制股本支付的旧协定的趋势，即取决于借入资金的使用情况。

（3）股本的增加

2.33 股本的增加需要亚投行理事会的超级多数通过。另有两条法律条款涉及新增的股本分配：域内股份持有的比例最低为 75%，并且每位现有成员拥有股票优先购买权以保持自身的股份持有比。这一条款与其他多边开发银行的协定相似，尽管《亚投行协定》具有特色地授权理事会可在超级多数通过的情况下变更域内持股的最低比例。《首席谈判代表报告》记录了意向创始成员的一致认可，即至少 70% 的域内股权对于保护亚投行的区域特征至关重要。[6]

（4）股本的分配

2.34 《亚投行协定》中并没有股本的分配规则，其他类似银行中也没有。但亚投行的《首席谈判代表报告》已公开、明确地设置了一致同意的标准，为理事会未来的决定提供指引。在此基础上，分配股本的基本参数即域内和域外集团成员各自所占全球经济的相应份额，以 GDP 为参照（仅针对域外成员）。《亚投行协定》确实要求理事会至少每五年对股本进行一次复审，这一机制将促进与经济发展的持续协调，特别是在就股本分配的基本参数达成一致意见时。

（5）亚投行的资金来源

2.35 亚投行的主要资金来源是其成员认购的股本及其在金融市场和其他来源筹集的资金。亚投行还被授权设立特别基金（成为亚投行的独立特别基金资源）和信托基金（亚投行管理但不拥有）。亚投行关于特别基金的条款与其他银行相当，信托基金的规定是全新的，同时也是被实践证实的。

2.36 亚投行的财务管理条款承认，自 1945 年黄金和固定汇率普遍存在以来，世界发生了巨大变化。国际复兴开发银行和其他一些多边开发银行协定的相关条款继续反映着过时的世界结构，而金融实践已在旧条款下进行了可行的调整。亚投行作为 21 世纪的多边开发银行，既有机会也有必要设立崭新的财务

---

〔6〕 域内持股百分比是区域投票权百分比的主要因素，但两者并不相同。股份投票权（每股一票）是每个成员的亚投行投票权的最大部分（最初约为 85%），但总投票权还包括基本投票（权重为 12%）和创始成员投票，如第 2.53~2.55 段所述。

条款以反映当前的金融世界，并为其未来的革新留出空间。

2.37 筹集资金的规定已有所梳理以反映几十年来发生的变化。因此，亚投行的借贷权力变得更加广泛（通过借贷或其他方式筹集资金），并非仅局限于贷款目的的借贷，这反映了现在和未来创新金融结构的潜力。与许多其他多边开发银行不同，亚投行并未根据其协定特别要求就每笔借款的市场和货币获得相关成员的同意。其他多边开发银行仍然需要这种做法，尽管各国本身早已废除了这种同意要求。对于亚投行，所需要的是遵循相关法律规定筹集资金，因此只有在法律和法规有相关要求时才需要此类同意。

（6）财务比率

2.38 《亚投行协定》规定了两个财务比率来进行亚投行的财务管理。第一个是其贷款限额（对普通业务的限制）。该比率要求亚投行总投融资不得超过其未动用认购股本（实缴和待缴）、准备金和留存收益的100%。虽然准确的措辞和计算有所不同，但这种1：1比率的设计类似于其他多边开发银行协定。然而，《亚投行协定》包括一项新的条款，通过超级多数投票授权理事会"基于银行的财务状况"将该限额从100%增加到250%。当然只有少数多边开发银行的贷款限额高达250%。第二个比率要求亚投行已支出的股权投资金额不超过未动用的实缴待缴股本和一般准备金的总额。其他银行协定的股权投资也存在类似的限制，尽管具体规则各不相同。

（7）净收益的分配

2.39 财务管理的另一个关键要素是净收入和储备金的分配，与其他多边开发银行一样，亚投行将该权力保留给理事会。与《欧洲复兴开发银行协定》规定相似，如果将收入分配给其他用途而不是留存收益，则需要超级多数的同意。对净收入分配的特别授权在多边开发银行中很少见，因为净收入更有可能分配给多边开发银行不间断的需求和目的。

（8）货币

2.40 亚投行的股本以美元计价。与许多其他多边开发银行不同，不认可以本地货币进行的股本认购支付，因此亚投行200亿美元的实缴股本将以美元或其他可兑换货币支付。与许多较旧的多边开发银行的协定相比，《亚投行协定》对货币使用的要求已大大简化。通过更简单的限制和义务规定，亚投行可以最大限度地提高其财务资源的使用效率，并且可能会在将来更易于处理新类型的货币。

（9）投资业务的财务原则

2.41 财务管理和投资业务之间的联系在亚投行关于投资运营财务原则的规定中得到了巩固。总的来说，这些规定与其他多边开发银行相当，并要求亚投行遵循健全的银行业务原则，在合理条款下无法获得资金时提供资金支持，考虑受益人的偿还能力，使其股权投资多样化并保护其财务状况——如本章 B 节（投资业务）所述。

E. 治理

2.42 亚投行将如何由其成员及其代表和相关职员进行管理？亚投行治理主体和管理层的法律框架，包括其权力和决定，都构建于《亚投行协定》的框架之下。整体情况类似于其他多边开发银行，并借鉴了它们之间的不同特色。值得注意的是《亚投行协定》中的几个治理特征与在多边开发银行圈子中争论了一段时间的治理改革有关。

2.43 亚投行依然维持着其他多边开发银行的双重委员会结构，理事会（每个成员一名代表）选举并任命出一个较小规模的董事会（十二名董事）。而亚投行非常驻董事会的模式选择引起了很多关注，尽管对常驻或非常驻董事会的辩论并不新鲜。在国际复兴开发银行和国际货币基金组织的成立之初，这个问题仅在 1946 年的首次会议上得到过解决——选择常驻委员会的模式是因为其更利于对日常事务进行政治监督。最近几十年则不断涌现出改革世界银行集团常驻委员会的提议。

2.44 当非洲开发银行、亚洲开发银行、美洲开发银行和欧洲复兴开发银行都跟随世界银行集团的脚步，选择维持常驻董事会模式的时候，它们却未意识到，自 20 世纪 50 年代起许多其他国际发展金融机构就一直保持着非常驻董事会。其中包括欧洲投资银行、安第斯开发协会、加勒比开发银行、国际农业发展基金、北欧投资银行、伊斯兰开发银行、黑海贸易开发银行以及欧洲理事会发展银行等。

2.45　其他在治理方面的革新与一些改革的讨论相呼应：

·在其他多边开发银行的声明之后，规定一个公开、透明和择优的选举银行行长和副行长的程序，行长两届的任期限制也是如此。

·为董事会中代表多个成员的董事会选区增加第二个副董事职位，以增加该选区公民参与董事会工作的机会——最近国际货币基金组织的改革。

·在投票权方面，分配给亚投行所有成员的基本投票权固定为投票权总数的12%，在《亚投行协定》中规定一个固定的投票权数。通过这种方式，股份投票权随着股本增加而扩大，这种额外权重将有利于小股东保持其相对价值。国际货币基金组织和国际复兴开发银行最近都将基本投票权增加到5.5%。亚洲开发银行自成立以来将基本投票权设定为20%，而非洲开发银行和美洲开发银行的基本投票权则是规定了固定数量，现在仅占总投票权的不到1%。

（1）治理结构

2.46　亚投行的治理结构包含其他多边开发银行中的三级层次结构：理事会、董事会和银行行长。理事会是最高权力机构，由每个成员任命的一名理事组成，每年举行一次会议。董事会负责亚投行一般业务的发展方向，由十二名非常驻董事组成，至少每季度召开一次会议。由理事会选出的银行行长在董事会的指导下开展亚投行的现有业务。行长是亚投行工作人员，由一名或多名副行长协助，副行长由行长推荐并由董事会任命；行长任命银行的其他官员和工作人员。

（2）亚投行理事会

2.47　亚投行治理机构的权力架构与其他多边开发银行相似。理事会享有通常保留的、不可转让的权力，如关于成员资格的决定、增加股本、处理董事会对协定解释的请求、协定的修订、董事和行长的选举以及收益的分配。亚投行理事会在某些领域拥有额外的权力，灵活的设计允许亚投行通过其最高权力机构的合格多数决定适应未来的变化。这些灵活性领域包括："亚洲"定义的例外情况；75%的域内持股例外情况；为非成员业务对象提供融资或发展新型融资；增加贷款限额或将净收入分配给其他用途；信托基金框架和设立子公司；以及域外董事地位的变化。大多数此类决定都需要超级多数或特别多数投票，因此这些调整需要成员之间达成广泛共识。在某些情况下，谈判代表还通过

《首席谈判代表报告》中的解释为未来的理事会提供指导。（第 7 章表 7.1 显示
了亚投行理事会不可转让的权力，包括这些额外权力。）

（3）亚投行董事会

2.48　与其他多边开发银行一样，理事会已将其所有其他非保留权力委托
给董事会。董事会根据自己的权力行使这些授权，但可能不会行使与理事会的
行动不一致的权力。根据《亚投行协定》，董事会负责亚投行的日常运营，并行
使少数指定权力。这些机制与其他多边开发银行类似。

2.49　然而，亚投行的董事会有几项权力与其他权力有所不同：政策审批
和授权；投资审批和授权；对管理和运营的监督。

·政策审批和授权。《亚投行协定》明确授权董事会制定亚投行政策；批准
主要的运营和财务政策需要 75% 的多数通过（通过投票权）。在董事会批准的政
策下对行长的授权得到明确承认，并且授权的决定也需要相同的 75% 的多数
通过。

·投资批准和授权。亚投行董事会有权决定亚投行所有的投资业务（贷款、
担保、股权投资、特别基金业务、技术援助和理事会批准的新型融资）。这种决
策权仅在少数多边开发银行协定中明确；更少的则允许董事会取消这个决策权。
在亚投行中，对行长的授权需要与上述相同的 75% 多数通过。截至 2017 年 12
月，尚未宣布任何授权。

·监督。亚投行董事会有权定期监督亚投行的管理和运作。虽然此功能在
其他多边开发银行中也由董事会行使，但《亚投行协定》在明确承担此责任方
面也是不寻常的。这一规定可被视为为董事会在非常设环境中的作用增加了更
多定义，其中实体存在不是监督的一个要素。《亚投行协定》进一步要求董事会
为此目的建立一个"符合透明、开放、独立和问责的原则"的监督机制，《首席
谈判代表报告》进一步记录了董事会的监督机制将解决审计、评估、欺诈、腐
败、项目投诉和员工申诉等领域——现在由其他多边开发银行内的独立机构负
责运营评估、责任、诚信和员工争议解决。

2.50　亚投行董事会拥有建立委员会的普遍权力，其他三个委员会（预算
与资源委员会、政策与战略委员会以及审计与风险委员会）在第 7 章表 7.2 中
有所描述。

（4）亚投行行长

2.51 行长在《亚投行协定》下的作用与其他多边开发银行一致。行长兼任董事会主席和亚投行首席执行官。如前所述，作为银行的首席执行官，行长是"银行职员"，并在董事会的指导下开展亚投行的现有业务。这一广泛的作用在《亚投行协定》中则是被简要地提及。根据董事会通过的规定，行长的其他具体权力包括组织、任命和解雇官员与职员。在任命官员和工作人员并建议副行长时，行长有义务高度重视效率和技术能力的最高标准，同时适当考虑在尽可能广泛的区域招聘人员。这些规定大都遵循了其他多边开发银行关于工作人员的可比规定。

（5）与治理有关的职能

2.52 亚投行组织安排的其他几个要素补充了亚投行在《亚投行协定》下的正式治理结构，解决了上文所提的监督机制的问题。这些与治理相关的职能总结如下：

·亚投行拥有一个特殊的合规、效率和廉洁部（CEIU），由常务董事向董事会报告。根据"禁止实践政策"，亚投行的反腐败职能由 CEIU 监督，问责制和项目投诉功能称为亚投行投诉处理机制。

·亚投行的《董事会官员行为守则》和《银行职员行为守则》都规定了职业伦理规范和利益冲突规则，亚投行的职业伦理规范对每个人发挥作用。此外，董事会预算和人力资源委员会还担任董事会的职业伦理委员会。

·董事会审计与风险委员会包括两名外部委员会成员；亚投行将拥有内部和外部审计师。

·亚投行的"工作人员条例"建立了劳动争议的内部程序，并允许其进入独立的行政法庭。

·行长已任命一组外部专家，为亚投行的国际顾问小组提供两年任期。该小组旨在支持行长和高级管理层关于亚投行的战略和政策以及一般业务问题。

这些功能在第 7 章中将进一步解释。[7]

_____

〔7〕 见第 7 章第 7.41~7.47 段。

（6）投票权

2.53 亚投行的投票权包括三个要素：股权投票权、基本投票权和创始成员投票权。

· 每个成员的股权投票权等于该成员认购的亚投行股票数量。

· 每个成员也被分配相同数量的基本投票权，每次计算的基本投票权总数为所有成员总票数的12%。

· 每个符合创始成员要求的亚投行成员将获得600个额外的创始成员投票权。

较大的股东拥有更多的股权投票权，从而获得更大的投票权。基本投票权对所有人来说都是一样的，并且可以增加小股东的话语权，超越他们所享有的股权（并相应地减少股份持有对大股东的影响）。通过设定基本票数占总票数的百分比（而不是像大多数旧协定中那样固定基本票数的数量），可以使得即使资本增加、时间推移、股票总票数增加，小股东的利益也将保持不变。

2.54 股权投票权和基本投票权在其他机构都很常见。创始成员投票权可能是亚投行独有的，因为创始成员概念很少见。随着时间的推移，创始成员投票权的影响可能会随着时间的推移而减少，因为股权投票权和基本投票权的数量都会随着资本的增加而增加，而创始成员的投票权数量将保持不变，每个创始成员的投票数为600。

2.55 为了说明谈判时的预期，根据《亚投行协定》分配的股权将导致股权投票权占总投票权的约85%，基本票数为12%，创始成员票数约为3%。简而言之，大约15%的亚投行投票权将由成员资格而非股份决定，介于亚洲开发银行的20%和国际复兴开发银行的5.5%之间（非洲开发银行和美洲开发银行则不到1%）。在欧洲复兴开发银行，股权持有即确定了投票权，因为其没有基本投票权。在亚投行，因其现有附加成员，这些计算将会不同。

（7）决策多数

2.56 一般而言，理事会和董事会决策的决定需多数票通过。对于理事会而言，《亚投行协定》规定了简单多数规则的例外，即要求两种类型的多数票，以确保关键决策将由大多数成员做出以及代表大多数的投票权。对于亚投行而言，超级多数票的要求最高——占总理事会的三分之二，代表了总投票权的不低于75%。特别多数票需要总理事会的大多数同意，代表了总投票权的不少于50%。第7章表7.3列出了这些合格的多数决定。总而言之，需要超级多数通过的决策包括增加资本、修改地区持股比例、向非成员提供援助、增加贷款限额、将净收入分配给其他目的、对董事会或其非常设基础的变更、行长选举和《亚投行协定》修正案。特别多数决定包括成员资格、批准新型融资和设立子公司。如第2.70段所述，亚投行仅要求在一个领域内达成一致——若协定修正案会影响成员撤回的基本权利、限制其责任并维持其持股比例。

2.57　在其他多边开发银行中都可以找到有关理事会决策合格多数的规定。第7章表7.4比较了亚投行、非洲开发银行、亚洲开发银行、欧洲复兴开发银行、美洲开发银行和国际复兴开发银行的合格多数决策。一般来说，区域多边开发银行的最高合格多数通常是投票权的75%或是成员数量的三分之二，尽管这个数字会有一些例外。值得注意的是，国际复兴开发银行要求对协定修正案（85%）以及董事会规模（80%）的变更具有更高的投票权要求。这些要求通常与国际复兴开发银行的布雷顿森林体系的双胞胎——国际货币基金组织进行比较，国际货币基金组织根据其协定规定了超过85%的合格多数要求。对于这两个机构而言，85%的多数从最初的80%多数演变而来；美国维持有效否决权，投票权超过15%。只要其投票权仍然超过25%，中国将对上述特定的亚投行超级多数决定拥有类似的否决权。

2.58　在董事会的决策中，每位董事有权行使其代表成员的投票权，但每位成员的投票权应被单独投票。成员分开投票是亚洲开发银行和欧洲复兴开发银行董事会的程序，但在其他多边开发银行中，每个董事都必须将该选区的所有投票权视作一个整体进行投票。如前所述，董事会有三项决定，要求占总投票权的75%的合格多数，即主要运营和财务政策决策、董事会批准的政策授权和融资业务批准授权。在实践中，很少在董事会上进行投票，但这些多数投票要求构成了共识决策的发展。

F. 过渡期

（1）过渡期治理

2.59　一旦《亚投行协定》达成一致，亚投行及其理事机构如何首先完成设立？《亚投行协定》和《首席谈判代表报告》为我们提供了亚投行在 2015 年 5 月《亚投行协定》与最终 57 个意向创始成员之间的有关实际建立和过渡治理的细节。

（2）理事会

2.60　对于理事会而言，意向创始成员特别部长级会议是 2016 年 1 月理事会成立会议之前的过渡机构。此后，只有成为亚投行成员的意向创始成员才能成为理事会理事；过渡安排允许意向创始成员在获得成员资格之前派他们的代表作为签约观察员出席所有理事会会议。在成立大会上，有 30 名成员被理事会理事代表；在 2016 年 6 月的第一次年会上，有 46 名成员被代表；在 2017 年 6 月的第二次年会上，有 56 名成员被代表。在每次会议上，尚未获得正式成员资格的意向创始成员由签约观察员代表。第 8 章表 8.1 列出了亚投行理事会前三次会议的理事及其代表成员的情况（首次会议、2016 年年会和 2017 年年会）。

（3）董事会

2.61　董事会的过渡机构为首席谈判代表会议，直到 2016 年 1 月亚投行成立。第一届董事会在首次会议上落实，其中 11 名董事由理事从已成为会员的意向创始成员中选出，任期不超过 6 个月（至 2016 年 6 月 30 日）。根据《亚投行协定》授权理事会做出决定，缩短 2 年任期，并减少第一届董事会董事人数使其低于 12 人，其中意向创始成员资格和成立会议的时间安排不断变化。第二届董事会在第一届年会上选出，自 2016 年 7 月 1 日起任期为两年。第 8 章表 8.2 列出了亚投行首届董事会的组成，表 8.3 列出了亚投行董事会于 2017 年 12 月的组成情况。

2.62　对于第一届 11 位董事会，剩下的第 12 个选区由无投票权的选区代表代表，因为该区域内尚无意向创始成员成为正式成员。这是根据首席谈判代表报告中的临时安排而设立的一个崭新的立场，并在《董事会程序规则》中进行了规定。选区代表和副选区代表职位允许意向创始成员参与亚投行的建立和早期运营，而他们对亚投行正式会员资格的国内要求仍在筹备中。截至2016年12月，第十二位董事当选，取代选区代表并完成董事会的过渡。

（4）行长

2.63 双方还建立了一个过渡机制，选举候任行长在亚投行筹建期间进行领导，为亚投行各机构及其初步运作做准备，并与其他组织、政府、投资人和公众建立关系。在谈判期间，多边临时秘书处中的秘书长一职已具备过渡期间的领导力，该秘书长是根据2014年10月签署国特别部长级会议的决定而签订的《谅解备忘录》设立的。2015年6月，在《亚投行协定》签署仪式后，意向创始成员部长们召开了一次会议，他们同意为亚投行选出一位行长候选人。（这种做法呼应了欧洲复兴开发银行在其成立过程中选出候任行长候选人。）

2.64 2015年特别部长级会议通过了一项选举候任行长的程序，其符合《亚投行协定》关于公开、择优和透明程序的规定。该选举程序与其他多边开发银行选举行长的要求相类似，但其根据尚未建立正式治理机构和尚未雇佣员工的现状加以修改，并与之后的提名和决定一起加以公布。2015年7月，两名候选人获得提名：俄罗斯提名的Andrei Bugrov先生和当时由中国提名的多边临时秘书处秘书长金立群先生。在2015年8月举行的第六届首席谈判代表会议上，意向创始成员的代表以协商一致的方式选举金先生为候任行长。他担任亚投行的候任行长，直到在理事会成立大会当选后担任亚投行行长一职。

（5）首次会议

2.65 通过首席谈判代表会议的筹备过程，在秘书处的技术支持下，以及在候任行长的领导下，两个委员会在其就职会议上做出了亚投行建立和开始运作所需的决定。

·理事会批准了以下内容：理事会程序规则、理事会官员、亚投行细则、首次大会董事选举规则、行长遴选规则、与中国签订的《亚投行总部协定》、任命额外副董事的门槛、董事会官员和银行职员的行为守则以及第一次年会的日期和地点。重要的是，理事会通过了一项决议，该决议将2016年1月16日确定为亚投行业务开始的日期，也就是正式成立亚投行的宣言。

·理事在1月16日的选举中投票，选出11名董事，他们于2016年1月17

日上任。董事随后任命副董事和顾问参加董事会成立大会。第十二个选区的签署方指定了一个选区代表，该代表也被授权任命一名指定选区代表和顾问。

·在 1 月 17 日下午的董事会成立大会上，董事会批准了以下内容：董事会程序规则、2016 年业务计划和预算、薪酬福利政策、财务政策、主权担保贷款和担保定价决策、一般投资、借款和资产负债管理机构、融资业务政策、公开信息临时政策、采购政策和公司采购政策。它审议并随后批准了环境和社会框架。

在首次会议上，亚投行的全部治理机构正式和合法地成立：理事会、董事会和行长。

G. 机构有关事项

2.66 《亚投行协定》是一项多边条约，其他多边开发银行协定也是如此。其中一些关键条款涉及国际条约的事项。

（1）协定的解释

2.67 在其他多边开发银行中经常讨论的一个领域是协定的修改范围，因为外部环境和成员的利益会随着时间而不断变化。最常见的适应机制是通过协定解释，无论是正式的还是非正式的。对《亚投行协定》的正式解释是董事会的权力，如果任何成员对初步解释提出上诉，则最终决定权将保留给理事会。而在实践中，对国际复兴开发银行和其他多边开发银行的协定的正式解释相对较少，其经常通过董事会批准与在协定一致的提案的有关决定中进行非正式解释。

2.68 《亚投行协定》规定英语是亚投行的工作语言，并且《亚投行协定》的英文文本可用于解释（以及所有其他决定）。（《亚投行协定》也用中文和法文文本签署。）与未来解释相关的另一条规定确保《亚投行协定》中对"他"和"他的"的所有使用都包含任何性别。

（2）协定的修订

2.69 《亚投行协定》的修订是理事会的保留权力，需要超级多数票通过。在《亚投行协定》中，理事会的决定是通过修正案的最后一道程序。这也是亚洲开发银行和美洲开发银行的做法。其他一些多边开发银行，特别是国际复兴开发银行、非洲开发银行和欧洲复兴开发银行，在理事会批准后，还要求具有合格多数表决权的特定多数成员批准修正案。多边开发银行协定很少进行修订，这取决于机构当时所处之环境，而且修改通过所要求的合格多数通常是最高的。

2.70　《亚投行协定》对其他多边开发银行的三项核心修订提出了一致意见。理事会一致同意修订：（i）每个成员退出银行的权利；（ii）成员责任限制；（iii）与购买股本有关的优先购买权。责任限制意味着成员的责任仅限于股票发行价的未付部分，并且没有成员能仅仅因其成员身份而对银行的债务负责。优先购买权允许每个成员认购每次增资的足够数量的股份，以维持其在银行股本中的百分比份额。这些条款中每一条的修改都需要一致同意，以为成员提供核心保护，并且一致同意能确保在未经每个成员同意的情况下不得更改这些保护。

（3）国际角色

2.71　《亚投行协定》还规定了许多其他多边开发银行相似的条款，这些条款保留了该机构的国际性，并规定了管理层和工作人员决策的原则。

·亚投行及其行长、官员和工作人员不得干涉任何成员的政治事务，也不得因有关成员的政治性质而影响他们的决定。只有经济方面的考虑才能与他们的决定相关。为了实现其宗旨和职能，应公正地权衡这些考虑因素。

·亚投行行长、官员和职员在卸任时，向亚投行而不是其他当局负责。每个亚投行成员都有义务尊重这一职责的国际性，并避免一切影响行长、官员和工作人员履行职责的企图。

这两项规定与亚洲开发银行、非洲开发银行、美洲开发银行和国际复兴开发银行协定密切配合。在亚洲开发银行、非洲开发银行和欧洲复兴开发银行协定中也有第3条规定：

·亚投行不接受可能以任何方式损害、限制、转移或以其他方式改变其目的或功能的特别基金、贷款或援助。

虽然在各种多边开发银行中有时会对某些条款的遵守情况提出质疑，但值得注意的是它们的持续影响力，并且亚投行的创始人选择维持这些原则。

（4）特权与豁免

2.72　国际机构通常都被赋予优先于国际法律体系的特权与豁免。对多边开发银行来说，每一位成员都同意，并将其作为成员资格的要求，在多边开发银行协定下赋予银行特定的特权与豁免。亚投行根据《亚投行协定》享有特权与豁免，其成员在《亚投行协定》下的行为与其他多边开发银行相似。

2.73 在这些条款之下，亚投行拥有完全的法律人格，尤其是完全的法律能力去：签订合同；获得并处置不动产和动产；提起并回应法律诉讼；采取对其目的和活动可能必要或有用的其他行动。亚投行享有各种形式的法律程序的豁免权，除了因行使其借款或其他方式筹集资金的权力而产生或与之相关的案件；保证义务；或购买、出售或承销证券的相关案件。这些例外向与亚投行在资金筹集活动中进行交易的相对方保证了亚投行可以被诉至法庭。其他关键条款授予亚投行资产和档案的豁免权、资产免受限制、通信特权、官员和雇员的豁免和特权以及免税。

（5）办公场所与员工

2.74 《亚投行协定》规定，亚投行的总部位于中国北京，并授权在其他地方设立办事处或代理机构。在其成立大会上，理事会批准了亚投行与中华人民共和国之间签署的《亚投行总部协定》。根据《亚投行总部协定》，中国同意安排建造和提供合适的办公楼作为亚投行的永久场所，并在永久办公场所建立之前提供临时办公室和相关设施。此外，《亚投行总部协定》详细说明了亚投行官员和中国工作人员的具体特权和豁免，所有这些都符合《亚投行协定》的规定。其他多边开发银行的总部协定结构与之相似。如上所述，行长、行长任命的亚投行工作人员；技术能力，其次是区域地理多样性，均由《亚投行协定》规定为任命标准。

（6）透明度

2.75 《亚投行协定》包含对报告和信息的普遍规定。《亚投行协定》包含一项不常见的规定，即制定信息披露政策，以提高其业务透明度。根据这一规定，董事会在其成立大会上通过了一项《公开信息临时政策》。透明度的重要性可见诸由董事会设立监督机制的相关原则，以及行长的选举和副行长的任命。

H.　继承和创新

（1）继承

2.76　从前面的重点可以看出，亚投行开始于一个完全符合多边开发银行家族历史的"骨骼结构"。它的特点体现了其"亲属"过去 70 年来的适应性，并努力契合当前的经济和金融世界，为未来的发展做好准备。然而，家庭关系并不能保证亚投行将成功面对其他人所经历的困难。它们为对亚投行如何在其发展过程中进行管理和指导的分析提供了初步框架。（第 10 章提供了一些关于对亚投行前身多边开发银行重要功能的初步想法。）

2.77　我们可以在亚投行中追踪哪些常见 DNA？它的任务契合其他多边开发银行的发展目的，无论是大还是小。亚投行的任务多限定在其对基础设施连通性和对可持续性的关注方面，但可以扩展到其他生产性领域和非区域业务。其投资业务遵循基本的业务运营原则和政策，有足够的空间来调整亚投行客户的需求。其资本财务的结构和政策与公认的健全财务管理规则密切相关，并吸收前人的经验进行了一些改进。成员资格规则也建立在其他人的规则和惯例之上。亚投行的三层治理结构和基本权力依赖于精心打造的基础、精简和量身定制，以实现亚投行创始人的目标。从制度上讲，亚投行的特权和豁免权旨在为所有人提供最好的保护。

（2）创新

2.78　在《亚投行协定》中，如本章所总结和下文将要具体阐述的，其所做的创新也尤为显著。在实际运营中，《亚投行协定》提供了充足的灵活性，只要其预定的目的和职责被满足以及在如何具体实施中达成了一致。这些都平等适用于非成员的业务对象以及新型融资；有意的流动性允许有利于亚洲并位于其外部的投资运营。亚洲本身的定义以及对 75%区域性股权限制的调整也体现了同样的灵活性。在金融方面，扩大对贷款限制的可能性是崭新的，而且会有一些更新和精简。

2.79　在亚投行的治理领域也可发现相当数量的创新。董事会有额外的权力允许亚投行对变化做出反应。随着时间的推移，只要成员之间有足够的共识，而不必强迫亚投行将新的倡议纳入不变的规则。董事会属于非常驻多边开发银行的委员会，具有批准政策和运营、任命和进行监督管理的明确授权。行长具有任命权等的传统权力，仅限于两个任期。通过公开、透明和择优的过程选举行长和副行长，确立了新的法律标准。为大的董事会选区增加第二个副董事、为创始成员提供轮换特权以及基本投票权 12% 的权重，将为区域和较小成员赢得足够的话语权。过渡治理安排旨在确保所有意向创始成员在成员资格谈判结束后的充分参与。

2.80　就其架构而言，《亚投行协定》中的法律条款和记录在《首席谈判代表报告》中的各方协议的相互作用，为亚投行适应未来的变化打下了坚实的基础。《首席谈判代表报告》在作为确定股权分配的基准参数的亚洲和 GDP 的定义上作具体规定，从今天看来，细节清楚透明，但并没有把这些写入《亚投行协定》，因为其有朝一日会显得过时。在有必要修订《亚投行协定》时，该协定遵循了一种要求理事会高票通过而无需成员其国家或地区内部程序另行批准的模式。总体来说，这些安排许亚投行一个未来，使其将来的业务和活动得以以既符合文字又符合精神的方式开展。

第 3 章

使　命

3.01　新机构的使命是有关设立亚投行讨论的核心问题。对于亚投行来说，其使命清楚地体现在《亚投行协定》中了。规定了亚投行使命的法律条文解决了几个关键问题，即意向创始成员认为亚投行的首要目标是什么？亚投行的宗旨是什么？通过哪些职能来实现其宗旨？《亚投行协定》揭示了为实现其宗旨和职能是如何选择多边开发银行的架构的？

3.02　本章以《亚投行协定》序言为背景，介绍了亚投行的法定宗旨和职能，列举了《亚投行协定》中表明其宗旨和职能具有特定法律意义的条文。

A. 序言

3.03　《亚投行协定》的序言部分反映了签订《谅解备忘录》的当事方的目的，这些目的在其多次的多边磋商和首席谈判代表会议中得以凝练，并且由全部 57 个意向创始成员在新加坡达成一致。这里完整引用条文也许是最好的：

> 本协定签署国一致同意：
>
> 考虑到在全球化背景下，区域合作在推动亚洲经济体持续增长及经济和社会发展方面具有重要意义，也有助于提升本地区应对未来金融危机和其他外部冲击的能力；
>
> 认识到基础设施发展在推动区域互联互通和一体化方面具有重要意义，也有助于推进亚洲经济增长和社会发展，进而为全球经济发展提供新动力；
>
> 认识到亚洲基础设施投资银行（以下简称"银行"）通过与现有多边开发银行开展合作，将更好地为亚洲地区长期的巨额基础设施建设融资缺

口提供资金支持；

　　确信作为旨在支持基础设施发展的多边金融机构，银行的成立将有助于从亚洲域内及域外动员更多的急需资金，缓解亚洲经济体面临的融资瓶颈，与现有多边开发银行形成互补，推进亚洲实现持续稳定增长；

　　同意成立银行……

　　3.04　《亚投行协定》序言的结构让人想起了亚洲开发银行、非洲开发银行、美洲开发银行、欧洲复兴开发银行的协定序言。但是这些银行的协定序言中对建立此种特定多边开发银行的原因和时间都予以了具体说明。[1] 亚投行和亚洲开发银行的序言有高度一致性，如为经济发展、经济增长和域内域外的资金动员合作。亚投行有几个特别的主题：区域经济发展、基础设施、资源动员、合作与伙伴关系。对于基础设施的强调是亚投行所独有的，其他的主题是非洲开发银行、亚洲开发银行和欧洲复兴开发银行所共有的。[2] 不同于其他的协定，由于贸易与作为其焦点的基础设施资金短缺没有直接关系，《亚投行协定》没有在序言中提及贸易。[3]

　　（1）区域经济发展

　　3.05　在成员方认可的原则中的第一个原则是推动亚洲经济体持续增长及促进经济和社会发展，也被称作亚洲的经济增长和可持续的社会发展。预计这种增长和发展的影响将是区域性和全球性的。一方面，区域的增长和发展可以

---

　　〔1〕　国际复兴开发银行和美洲开发银行的协定中没有类似的序言。在《国际复兴开发银行协定》中，其宗旨部分（第1条）包括可在其他的多边开发银行的宪章中的序言和宗旨、职能部分的相关内容。在《国际复兴开发银行协定》签订15年后签订的《美洲开发银行协定》在第1条将宗旨和职能分开来，之后的许多多边开发银行协定也都有类似做法。

　　〔2〕　详见《非洲开发银行协定》的序言、《亚洲开发银行协定》的序言和《欧洲复兴开发银行协定》的序言。然而，在《欧洲复兴开发银行协定》的序言中更为突出的是，其强调对中东欧的投资，对多党民主制的基本原则，对法治、尊重人权和市场经济的承诺。

　　〔3〕　《亚洲开发银行协定》的序言和职能涉及经济增长和对外贸易，反映在设立亚洲开发银行的早期提议中对区域贸易的讨论。见《亚洲开发银行协定》的序言第3条和正文第2条第3款，例如，1963年的联合国亚洲及太平洋经济社会委员会（ESCAP）的一个文件就以"联合国亚洲及太平洋经济社会委员会区域的区域银行案例——特别强调发展区域内贸易"，见 Wilson（1987），第5页。《国际复兴开发银行协定》第1条也在它的宗旨中写道："促进国际贸易的长期平衡发展和国际收支状况的持续改善……"

"有助于提升本地区应对未来金融危机和其他外部冲击的能力"。从这个方面来讲，亚投行的部分目标在于加强此区域的经济发展和促进亚洲持续稳定的增长。另一方面，亚投行也被期望能够通过促进亚洲的增长和发展来为全球经济发展提供动力。

（2）基础设施

3.06　在序言中，成员方认可基础设施对于实现区域经济增长和发展的重要性。特别是，基础设施发展被认为是推动区域互联互通和一体化的关键。亚洲的基础设施建设的融资是一个长期的需要，并被认为是建立以基础设施建设为主的多边性金融机构的亚投行的动力。

（3）资源动员

3.07　序言强调与现有多边开发银行合作将有利于更好地满足基础设施建设对资金的大量需求。序言也清楚地阐明亚投行的建立将会有助于"从亚洲域内及域外动员更多的急需资金"，以及有助于亚洲独立经济实体消除其面临的融资瓶颈。

（4）合作和伙伴关系

3.08　合作和伙伴关系这两个孪生的主题在整个序言中是互相交织的。首先，是区域合作来推动经济体持续增长及经济和社会发展的重要性；其次，在区域合作中强调推动区域互联互通和一体化也是非常重要的。与此同时，序言也强调了与现有多边开发银行的合作，对于聚焦基础设施建设的亚投行而言，这不仅能更好地满足其资金需求，也能与现有多边开发银行形成互补。

B. 宗旨

3.09　《亚投行协定》的宗旨有两层含义，由第一部分的序言主题引申而来。

（1）投资

3.10　第一个宗旨是"**通过在基础设施及其他生产性领域的投资，促进亚洲**

经济可持续发展、创造财富并改善基础设施互联互通"〔4〕。本项宗旨与序言推
动区域经济增长及经济持续发展、基础设施和其他生产性领域的投资的主题直
接相关。亚洲开发银行和美洲开发银行都对区域内发展中的成员的经济发展给
予了特别重视，非洲开发银行也聚焦于区域成员和它们的经济发展。〔5〕 亚投行
投资不局限于发展中的成员，但侧重于基础设施和其他生产性领域会对亚投行
的投资重点有所限制。

3.11 这个法律宗旨会在许多方面引领亚投行的基础设施和其他的业务。
例如，亚投行的宗旨强调经济 "可持续发展"，这点也在首席谈判代表报告中予
以了强调。〔6〕 这个宗旨也引发了多年来对发展的环境和社会代价的反思，自许
多其他多边开发银行建立以来，这一点已经成为发展的关键方面。〔7〕

3.12 亚投行在其宗旨中宽泛地规定了它支持的重点部门。宗旨所指的
"提高基础设施的互联互通"可以涵盖大量不同种类的互联互通，举两个例子来
说，实体意义上和电子意义上的联通。基础设施意味着投资的范围可以涉及很
多部门，这会在本书第 4 章予以讨论。〔8〕 基础设施和 "其他的生产部门"的提
法为投资的部门范围增添了灵活性，也回应了在《国际复兴开发银行协定》中
所使用的术语 "生产性的"。〔9〕 对于亚投行来说，对其他生产性领域的提及

---

〔4〕《亚投行协定》第 1 条第 1 款第 1 项。

〔5〕《亚洲开发银行协定》第 1 条；《美洲开发银行协定》第 1 条第 1 款。1976 年，《美洲开发银行
协定》允许区域外成员加入时，增加了对 "区域内发展中的" 成员的限制。参见美洲开发银行理事会决
议第 AG-9/76 号，《美洲开发银行协定》中关于域内资本及相关事项的修订，1976 年 6 月 1 日通过。类
似地，非洲开发银行在允许区域外成员加入后，《非洲开发银行协定》第 1 条的宗旨中强调区域内成员经
济的可持续发展和社会进步。

〔6〕《首席谈判代表报告》在序言中写道："代表们强调这个银行会是一个以促进亚洲持续和稳定
发展的多边金融机构。"

〔7〕《国际复兴开发银行协定》于 1944 年签订，该协定没有提及环境，尽管世界银行之后成为第一
个有环境政策的多边开发银行。在 1990 年，《欧洲复兴开发银行协定》在职能中包括促进环境友好型活
动和可持续发展。《欧洲复兴开发银行协定》第 2 条第 1 款第 7 项。《非洲开发银行协定》在 2001 年进行
了修订，在其宗旨中包括了 "可持续性"："推动可持续性的经济发展和区域内成员的社会进步——私人
和群体"。非洲开发银行理事会决议第 B/BG/2001/08 号，关于《非洲开发银行协定》的修订，于 2001
年 5 月 29 日通过，2002 年 6 月 5 日生效。《美洲开发银行协定》于 1976 年进行了修订并加入了社会发展
的描述。美洲开发银行理事会决议第 AG-9/76 号，《美洲开发银行协定》中关于域内资本及相关事项的
修订，于 1976 年 6 月 1 日通过。

〔8〕 详见第 4 章第 4.06~4.07 段。

〔9〕 详见《国际复兴开发银行协定》第 1 条。

（除了基础设施）至少在有关亚投行的早期讨论中就可以找到。[10]

3.13 亚投行促进区域经济发展的宗旨可以通过它的投资的影响而不是被投资者或者业务所处的地理位置中来体现。亚投行在基础设施方面以及在其他的生产性领域的投资都致力于促进发展、创造财富和提高亚洲基础设施的互联互通。区域外的投资应该与亚投行的使命相协调，对区域内更欠发达成员在使用资金方面的需求应予以特别考虑。[11]

（2）合作

3.14 第二个宗旨强调了序言中的其他主题，即合作与伙伴关系："**与其他多边和双边开发机构紧密合作，推进区域合作和伙伴关系，应对发展挑战。**"[12]区域合作与促进经济增长和发展的目标相联系。序言确信，与其他多边和双边开发机构的紧密合作将会有助于与其他机构一起动员更多的资金。虽然其他的多边开发银行的协定中也规定了与其他机构合作，但不是规定在宗旨中而是规定在机构的职能中或是单独规定了这一款。[13] 亚投行的宗旨中第 2 项与协定的前言部分是相一致的，这类的条款也可以在亚投行与成员和国际组织合作的条文中体现。[14]

3.15 亚投行与其他多边开发银行的早期合作已经体现在两个重要方式上。首先，亚投行已经签署了备忘录，来巩固它与亚洲开发银行、欧洲复兴开发银行、欧洲投资银行、美洲开发银行、国际金融公司、新开发银行和世界银行集

---

〔10〕 详见《楼继伟就筹建亚洲基础设施投资银行答记者问》，2014 年 3 月 7 日，载 http：//www. mof. gov. cn/zhengwuxinxi/caizhengxinwen/201403/t20140307_1053025. html（最后访问日期：2017 年 12 月 8 日）。

〔11〕 此种区别也在本书第 4 章第 4.08 段对投资目标以及在第 5 章的第 5.23 段至 5.27 段和第 5.33 段对亚洲的定义予以了讨论。

〔12〕 详见《亚投行协定》第 1 条第 1 款第 2 项。

〔13〕 详见《非洲开发银行协定》第 2 条第 2 款；《亚洲开发银行协定》第 2 条第 5 款；《欧洲复兴开发银行协定》第 2 条第 2 款；《欧洲投资银行协定》第 14 条和《美洲开发银行协定》第 1 条第 2 款第（b）项。对于国际复兴开发银行来说，与其他国际组织的合作在其他分开的条款（国际复兴开发银行第八部分第 5 条），并没有在它的宗旨中强调。

〔14〕 详见《亚投行协定》第 35 条。

团合作的可操作性和技术性。[15] 这些没有约束力的备忘录主要是为信息和人员的交换、在有共同利益和潜在共同资助的领域的合作建立基础，以及为高水平的合作对话服务。亚投行也加入了各种各样的多边开发银行群（如多边开发银行首脑会议）和宣言。与亚洲开发银行、欧洲复兴开发银行、欧洲投资银行、新开发银行和世界银行一起，亚投行与中国财政部签署了与"一带一路"倡议有关的备忘录。[16]

3.16　其次，亚投行已经与几个多边开发银行一起开展联合融资的投资业务。本书第 4 章表 4.1 对此有具体的说明，亚投行最初的 24 个已经被批准的项目中大约有 2/3 是亚投行与其他金融机构合作融资的，其中 4 个项目是与亚洲开发银行合作，2 个项目是与欧洲复兴开发银行合作，3 个项目是与国际金融公司合作，8 个项目是与国际复兴开发银行合作。[17]

C. 职能

3.17　为了实现其宗旨，《亚投行协定》规定了亚投行的四个职能：促进投资、发展融资、补充私营投资、其他活动和服务。

（1）促进投资

3.18　亚投行的使命是"**推动区域内发展领域的公共和私营资本投资，尤**

---

〔15〕 亚投行新闻部发布了这些备忘录：与亚洲开发银行签署的备忘录（亚投行和亚洲开发银行签署备忘录是为了持续的增长来加强合作，2016 年 5 月 2 日）；与欧洲复兴开发银行签署的备忘录（亚投行与欧洲复兴开发银行合作，2016 年 5 月 11 日）；与欧洲投资银行签署的备忘录（亚投行与欧洲投资银行同意加强合作，2016 年 5 月 30 日）；与美洲开发银行签署的备忘录（亚投行与美洲开发银行集团扩大联系，2017 年 5 月 15 日）；与新开发银行签署的备忘录（亚投行与新开发银行签署了备忘录来促进合作，2017 年 4 月 1 日）；与世界银行集团签署的备忘录（世界银行与亚投行签署了合作框架，2017 年 4 月 23 日）。2017 年，亚投行与国际金融组织签署了国际掉期与衍生品协会主协议。国际金融组织是一个目的在于通过资本市场的方式来扩大发展资金的金融协作机构，"亚投行和国际金融组织签署了国际掉期与衍生品协会主协议来扩大在亚洲的基础设施的投资"，亚投行新闻部发布，2017 年 2 月 9 日。

〔16〕 《国际合作的一带一路论坛成果清单》，载《中国日报》2017 年 5 月 16 日。尽管"一带一路"倡议不是《亚投行协定》的一部分，也不是其他的基础性文件，亚投行成员与"一带一路"地理的重叠让亚投行的投资也会更可能属于倡议的范畴之中。要比较亚投行与"一带一路"倡议，见 Sanders（2017a）。

〔17〕 亚投行第一批项目的其他三个项目是由亚投行独立支持的，没有和其他的多边开发机构联合融资。

其是基础设施和其他生产性领域的发展"。[18] 非洲开发银行、亚洲开发银行、美洲开发银行和国际复兴开发银行都在其宗旨部分规定了投资促进。《亚投行协定》中"推动区域内发展领域的公共和私营资本投资"的表述与《亚洲开发银行协定》和《美洲开发银行协定》中使用的表述相类似,也反映在国际复兴开发银行和非洲开发银行其他的表述中。[19] 独特的目标是亚投行职能的特别之处,即强调基础设施和其他生产性领域的发展。

(2)发展融资

3.19 亚投行被授权"利用其可支配资金为本区域发展事业提供融资支持,包括能最有效支持本区域整体经济和谐发展的项目和规划,并特别关注本区域欠发达成员的需求"。[20] 资金融通职能的几个方面值得强调。首先,"本区域的发展事业"是指亚洲地区的基础设施和其他生产性领域的发展。其次,亚投行资金融通职能与亚洲开发银行、非洲开发银行和美洲开发银行不同,[21] 它不局限于发展中成员。最后,由亚投行资助的项目应该包括那些能有效促进区域经济和谐发展和考虑到区域欠发达成员需求的项目。后面两点考虑参考了《亚洲开发银行协定》的内容。[22]

(3)补充私营投资

3.20 亚投行被授权鼓励私营资本参与投资有利于区域经济发展,尤其是

---

〔18〕《亚投行协定》第 2 条第 1 款。

〔19〕《非洲开发银行协定》第 2 条第 d 款;《亚洲开发银行协定》第 2 条第 1 款;《美洲开发银行协定》第 1 条第 2 款第（a）(i) 项;《国际复兴开发银行协定》第 1 条第 2 款。

〔20〕《亚投行协定》第 2 条第 2 款。

〔21〕《非洲开发银行协定》第 2 条第 1 款第 a 项;《亚洲开发银行》第 2 条第 2 款;美洲开发银行的宗旨被限定于区域成员的经济和社会发展(《美洲开发银行协定》第 1 条第 1 款)。国际复兴开发银行的宗旨(第 1 条),没有严格显示对发展中成员的资金融通,尽管在其他宗旨里面规定了"在欠发达国家促进生产性设施和资源的发展"。

〔22〕《亚洲开发银行协定》第 2 条第 2 款:"利用亚行拥有的资金来源,为本地区的发展中成员的发展提供资金,优先照顾那些最有利于整个地区经济协调发展的本地区的、分区的以及国别的工程项目和计划,并应特别考虑本地区较小的或较不发达的成员的需要。"亚洲开发银行的建立者对较小国家的强调反映了世界银行对亚洲的资金融通很大比例都投入在亚洲的大的发展中国家(国际复兴开发银行 65% 和国际开发协会 95% 对亚洲的资助都流向了印度和巴基斯坦),见 Wilson(1987),第 6 页。亚洲开发银行的表述中包括"较小或较不发达的",对"或"的包含对大的发展中国家意义重大,见 Huang(1975),第 74 页(注 15)。亚投行的文件中,没有提到较不发达区域成员的大小,大的和小的较不发达的成员在此方面受到同等对待。

基础设施和其他生产性领域发展的项目、企业和活动，并在无法以合理条件获取私营资本融资时，对私营投资进行补充。[23] 这个职能可以追溯到布雷顿森林体系时期的《国际复兴开发银行协定》，虽然在此协定中规定通过担保或参加私营贷款而不是通过直接贷款的方式来促进外国私营投资，但直接贷款已经成为国际复兴开发银行资金融通的主要模式。[24] 甚至在布雷顿森林体系中，潜在的借款人（欧洲国家和欠发达国家）对直接贷款更感兴趣，而且欠发达国家可以预料到的是，它们直接去私营市场借款会因为到期不履行义务的问题而很难获得贷款。[25] 从历史上来说，国际复兴开发银行资助的主要形式是直接贷款而不是私人投资者的贷款担保。亚投行的规定与追随国际复兴开发银行的实际发展过程中的其他开发银行的协定相似，均没有规定它将以何种方式补充私人资本。[26]

3.21　所有的三个协定（国际复兴开发银行、美洲开发银行和亚投行协定），它们在职能上包括了一个相同的因素——只有在合理的条件下私人资本不足的时候才会提供资金融通。[27] 这种确立已久的做法在上述三家机构以及亚洲开发银行都业务化了，并作为一个提供资金的条件。《亚投行协定》对此普遍的要求作了如下表述："银行审议融资申请时，应在综合考虑有关因素的同时，适当关注借款人以银行认为合理的条件从别处获得资金的能力。"[28] 《亚投行协定》中的表述与《亚洲开发银行协定》的条文十分相似。[29]

---

〔23〕　《亚投行协定》第 2 条第 3 款。

〔24〕　Bitterman（1971），第 67 页。《国际复兴开发银行协定》第 1 条第 2 款规定："利用担保或以私人贷款及其他私人投资的方式，促进外国私人投资，当私人资本不能在合理条件下获得时，则在适当条件下，运用本身资本或筹集的资金及其他资源，为生产事业提供资金，以补充私人投资的不足。"

〔25〕　Bitterman（1971），第 71 页。

〔26〕　《非洲开发银行协定》第 2 条第 1 款第 d 项；《亚洲开发银行协定》第 2 条第 1 款；《美洲开发银行协定》第 1 条第 2 款第（iii）项。

〔27〕　相同的概念也能在《非洲开发银行协定》第 17 条第 1 款第 c 项、《欧洲复兴开发银行协定》第 13 条第 7 款、《欧洲投资银行协定》第 16 条第 1 款中有关业务原则的规定中找到。

〔28〕　《亚投行协定》第 13 条第 5 款。见《亚洲开发银行协定》第 14 条第 5 款；《美洲开发银行协定》第 2 条第 7 款第（a）（ii）项；《国际复兴开发银行协定》第 3 条第 4 款第（ii）项。

〔29〕　亚投行的表述是 recipient（借款人/客户）而不是 borrower（借款人），以此表明不是以贷款的方式来申请资金支持的。

（4）其他活动和服务

3.22　除了三个与投资促进、发展融资、补充私人投资有关的职能外，亚投行有权为强化这些职能开展其他活动和提供其他服务。[30] 这种对额外职能的明确授权是仿照了《非洲开发银行协定》《亚洲开发银行协定》和《欧洲复兴开发银行协定》的规定。[31]

3.23　有一些其他的多边开发银行协定中列举的职能并不为亚投行所包括。技术援助是非洲开发银行、亚洲开发银行、欧洲复兴开发银行以及美洲开发银行被列作特别的职能，[32] 然而亚投行的技术援助条款仅作为其一种业务手段并详细规定在一个独立的条款中。[33] 就如之前所提及的那样，与成员和机构进行合作被包含在亚洲开发银行和美洲开发协定的职能中，[34] 但却是亚投行宗旨的一个部分，规定在一个独立条文中。[35]

D. 宗旨和职能的重要性

3.24　序言为《亚投行协定》提供了背景，表明创立者和加入成员的意图。另外，《亚投行协定》中有关宗旨和职能的条文提供了一个重要的法律检验测试。[36] 服务于亚投行第 1 条的宗旨和第 2 条的职能是对《亚投行协定》中权力和决定的法定要求。具体而言：亚投行的资金仅能用于履行《亚投行协定》中规定的宗旨和职能。[37] 技术援助必须符合银行宗旨和职能。[38] 理事会仅可以

---

〔30〕《亚投行协定》第 2 条第 4 款。

〔31〕《非洲开发银行协定》第 2 条第 1 款第 f 项；《亚洲开发银行协定》第 2 条第 6 项；《欧洲复兴开发银行协定》第 2 条第 1 款第 8 项。

〔32〕《非洲开发银行协定》第 2 条第 5 款；《亚洲开发银行协定》第 2 条第 4 款；《欧洲复兴开发银行协定》第 2 条第 1 款第 4 项；《美洲开发银行协定》第 1 条第 2 款第（a）（v）项。

〔33〕《亚投行协定》第 11 条第 2 款第 5 项和第 15 条。

〔34〕见如《亚洲开发银行协定》第 2 条第 5 款和《美洲开发银行协定》第 1 条第 2 款第（b）项。

〔35〕《亚投行协定》第 35 条。

〔36〕《亚投行协定》第 1 条。这个条文遵循了一些区域新多边开发银行有一个独立的宗旨条款和一个多元的职能条款，与之后提到的宗旨和职能相联系。然而，遵循之前的国际复兴开发银行的做法去使用复数形式的职能可能在语言上更容易。

〔37〕《亚投行协定》第 9 条。

〔38〕《亚投行协定》第 15 条。

对符合银行宗旨和职能的不在成员领土上经营的实体提供资金援助。[39] 服务于宗旨和职能也是接受信托基金[40]和特别基金[41]、建立附属机构[42]和行使附随职能[43]的前提条件。亚投行的宗旨和职能也在如承销证券[44]、接受贷款或援助[45]、公布报告[46]和资产不受约束[47]等情况下作为一个考虑因素。

3.25　在其他多边开发银行协定下，多边开发银行的宗旨和职能有相似的法律效力[48]。由于多边开发银行在国家法律体系中享有豁免权，一国的法院也可以通过参考多边开发银行的宗旨和职能来决定是否给予其诉讼豁免[49]。

---

〔39〕　《亚投行协定》第 11 条第 1 款第 b 项。

〔40〕　《亚投行协定》第 16 条第 7 款。

〔41〕　《亚投行协定》第 17 条第 1 款。

〔42〕　《亚投行协定》第 16 条第 8 款。

〔43〕　《亚投行协定》第 16 条第 9 款。

〔44〕　《亚投行协定》第 16 条第 4 款。

〔45〕　《亚投行协定》第 31 条第 1 款。

〔46〕　《亚投行协定》第 34 条第 4 款。

〔47〕　《亚投行协定》第 48 条。

〔48〕　例如，非洲开发银行、亚洲开发银行、欧洲复兴开发银行、美洲开发银行都需要在资源使用、行使附带权力、豁免特权的范围内遵从于其宗旨和职能，而非洲开发银行、亚洲开发银行和欧洲复兴开发银行对于可改变其宗旨和职能的贷款或援助则都设有限制。见《非洲开发银行协定》第 12 条、第 32 条第 7 款、第 38 条第 1 款、第 50 条和第 54 条；《亚洲开发银行协定》第 8 条、第 21 条第 7 款、第 36 条第 1 款、第 48 条和第 53 条；《欧洲复兴开发银行协定》第 8 条第 1 款、第 20 条第 1 款第 7 项、第 32 条第 1 款、第 44 条和第 49 条；以及《美洲开发银行协定》第 3 条第 1 款、第 7 条第 1 款第（ⅴ）项和第 11 条第 1 款、第 6 款。

〔49〕　参见 Reinisch 和 Wurm（2010），第 135 页，在提到有关国际金融机构的豁免权时指出："美国判例法一些近期的案子强调了国际金融机构的限制豁免权。这些案子特别提及了国际金融机构在其文件中表述的活动的目的……"

第4章

投资业务

4.01　亚投行的投资业务是其立足之本。为了实现对亚洲基础设施进行投资这一共同目标，亚投行的成员们已经联合起来，认购股本并对亚投行进行组织与治理。尽管本书其他章节所介绍的《亚投行协定》的条款对于实现其目标也至关重要，但仍不足以实现最佳效果。亚投行对亚洲基础设施的融资和援助将通过本章所描述的投资业务基本框架来呈现。

4.02　亚投行的投资业务模式是基于其他多边开发银行的类似原则和经验之上而建立的。做出类似选择的好处是快速启动亚投行的投资业务组合、利于业务对象对其投资业务模式的熟悉、便于与其他多边开发银行在共同融资业务中的合作。鉴于其起源，人们期望亚投行与其他多边开发银行一样，能遵循同样的原则来解决当前实践中的问题。

4.03　本章介绍了基于《亚投行协定》的投资业务框架，包括投资目标、业务类型、业务对象、业务原则以及业务政策和程序。接下来是亚投行第一阶段投资业务的总结，以说明该框架的初始运用状况。

A. 投资目标

（1）宗旨

4.04　亚投行投资业务的目标源于其根本宗旨。《亚投行协定》中所列的第1条宗旨是："通过在基础设施及其他生产性领域的投资，促进亚洲经济可持续发展、创造财富并改善基础设施互联互通。"[1]　如本书第3章所述，该条宗旨

---

〔1〕《亚投行协定》第1条第1款第（i）项。

与区域经济增长和经济可持续发展的主题，以及基础设施和其他生产性领域的投资密切相关。[2]

4.05　亚投行的法律宗旨在于为其基础设施和其他业务设定了界限。值得注意的是，有关经济发展的"可持续性"使得环境和社会影响的重要性持续提升，也已成为发展的一个关键方面。《首席谈判代表报告》在序言部分同样强调了经济可持续发展："代表们强调，亚投行将成为促进亚洲持续稳定增长的多边金融机构。"

（2）领域

4.06　关于改善基础设施互联互通方面，可以预计未来能够涵盖不同类型的互联互通，例如实体和电子的互联互通等。同时基础设施领域可能将会覆盖一个广泛的投资范围，例如亚投行官网就将其对该领域关注重点描述如下：

> 亚投行将为能源和电力、交通和电信、农村基础设施和农业发展、供水和卫生、环境保护、城市发展和物流等健全和可持续的项目提供主权和非主权融资。[3]

4.07　亚投行不局限于基础设施领域：它还被授权为其他"生产性"领域的投资提供资金。这一开放式的词语源于其他多边开发银行协定的着重生产之宗旨，这可以追溯到布雷顿森林体系，以及对战争和预算赤字融资及对旧债务再融资等非生产性贷款的关注。[4] 以国际复兴开发银行为例，"生产性目的"

---

〔2〕　见第 3 章第 3.10~3.13 段。

〔3〕　参见亚投行网站上的"我们的工作"。

〔4〕　参见《国际复兴开发银行协定》第 1 条和《欧洲复兴开发银行协定》第 2 条第 1 款，以及 Bitterman（1971），第 67 页。

一词在该行的宗旨中就占有突出地位，[5] 而且自从它在布雷顿森林体系中为提高贷款质量而设立以来，[6] 在国际复兴开发银行几十年的法律解释中也都有所体现。[7]

（3）地域

4.08　亚投行在基础设施和其他生产性领域的投资，应着眼于促进亚洲发展、创造财富和改善基础设施互联互通等方面。不过在《亚投行协定》中并没有明确规定投资行为本身必须在亚洲进行，[8] 事实上，《首席谈判代表报告》就指出：

> 代表们指出，协定序言和第 1、2 条有关亚投行的职能和宗旨部分主要表达对于亚洲区域经济发展的关注。在其业务政策所允许的范围内，该行可以按照其宗旨和职能，根据第 11 条第 1 款之规定向本区域以外的投资对象提供融资。

亚投行的宗旨和职能与"为区域外投资对象提供融资的特定投资业务"如何契合的相关问题，将由董事会来决定如何在《亚投行协定》中进行解释，同时还需要考虑到诸如特别关注亚投行负责的欠发达地区成员的需求等其他因素。

---

〔5〕国际复兴开发银行在《国际复兴开发银行协定》条款下的目的包括：（i）通过促进资本投资为生产目的，包括恢复因战争破坏的经济，恢复生产设施到平时的需要，鼓励不发达国家发展生产设施和资源，来协助重建和发展各成员的领土。（ii）通过担保或参与贷款和私营投资者投资的方式促进私营企业的外国投资；并且当私营资本在合理的条件下不能得到时，通过在适当的条件下提供用于生产性用途的资金而非其自有资金、由其筹集的资金和其他资源，来补充私营投资。（iii）促进国际贸易长期均衡增长和维持国际收支平衡，鼓励国际投资发展成员的生产性资源，从而协助提高其领土内的生产力、生活水平和劳动条件（重点标注）。

〔6〕Bitterman（1971），第 67 页指出，在布雷顿森林体系中，如果贷款被限制在"生产性目的"，而不是"大萧条前的债券融资战争、预算赤字或偿还旧债"，那么贷款质量就会更好。

〔7〕参见 Shihata（2000），第 160 页："条款对银行提供或担保的贷款的生产目的的强调是压倒性的；'生产性'一词在第 1 条的文本中出现了 5 次，而这一概念是那些想要避免过去国际贷款的负面经历的文本的制定者们最关心的概念。"

〔8〕《亚投行协定》中对亚洲的定义为："本协议中提及的'亚洲'和'区域'，除理事会另有规定外，均指根据联合国定义所指的属亚洲和大洋洲的地理区划和组成。"请参见第 5 章第 5.23~5.27 段，了解更详细的讨论细节。

亚投行首个区域外成员的投资项目是"埃及第二轮太阳能光伏输入发电项目"，其中包括 11 个未开发地区的太阳能发电厂。亚投行决定支持这个项目是"因为它有助于埃及可再生能源产能的提高，并且将帮助埃及成为一个地区能源中心，进而为整个地区带来经济利益"〔9〕。

（4）职能

4.09　根据《亚投行协定》，亚投行有四个职能：促进投资、发展融资、补充私人投资以及第 3 章第 3 节所讨论的其他活动和服务，其中发展融资和补充私人投资是与其投资目标最相关的。

4.10　亚投行的发展融资职能来源于其章程条款"利用其可支配资金为本区域发展事业提供融资支持，包括能最有效支持本区域整体经济和谐发展的项目和规划，并特别关注本区域欠发达成员的需求"〔10〕 的使命。关于亚投行的投资业务范围，有三点值得重申。其一，发展融资是指为亚洲基础设施和其他生产性领域的发展调动资金。其二，亚投行的发展融资并不像亚洲开发银行、非洲开发银行和美洲开发银行一样局限于发展中成员。〔11〕 其三，亚投行的投资业务应注意到对区域经济增长的影响，以及欠发达地区成员的需求。〔12〕

4.11　亚投行补充私营投资的目标源于其"鼓励私营资本参与投资有利于区域经济发展，尤其是基础设施和其他生产性领域发展的项目、企业和活动，并在无法以合理条件获取私营资本融资时，对私营投资进行补充"〔13〕 的使命。正如第 3 章第 3.20～3.21 段所指出的一个重要原则是，亚投行应在具有合理条件却无法达到预想结果的情况下提供资金。

---

〔9〕 《亚投行支持埃及可再生能源发展》，载《亚投行新闻》2017 年 9 月 5 日。

〔10〕 《亚投行协定》第 2 条第 2 款。

〔11〕 《非洲开发银行协定》第 14 条第 1 款（仅限于区域成员）；《亚洲开发银行协定》第 2 条第 2 款（仅限于区域发展中成员的融资）；《美洲开发银行协定》第 1 条第 1 款（仅适用于区域发展中成员）。

〔12〕 这两种考虑都借鉴了《亚洲开发银行协定》条款，尽管对于亚投行来说，无论规模大小，其重点都放在欠发达的地区成员身上。《亚洲开发银行协定》第 2 条第 2 款，参见本书第 46 页注 22。

〔13〕 《亚投行协定》第 2 条第 3 款。

B. 业务方式

4.12 《亚投行协定》中规定了亚投行开展融资业务的几种方式：贷款和担保、股权投资、技术援助、特殊业务以及其他类型的融资。[14]

（1）贷款和担保

4.13 亚投行有权直接贷款、联合融资或参与贷款。这些贷款不受借款人的类型限制，因此可以直接贷款给主权和非主权借款人；亚投行还可能需要除借款方以外的成员提供担保。同样地，亚投行也有权不区分借款人的类型提供担保贷款，无论是全部担保还是部分担保。这种直接贷款和担保的模式是仿效了亚投行的前辈——多边开发银行的授权融资方式。[15]

（2）股权投资

4.14 亚投行有权对机构或企业进行股权投资。接受亚投行股权投资的对象必须具有股权资本结构，原则上主权的或者非主权的都可以。值得注意的是，《亚投行协定》从一开始就遵循了非洲开发银行、亚洲开发银行和欧洲复兴开发银行允许股权投资的做法。[16] 诸如像国际复兴开发银行、美洲开发银行和欧洲投资银行，最初的章程就没有为股本投资业务提供任何规定条款。[17] 还有例如世界银行集团的国际金融公司、美洲开发银行集团的美洲投资公司以及由欧洲

---

[14] 《亚投行协定》第11条第2款。

[15] 《非洲开发银行协定》第14条第1款；《亚洲开发银行协定》第11条；《欧洲复兴开发银行协定》第11条（与其宗旨有关的某些特定要求）；《美洲开发银行协定》第3条第4款；《国际复兴开发银行协定》第3条第4款（要求主权担保）。《欧洲复兴开发银行协定》中反映其对私营领域发展关注的一个重要特点是，向国有部门提供的贷款、担保和股权投资不超过总额的40%。《欧洲复兴开发银行协定》第11条第3款。

[16] 《非洲开发银行协定》第14条第1款；《亚洲开发银行协定》第11条第3款；《欧洲复兴开发银行协定》第11条第1款。就亚洲开发银行而言，其宪章规定，只有在理事会（代表全部投票权的多数理事）做出有效多数决定后，才可以进行股权投资，即"银行能够开始这种类型的操作"。而《亚投行协定》中则没有对股权投资运营何时开始做出限制。

[17] 布雷顿森林会议审议了没有政府担保和股权投资的投资，但最终没有被采纳。国际复兴开发银行协定的第一份公开草案（1943年11月关于建立一个为了复兴和发展的银行的初步草案）允许国际复兴开发银行将其资金最多10%投资于股票。Bitterman（1971），第65页（权益）和第75页（荷兰提出的向私人实体提供没有政府担保，但得到了政府批准的贷款）。后来亚洲开发银行（AsDB第12条第3款）和非洲开发银行［AfDB第15条4款第（a）项］也达成了同样的股权投资参与比例限制（10%），最后又修正为理事会所规定的比例。

投资银行控股的欧洲投资基金，他们的做法是设立独立的附属机构来进行股权投资业务。[18]

（3）技术援助

4.15　亚投行有权提供技术建议和援助，以及其他类似形式的援助，以达到其目的并发挥其职能作用。[19]　在《首席谈判代表报告》中，进一步扩大了对于技术援助的表述：

> 代表们指出，列入"其他类似形式的援助"是为了允许多边开发银行和其他机构在基础设施融资中普遍使用的投资赠款和类似工具存在的可能性。项目筹备支持也会在下面一段谈到。

其他多边开发银行也有权提供技术援助。[20]

4.16　亚投行的一种技术援助形式是通过其项目筹建专项基金来提供项目筹建支持。该专项基金将向亚投行的低收入和中等收入成员提供资金支持，用于包括环境、社会、法律、采购、技术评估与分析以及咨询服务等方面的筹备活动。[21]　被国际开发协会列为融资提供对象的亚投行成员会是项目的受益目标群体；但是其他项目，例如具有重大区域影响的创新和复杂项目以及区域或跨边界项目，也有可能在特殊情况下符合条件。[22]

（4）特殊业务

4.17　根据《亚投行协定》，其投资业务也会按照用于融资的资源类型的不同来进行分类。普通业务是指使用亚投行的普通融资资源（授权资金、筹集资

---

〔18〕　国际金融公司最初成立是为了在没有政府担保的情况下提供贷款和担保，而《国际金融公司协定》条款在 1961 年进行了修订，允许公司对股本进行投资。IFC 第 3 条第 2 款。欧洲投资银行在 2009 年也修改了其协定，允许其自身进行股权投资。EIB 第 18 条第 2 款。

〔19〕　《亚投行协定》第 11 条第 2 款和第 15 条第 1 款。

〔20〕　《非洲开发银行协定》第 2 条第 1 款第 e 项；《亚洲开发银行协定》第 2 条第 4 项；《欧洲复兴开发银行协定》第 11 条第 1 款第 5 项；《欧洲投资银行协定》第 18 条第 7 款；《国际复兴开发银行协定》中没有具体规定。亚投行的构想最接近欧洲复兴开发银行。

〔21〕　《亚投行新闻》2016 年 6 月 25 日："亚投行董事会成立项目筹备专项基金：中国将提供初始 5000 万美元的启动资金。"有更多信息，请参见第 6 章第 6.57 段。

〔22〕　《亚投行 2016 年财务报告》，参见 AIIB（2017），第 50 页注 5.15。

金、支付款项、普通业务回报及相关收入）进行融资的业务；特别业务是由特别基金资源提供资金的业务。[23] 特别基金是为特定目的提供给多边开发银行的捐助资源，通常是以优惠条件来提供资金，例如前段所述的项目筹备专项基金。对于亚投行来说，普通业务和特殊业务可以为同一项目或工程分别提供资金[24]。

（5）其他类型的融资

4.18 《亚投行协定》中还包括一项明确条款，允许未来在授权投资业务清单中增加新的融资方式。[25] 增加这种其他类型的融资方式需要理事会的特别多数投票通过。这一规定给了亚投行未来开发新的投资产品的空间，不会被严格界定限制在贷款、担保、股权投资或技术援助的范围内。更确切地说，新产品可以以最优的方式来进行设计，从而为投资对象和亚投行带来最优效益，并能在理事会获得实质性的支持。如果没有这样的条款，像多边开发银行设计的新产品要么需要符合几十年以前旧的法律规定，要么就需要依赖于协定的解释或修改。

C. 业务对象

4.19 根据《亚投行协定》，有以下几种类型的投资对象：成员和基于成员的实体；国际和区域性实体；以及其他类型的对象。[26]

（1）成员和基于成员的实体

4.20 亚投行可以向任何成员或其机构、单位或行政部门，或在成员的领土上经营的任何实体或企业提供融资。此定义遵循了其他多边开发银行协定中的类似规定。[27] 有了这项规定，亚投行不仅可以向其成员和各政治部门（如省

---

〔23〕《亚投行协定》第10条第1款。

〔24〕《亚投行协定》第10条。普通资源和特别基金资源必须分别独立持有和使用，特殊业务的损失不能由普通资源来承担。有关适用于亚投行特别基金的规则，请参见本书第6章第6.55~6.56段。

〔25〕《亚投行协定》第11条第2款第6项增加了亚投行开展业务的方式清单："理事会依照第28条规定经特别多数投票通过决定的其他融资方式。"

〔26〕《亚投行协定》第11条第1款。

〔27〕《非洲开发银行协定》第14条第1款；《亚洲开发银行协定》第11条；《美洲开发银行协定》第3条第4款和《国际复兴开发银行协定》第3条第4款。

级单位）以及政府单位和机构提供资金，而且还可以向在亚投行成员境内经营的任何非政府实体或企业提供资金。但如果接收贷款或担保的对象不是成员本身，则亚投行有权要求成员提供担保。[28]

4.21　值得再次提醒的是，《亚投行协定》中并没有将业务对象限制在地区成员的境内，但亚投行融资的最终目的应该集中在亚洲地区的发展上。亚投行融资既不局限于发展中成员也不局限于区域成员。

（2）国际和区域性实体

4.22　亚投行有权为参与本区域经济发展的国际或区域性机构或实体提供融资。这一规定与亚洲开发银行协定中的一项类似规定相似，等于是允许亚投行支持其他国际组织和机构。[29]　对于亚投行来说，这种融资方式也符合其宗旨，即通过与其他多边和双边发展机构密切合作，促进区域合作和伙伴关系，以应对发展中的挑战。[30]

（3）其他类型的对象

4.23　《亚投行协定》承认，偶尔会有一些潜在的业务对象不符合成员和基于成员的实体或国际和区域性实体的类别的情形出现。所以亚投行成员达成共识，认为亚投行为这类潜在业务对象提供融资的行为在符合其目标的情况下，根据《亚投行协定》规定，可以提供援助，包括就哪种融资方式较为合适做出具体决定。在这种特殊情况下，理事会必须做出决定，即这种援助是为了服务于亚投行的宗旨和职能，符合亚投行成员的利益；理事会也必须明确提供给业务对象的援助的种类。[31]　同时理事会的这一决定需要获得超级多数投票通过。

4.24　这一条款将允许亚投行通过其所认为合适的任何类型的投资业务，向包括非成员实体在内的其他实体提供援助。例如，如果没有必要的法律和财政保护的话，对非成员领土上的某一实体的贷款很可能会被排除在外，而赠款或其他技术援助则可能相对来说更容易安排。如果出现这个问题，其他多边开发银行的规定和做法可以为亚投行提供一些实际的例子作为参考借鉴。在世界

〔28〕《亚投行协定》第 14 条第 2 款。

〔29〕《亚投行协定》第 11 条第 1 款和《亚洲开发银行协定》第 11 条。

〔30〕《亚投行协定》第 1 条第 1 款第 2 项。

〔31〕《亚投行协定》第 11 条第 1 款第 2 项。

银行集团中，可以在有限的情况下向非成员受助人提供赠款（通常来自信托基金）；又鉴于《国际复兴开发银行协定》中强调为其成员的利益使用资源，并需要一个成员对其贷款提供担保的相关规定，面对这种情况就需要一些创造性思维来解决。[32] 其他一些多边开发银行，例如欧洲投资银行[33]和金砖国家新开发银行[34]，其协定中都具有一些灵活性。对于欧洲复兴开发银行来说，有必要修改其协定条款以扩大业务范围，首先扩展到蒙古，然后是地中海南部和东部的国家。[35] 与此相反，接受欧洲复兴开发银行资源的具体对象将会受到理事会的多数决定的限制。[36]

---

〔32〕 参见 Rigo Sureda（2004），第 358-73 段，描述了苏联、西岸和加沙、科索沃和东帝汶的情况。

〔33〕 欧洲投资银行的成员限于欧洲联盟的成员，如果理事会以有效多数表决做出决定，则有权为在成员领土以外进行的投资提供资金。EIB 第 16 条第 1 款。〔根据 EIB 第 8 条，有效多数需要满足 18 个成员（在 28 个成员中），并且占资本的 68%，这两个条件。〕历史上，欧洲投资银行在其成员之外提供援助，包括向联系国、非洲和马达加斯加的联系州和海外外国家和领土提供援助。EIB（2008），第二部分第三章，社区以外的新活动。2017 年，欧洲投资银行在其网站上列出了 160 个国家的项目，并指出："尽管欧洲投资银行是欧盟银行，但它在欧盟以外发挥着至关重要的作用，我们为具有较高社会影响力的经济健全项目调动资源，范围包括了准备加入欧盟的国家、非洲、加勒比和太平洋国家、欧盟东部邻国、地中海伙伴国家、中亚、亚洲和拉丁美洲国家等地区。"

〔34〕 如果该经济体或国家涉及新开发银行成员的物质利益，新开发银行的理事会可以批准一项针对非成员的新兴经济体或发展中国家的业务的一般政策。《新开发银行协定》第 19 条第 d 项。新开发银行董事会可以在非成员的新兴经济体或发展中国家批准特定项目。新开发银行协定第 19 条第 e 项。这两项决定都需要特别多数投票通过才能生效。新开发银行的特别多数意味着五名创始成员中有四名投赞成票，同时三分之二的成员投赞成票。新开发银行协定 B 第 6 条第 b 项。新开发银行的创始成员有中国、巴西、俄罗斯、印度和南非。

〔35〕 虽然蒙古和南部和东部的地中海国家根据原始章程可以成为欧洲复兴开发银行的成员，但根据《欧洲复兴开发银行协定》第 3 条第 1 款的规定，非欧洲国家的成员，不可能被纳入欧洲复兴开发银行打算运作的中欧和东欧国家范围。因此，需要对业务范围进行修正。2004 年 1 月 30 日，欧洲复兴开发银行理事会第 90 号决议通过了关于修改建立银行的协定的决定，以接纳蒙古为一个运营国家，并于 2006 年 10 月 15 日正式生效。欧洲复兴开发银行理事会 2011 年 9 月 30 日通过的第 137 号决议，即为使该银行能够在地中海南部和东部国家开展业务而制定的建立该银行协定的修正案，于 2013 年 9 月 12 日生效。

〔36〕 对于可能正在执行与欧洲复兴开发银行宗旨不一致或遇到特殊情况的成员，欧洲复兴开发银行理事会有权决定暂停或修改其资源访问权限。《欧洲复兴开发银行协定》第 8 条第 3 款规定，通过上述决定需要三分之二的理事代表以及不少于四分之三的总表决权。第 8 条第 4 款还规定，一个成员应将其获得欧洲复兴开发银行资源，限制在其实际支付的资金数额内，为期 3 年；除此之外，还需要理事会以更高要求的多数表决来做出决定（四分之三的理事代表以及 85% 的表决权）。这些要求将附在《欧洲复兴开发银行协定》上，而苏联代表团参加谈判的信函是欧洲复兴开发银行网站上的唯一此类附件。据报道，这一条款反映了美国在谈判中寻求限制苏联借款的立场。Weber（1994），第 21 页注 63。

D. 业务原则

（1）一般原则

4.25 《亚投行协定》所规定的投资业务运作的一般原则主要沿着其他多边开发银行协定的思路，涉及几个关键方面。[37]

·稳健的银行原则：亚投行作为一个金融机构，应按照稳健的银行原则开展业务。[38]

·形式：亚投行的业务主要有三种形式：应主要是为特定项目或特定投资规划进行融资、股权投资以及技术援助。[39]

·业务和财务政策："银行应保证其从事的每项业务均符合银行的业务和财务政策，包括但不限于针对环境和社会影响方面的政策。"[40] 尽管这是其他多边开发银行实践中的惯例要求，但《亚投行协定》在其业务原则中直接表述这一要求却是开了先河。纳入这一要求也反映了业务政策在多边开发银行业务中的扩大影响，以及考虑环境和社会因素的重要性。

·采购：亚投行提供融资的商品和服务的采购对成员和非成员都是开放的，因为亚投行"不应对普通业务或特别业务中银行融资项目的货物和服务采购进行国别限制"。[41] 这类全球性普遍采购也被列入了《欧洲复兴开发银行协定》当中。[42] 在非洲开发银行、亚洲开发银行和美洲开发银行中，采购通常仅限于

---

〔37〕《亚投行协定》第 13 条。参见《非洲开发银行协定》第 16 条至第 18 条；《亚洲开发银行协定》第 13 条至第 15 条；《欧洲复兴开发银行协定》第 13、14 条；《美洲开发银行协定》第 3 条；《国际复兴开发银行协定》第 3 条。

〔38〕《亚投行协定》第 13 条第 1 款。

〔39〕《亚投行协定》第 13 条第 2 款。

〔40〕《亚投行协定》第 13 条第 4 款。

〔41〕《亚投行协定》第 13 条第 8 款。

〔42〕《欧洲复兴开发银行协定》第 13 条第 12 项。

成员范围。[43] 还有一点值得注意的是，亚投行的普遍采购也适用于特别基金业务。

·收益用途：在使用亚投行融资收益时，应注意经济和效率两个方面。这一要求通常通过采购过程加以解决。与此同时，亚投行应采取相关措施，确保这些收益用于预定的目的。这是投资业务的支出、会计、审计和反腐败规则的法律依据。[44]

·成员：亚投行要求，不得在成员反对的情况下，在该成员境内开展融资业务，这尊重了成员的特殊地位。[45] 亚投行"应尽可能避免不均衡地将过多资金用于某一或某些成员的利益"，这等于是承认了成员之间的公平性。[46]

（2）财务原则

4.26　《亚投行协定》在投资业务运作原则中还包括其他一些对其财务管理尤为重要的要求。

·财务备选方案：如上所述，如果在其他方面不能以合理的条件获得资金的话，亚投行通常有权通过提供融资来补充私营投资。[47] 这里要提的一点是，这是通过对每个投资行动的要求来实现的，亚投行应充分考虑到业务对象在其他地方获得资金或设施的能力，以及其他所有的相关因素，并将其纳入考虑判

---

〔43〕《非洲开发银行协定》第17条第1款第d项和《亚洲开发银行协定》第14条第9项中规定，采购仅限于成员，并规定董事会可以予以例外；至于美洲开发银行，其采购政策把采购对象一样限制在成员范围内，而《美洲开发银行协定》第3条第9款第a项进一步规定，对于不参与增资的成员，理事会今后将限制对其进行采购。国际复兴开发银行以前只对成员和其他某些国家进行采购，但在2004年董事会（执行董事）的决定下，改为无限制采购。所以目前《国际复兴开发银行协定》中对于采购没有任何限制规定。

〔44〕《亚投行协定》第13条第9款。亚投行在2016年5月1日的《亚投行主权担保贷款通则》中，可以找到亚投行对主权融资的一般会计、审计和支付要求。见本章第4.31~4.32段。对于有主权担保的融资，《亚投行融资业务政策》附录1第三节第3.3段，其中也规定了融资管理政策要求。2016年12月8日公布的亚投行《禁止行为政策》，则体现了亚投行的反腐败相关规则。见本章第4.44~4.46段。

〔45〕《亚投行协定》第13条第3款。

〔46〕《亚投行协定》第13条第10款。

〔47〕《亚投行协定》第2条第3款。这一原则也基于其他多边开发银行的章程。例如《非洲开发银行协定》第17条第1款第（c）项；《亚洲开发银行协定》第14（v）条；《欧洲复兴开发银行协定》第13条第（vii）项；《美洲开发银行协定》第1条第2款第（ii）项和第2条第7款第（a）（ii）项；以及《国际复兴开发银行协定》第1条第（ii）项和第3条第4款第（ii）项等。

断的依据条件中。[48]

　　·业务对象的财务能力：亚投行需要评估受助人和任何担保人的财务能力。对于每一项业务，亚投行应充分考虑业务对象和其担保方（如有）未来能够履行融资合同义务的能力。[49] 此外，从《亚投行协定》的规定中看，其财务条款应该适用于相关融资和亚投行所面临的相关风险。[50]

　　·条款和条件：亚投行在设定发放、参与或担保的贷款条件时，要"充分考虑保障收入和财务状况的需要。"[51] 如前所述，如果业务对象不是亚投行的成员的话，亚投行可以要求该成员（或可接受的公共部门或机构）提供担保。[52] 亚投行对于其贷款，并没有强制性的需要主权担保，与非洲开发银行、亚洲开发银行、欧洲复兴开发银行、欧洲投资银行和美洲开发银行的规定相似；相比之下，国际复兴开发银行就需要主权担保。[53]

　　·股权投资：股权投资需要合理的多元化。此外，亚投行对股权投资的参与是有限制的："除非出于保护其投资的需要，否则银行在其股权投资项目中，对所投资的实体或企业不应承担任何管理责任，也不应寻求对该实体或企业的控制权。"[54] 此外，董事会有权对有关亚投行股权投资的实体或企业的股本比例制定政策。[55]

　　·货币：按照有关货币风险最小化的政策规定，亚投行可以使用本币为其在该成员的业务提供融资。[56]

　　这些方面的财务要求确保了亚投行的投资业务将有助于亚投行自身健全的

---

〔48〕《亚投行协定》第 13 条第 5 款。

〔49〕《亚投行协定》第 13 条第 6 款。

〔50〕《亚投行协定》第 13 条第 7 款。

〔51〕《亚投行协定》第 14 条第 1 款。

〔52〕《亚投行协定》第 14 条第 2 款。

〔53〕《非洲开发银行协定》第 18 条第 3 款第 2 项；《亚洲开发银行协定》第 15 条第 2 款；《欧洲复兴开发银行协定》第 14 条第 2 款；《欧洲投资银行协定》第 16 条第 3 款；《美洲开发银行协定》第 3 条第 8 款第（a）项；以及《国际复兴开发银行协定》第 3 条第 4 款第（i）项。

〔54〕《亚投行协定》第 13 条第 11 款。

〔55〕《亚投行协定》第 14 条第 3 款。参见《非洲开发银行协定》第 15 条第 4 款；《亚洲开发银行协定》第 12 条第 4 款；《欧洲复兴开发银行协定》第 12 条第 2 款。《亚投行董事会在融资业务政策》（附录 2 第 4.6 段）中规定了 30% 的比例。

〔56〕《亚投行协定》第 14 条第 4 款。

财务管理制度和稳定的财务状况。

（3）机构的国际性质

4.27 《亚投行协定》中包含了一份关于亚投行国际性质的附加原则声明，适用于其投资业务，就像它适用于亚投行的所有活动一样：

> 银行及其行长、高级职员和普通职员不得干预任何成员的政治事务，也不得在决策时受任何成员政治特性的影响。决策只应考虑经济因素。上述考虑应不偏不倚，以实现和落实银行的宗旨和职能。[57]

这些基本原则强调了对于经济方面的考虑以及公正和不干涉政治事务的重要性，是该机构法律基础的组成部分。在这一方面，《亚投行协定》基本遵循了其他多边开发银行的相关规定。[58]

E. 业务政策和程序

4.28 亚投行的业务政策并没有在《亚投行协定》中明确规定，而是由董事会批准，由亚投行管理层制定并提出。上述业务运作原则是《亚投行协定》中所规定的，相关政策必须与之相一致。尽管如此，亚投行业务运作政策的重要性从《亚投行协定》本身具体包含的政策遵从性中就可以看出。在《首席谈判代表报告》中同样提到协定的这一规定，进一步体现了其重要性：

> 第 13 条第 4 段：代表们强调，第 4 段提到的亚投行的业务运作和财务政策将根据第 26 条由董事会批准通过，并应以国际通行实践做法为基础。这些政策将包括环境和社会框架、信息披露、采购和债务可持续性等。关于在有争议地区开展业务的政策将规定，在有争议的地区进行融资业务时，

---

[57] 《亚投行协定》第 31 条第 2 款。

[58] 《非洲开发银行协定》第 38 条第 2 款；《亚洲开发银行协定》第 36 条第 2 款；《国际开发银行协定》第 8 条第 5 款第 6 项；以及《国际复兴开发银行协定》第 4 条第 10 款。《欧洲复兴开发银行协定》第 32 条第 2 款指的是其宗旨和职能，符合某些政治考虑在其目标中的作用，同时强调公正性。参见第 9 章第 9.11~9.13 段。

应根据第 3 款获得成员的同意,而且亚投行在领土主张方面将不采取任何立场。

根据上述声明,董事会于 2016 年 2 月在亚投行官网上批准了一套与投资业务相关的政策:融资相关业务政策、采购政策、环境与社会相关政策、主权担保贷款和担保定价决策以及公开信息临时政策。[59] 2016 年 4 月批准了主权贷款的一般条件和禁止行为政策,并于同年 12 月修订了禁止行为政策。[60] 一项关于国际关系的业务政策于 2017 年 3 月获得批准。[61]《首席谈判代表报告》中提到的有争议地区的融资政策和债务可持续性政策,都包含在亚投行的融资业务政策中,[62] 有争议地区的业务运作在国际关系的业务政策中也有明确规定。以下各段概述了这些政策的需重点关注的部分。

(1)融资业务政策

4.29 融资业务政策规定了亚投行所有投资业务的基本要求,无论是通过主权担保融资还是非主权担保融资。这些政策条款用于区分亚投行的融资形式,而不是区分"公共领域"和"私营领域",因为一些非主权担保融资的运作可以在没有主权担保或其他支持的情况下,与公共领域实体开展业务。融资政策规定了主权担保融资和非主权担保融资的共同原则和规定,包括程序、设计、评估和决策。独立附件进一步细化了主权担保和非主权担保融资的差异化规则。附录 1 列出了主权担保融资的条件和财务条款与合同安排的规则。附录 2 列出了非主权担保融资的类型,及其披露、评估、财务条款和条件、合同安排、监测和补救措施的相关规则。

4.30 融资政策与其他多边开发银行的类似政策相对应,简化了其他地方

---

〔59〕 关于融资的业务运作政策、采购政策、主权贷款和担保定价决定以及公共信息阶段性政策,都是董事会在第一次会议上通过的。亚投行董事会会议纪要,2016 年 1 月 17 日,第 12 段。董事会批准环境与社会政策记录在随后的会议记录中。亚投行董事会会议纪要,2016 年 4 月 25—26 日,第 10 段。

〔60〕 亚投行董事会会议纪要,2016 年 4 月 25—26 日,第 2 至 3 段。12 月通过了关于禁止行为的修订政策。亚投行董事会会议纪要,2016 年 12 月 8—9 日,第 5 段。

〔61〕 亚投行董事会会议纪要,2017 年 3 月 20—22 日,第 4 段。

〔62〕《亚投行融资业务政策》,2016 年 1 月(于 2017 年 3 月 21 日更新),第 3.6.1 段(争议地区)和附录 1 第 3 节第 3.3 段(债务可持续性)。

的多种政策，并引入了灵活性。对亚投行而言，是一份综合性文件，将政策内容与至少十项世界银行的政策和国际金融公司的其他政策相结合，并涵盖了主权担保融资和非主权担保融资的所有准备工作和监督方面的内容。该政策包含董事会批准的基本政策要求，并辅之以如何满足行长发出这些要求的指示。在该政策中，工作人员和成员可以全面了解适用于亚投行投资业务的整个业务政策框架，将《亚投行协定》中的要求与包括环境与社会、采购、国际关系、定价和公共信息在内的所有适用的亚投行政策联系在一起。同时因为意识到亚投行提供融资的项目往往是在快速变化的环境中实施的，所以该政策还提供了一个决策框架，旨在必要时能够迅速而有序地改变融资条款和条件。[63]

（a）主权担保贷款的一般条件

4.31　亚投行关于主权担保贷款的一般条件（以下称"一般条件"）规定了对所有亚投行主权担保贷款平等适用的基本法律要求，从而确保借款人之间的公平待遇。亚投行的主权担保投资业务的法律协议参考纳入了这些一般条件，使这些条件要求直接在法律层面得到体现和应用，而不需要在每一个法律协议中重复出现。这种结构是其他多边开发银行对于这类业务的常规做法，亚投行的一般条件也类似于亚洲开发银行、欧洲复兴开发银行和国际复兴开发银行在这方面的相关类似文件条款。[64] 这种对其他多边开发银行文件的依赖借鉴，将有利于亚投行业务对象更好地熟悉其法律和业务内容，并将促进与这些多边开发银行的联合融资。

4.32　一般条件涉及投资业务包括以下几个方面：收回贷款收益和融资资格；标准的贷款条件；业务对象对管理资金、执行、维护、监测和报告的义务；一个消极的承诺条款（关于亚投行在其他银行为其贷款寻求担保的权利）；亚投行撤销、中止或加速贷款的权利；通过仲裁解决争议等。亚投行的一般条件规定，以国际法为准据法，仲裁方面则按照《联合国国际贸易法委员会仲裁规则》

---

〔63〕　参见例如，《亚投行融资业务政策》的第 3.5.3 段。

〔64〕　类似的文件在亚洲开发银行中被称为贷款法规，在欧洲复兴开发银行中被称为标准条款和条件，在国际复兴开发银行中则被称作一般条件。

进行。[65] 无论如何，值得提醒的是，到目前为止，所有争端都在多边开发银行中直接协调解决，没有根据上述任何条款而诉诸仲裁。这种对友好温和解决方案的偏好情况，预计未来也有望在亚投行中继续保持下去。

（b）主权担保贷款及担保定价

4.33　这一决定总结了亚投行对主权担保融资贷款和担保的借贷条件。定价基于市场。2016 年 1 月设定的主权担保融资贷款条款规定了采用期限最长为20 年的伦敦银行间同业拆借利率以及其他相关费用。此外，对于期限超过 8 年以上的情况，还有分级风险溢价和到期溢价。亚投行决定将根据未来董事会的审议核批情况，随时进行更新。

（c）国际关系相关业务政策

4.34　亚投行关于国际关系的业务政策为多边开发银行实践中偶尔出现的四种情况提供了一个政策框架，并提出了不同国家和地区之间的关系问题。这些情况基本会出现在涉及国际航道、争议地区、事实上存在的政府或联合国安理会相关措施的投资业务中。[66] 不过认识到将一般政策适用于各种困难情况具有一定难度，国际关系相关政策中也指出，鉴于亚投行的宗旨和职能，行长可向董事会提请批准偏离政策要求以适应某些特殊情况，从而避免出现明显毫无

---

〔65〕　非洲开发银行、亚洲开发银行、欧洲复兴开发银行和国际复兴开发银行都明确规定国际法是其主权担保贷款的适用法律。在仲裁方面，非洲开发银行和欧洲复兴开发银行都采用了贸易法委员会仲裁规则，而国际复兴开发银行和亚洲开发银行则保留了它们在贸易法委员会规则通过之前所制定的特别临时仲裁规则。

〔66〕　国际关系相关政策中规定的基本规则如下：

国际航道：亚投行只有在以下条件下才可为涉及国际航道的投资业务提供融资：①亚投行确信该业务不会对其他沿岸国家产生重大不利影响；或者②所有沿岸国家都不反对。

争议地区：亚投行可能会为在两个或两个以上国家声称拥有主权的领土上的投资业务提供融资，前提是亚投行确信，该地区涉及的各方政府都同意，在争端解决之前融资业务可以继续进行下去。

事实上存在的政府：当一个事实上存在的政府上台掌权，而亚投行正在资助或准备资助一涉及该政府的投资业务时，亚投行将对有关成员的批准和承诺、行动实施情况及其目标和对亚投行的支付方式等法律框架进行评估。亚投行还将评估相关法律协议中各方义务的影响。由此引发的担忧可能会触发亚投行在法律协议下的权利和补救措施（比如暂停支付或取消贷款）。

联合国安理会相关措施：一般而言，如果安理会的措施（根据《联合国宪章》第 7 章采取的措施）是禁止向个人或实体支付款项或进口任何货物，则亚投行所提供的融资资金就不得用于支付款项或进口任何货物。

根据的或不希望出现的结果。[67]

4.35　这一政策反映了其他多边开发银行（尤其是世界银行）的类似政策；[68] 有关争议地区的规定也反映了《亚投行协定》中对成员无异议的相关要求。[69] 在其他一些多边开发银行中，这些情况是通过多种政策来处理的，或者作为一种实践问题；也就是说，亚投行合并简化了其政策框架。尽管其他多边开发银行的相关政策构成了亚投行国际关系政策的基础，但自这些政策被采纳以来，根据国际良好实践的经验和发展，政策内容也得到了加强。例如，亚投行关于国际水道的政策声明将一项目前已被国际水务界普遍接受的原则进一步具体化，写入了其法律规章中，即作为一项实际事项，在考虑对河岸居民的影响时，有必要将跨界地下水（而不仅仅是跨界地面水）包括在内。其他多边开发银行则不得不依赖广义的解释来纳入这些影响情况。此外，亚投行的政策将世界银行最近的政策解释整理成文，允许对涉及真正的"最低限度（de minimis）"影响的情况的通知要求有例外，而这在世界银行较早的政策声明中没有特别提及。[70]

（2）环境和社会政策

4.36　亚投行的环境和社会政策包括三个环境和社会标准，为亚投行投资业务制定了强制性环境和社会要求，于2016年2月由亚投行董事会批准。环境和社会政策与环境和社会标准是亚投行的整体环境和社会框架这一更广泛文件的附件。2016年发布的环境和社会框架包含了对环境和社会框架的整体介绍和愿景声明，并声明随后将附带关于环境和社会程序以及指导和信息工具的指示。

4.37　环境和社会政策确立了亚投行在这一领域的总体政策：

---

〔67〕《亚投行国际关系业务政策》第7章。

〔68〕参见例如，《世界银行业务政策》（OP）7.30（与事实上的政府打交道）、7.50（国际水道项目）和7.60（有争议地区项目）。

〔69〕《亚投行协定》第13条第3款。

〔70〕参见 The World Bank Project Appraisal Document for the Trans-Anatolian Natural Gas Pipeline Project 第103段（报告编号：PAD1665，2016年11月22日），声明管理层决定不将 OP 7.50 应用于该项目，其依据是：①结论是，任何影响都是临时性的、本地化的，在任何情况下都是纯粹的最小影响；以及②根据有关国际法的最近发展，增订 OP 7.50 的解释。

亚投行认识到，环境和社会可持续性是实现与其支持亚洲基础设施发展和加强互联互通的使命相符的成果的一个基本方面。这一总括政策的目标是通过一个将健全的环境和社会管理纳入项目的系统，来促进实现这些发展成果。[71]

对于由亚投行出资的投资业务，环境和社会政策（包括环境和社会标准）提供了管理环境和社会风险及影响的原则和考虑事项。环境和社会政策列出了一般的强制性环境和社会要求，三个相关的环境和社会标准在三个领域规定了更详细的强制性环境和社会要求：环境和社会评估与管理（环境和社会标准之一）、非自愿移民（环境和社会标准之二）和土著人民（环境和社会标准之三）。环境和社会政策还附带了一份环境和社会排除清单；如果投资项目涉及该清单所列活动或项目，亚投行将不会在明知道的情况下还主动为该项目提供融资。最后还有一个术语表，其中包含环境和社会政策与环境和社会标准中使用的某些术语的定义。

4.38　　环境和社会框架、环境和社会政策与环境和社会标准是建立在其他多边开发银行（主要是亚洲开发银行、欧洲复兴开发银行、欧洲投资银行和世界银行）不断演变的政策和实践基础上的。[72] 亚投行的总体做法可以说与上述这些多边开发银行大体一致，为亚投行及其成员和合作伙伴在环境和社会风险以及亚投行投融资业务的影响方面的管理运营和声誉风险提供了强有力的支撑。在若干创新中包括了：整合主权担保融资还是非主权担保融资在环境和社会方面的政策要求；允许适用另一个多边开发银行或共同为投资业务提供资金的双边发展组织的政策和程序的规定；[73] 在发现国家和企业相关环境和社会制度与环境和社会政策有实质性一致时，选择性地使用这些制度；[74] 以及在适当合理

〔71〕《亚投行社会和环境政策》，第 1 段（在亚投行网站上作为亚投行环境和社会框架的附件）。

〔72〕 2016 年 8 月，经过几年的讨论和亚投行政策的批准，世界银行对环境和社会政策进行了重大修订。世界银行的讨论为亚投行政策的发展提供了背景。

〔73〕《亚投行社会和环境政策》，第 10 段；见本章第 4.48 段。

〔74〕《亚投行社会和环境政策》，H 部分，国家和企业制度的使用。

的情况下，分阶段地处理环境和社会方面的问题。[75]

（a）能源领域的战略

4.39　环境和社会框架在其引言中指出，亚投行将由董事会讨论制定一项能源战略，以进一步巩固环境和社会框架。亚投行 2017 年能源领域战略的筹备过程包括两个阶段的公开磋商，以及董事会的讨论。

4.40　2016 年 10 月，亚投行在其网站上发布了一份关于亚投行能源领域战略的问题备忘录。2016 年 11 月，第一轮关于该备忘录的磋商定稿，并于 2016 年 12 月 9 日在亚投行官网上发布了一份意见摘要。随后，亚投行为征求各方进一步的意见和建议发布了《亚投行能源领域战略磋商讨论草案》（2017 年 1 月），启动第二轮公众磋商，并于 2017 年 3 月结束，征求各方进一步的意见和建议。

4.41　亚投行董事会在 2016 年 12 月、2017 年 3 月和 2017 年 5 月的会议上都收到了能源领域战略的相关更新消息。[76] 在 2017 年 6 月举行的第二次年度会议上，亚投行在董事会的支持下宣布了其能源领域战略。[77]

（3）采购政策

4.42　亚投行的采购政策是在多个多边开发银行采购政策的基础上起草的。因此，它的原则和具体规则反映了多边开发银行采购政策的更新和演变，朝着以原则为基础并以更加灵活的方式发展，强调"符合宗旨"和"物有所值"两个方面。采购政策适用于公共领域和私营领域的业务对象以及亚投行投融资业务下的实施实体。亚投行董事会就职大会上还通过了一项单独的企业采购政策，管理亚投行作为国际机构的商品和服务采购，该政策在第 9 章（原书第 9.41 段）中进行了讨论。

4.43　在采购政策下，亚投行的核心采购原则是：经济性、效率性、有效性、公平性和治理性、物有所值、符合宗旨和透明度。对于采购标准也有详细

---

〔75〕《亚投行社会和环境政策》，第 50 段。

〔76〕 亚投行董事会会议纪要，2016 年 12 月 8—9 日，第 10 段；亚投行董事会会议纪要，2017 年 3 月 20—22 日，第 5 段；亚投行董事会会议纪要，2017 年 5 月 2 日，第 1 段。

〔77〕《亚投行支持各成员履行〈巴黎协定〉承诺》，载《亚投行新闻》2017 年 6 月 16 日。参见《亚投行能源领域战略：亚洲可持续能源》2017 年 6 月 15 日。亚投行董事会会议纪要，2017 年 6 月 14 日，第 4 段："董事会记录了对该银行能源领域战略：亚洲可持续能源的支持。一些欧洲成员对第 37 段关于矿物燃料能源的措辞表示保留。"

说明。在采购方式上，亚投行的常规采购方式是国际公开竞标流程。可以允许采用其他方法，但前提是亚投行确信，其他方法既能促进最佳战略采购方式，使项目顺利交付，又能确保符合核心采购原则。亚投行对普遍采购的要求是通过第 5.7.1 段的资格规定来实现的：

> 亚投行允许所有国家或地区的公司和个人为银行融资的合同提供商品、工程和服务，无论该国是否为亚投行的成员。参与的任何条件仅限于确保符合条件的公司或个人履行有关合同的能力所必需的条件。

采购政策还涉及联合融资业务的采购安排、[78] 电子采购许可证以及在特殊情况下允许政府为发展国内产业提供资金的条款。亚投行在其网站上发布了一份运营指令，详细说明了受援国如何实施亚投行投融资业务。[79]

（4）禁止行为政策

4.44　禁止行为政策旨在确保亚投行及其客户与遵守最高诚信标准、值得信赖的各方开展业务，并在投资业务方面，将其资金用于预期目的。[80] 按照其他多边开发银行目前的做法，亚投行建立了一套机制，对在亚投行融资项目和亚投行企业采购中涉嫌从事特定形式欺诈、腐败和其他被禁止行为的公司和个人实施制裁。这种制度保护了亚投行的资金，并对那些可能从事欺诈、腐败或滥用行为的人起到了威慑作用。

4.45　亚投行关于禁止行为的政策很大程度上借鉴了多边开发银行的政策和程序，这些政策和程序已经加入了 2010 年签署的《关于相互执行制裁决定的协定》，该协定目前由非洲开发银行、亚洲开发银行、欧洲复兴开发银行、美洲开发银行和世界银行（这里称为对比的机构）所组成。亚投行针对的是以下被禁止的行为：①胁迫性行为；②串通行为；③腐败行为；④欺诈行为；⑤滥用

---

[78]　对于平行的合作融资，每个合作融资机构都将其采购政策应用于其单独融资的合同。如果同一合同存在联合融资，亚投行通常会对该合同实施亚投行的采购政策。《亚投行采购政策》（2016 年 1 月）第 5.11 节。

[79]　《亚投行借款人采购临时指引》（2016 年 6 月 2 日），见亚投行官网。

[80]　《亚投行协定》第 13 条第 9 款。

资源；⑥妨碍行为；以及⑦盗窃。[81] 亚投行邀请公众以拨打其热线等方式，来向亚投行举报任何以上被禁止的行为。董事会成员和银行工作人员有义务举报可疑的不当行为，并避免对善意举报可疑行为的其他人进行报复。[82] 可以匿名举报。

4.46 亚投行建立了执行禁止行为政策的三级程序，再次与参照机构的做法一致。[83] 2016 年 12 月，亚投行单方面通过有关禁止行为的亚投行政策，取消了根据《关于相互执行制裁决定的协定》其他机构已经禁止的所有实体。[84] 亚投行的单边制裁与《关于相互执行制裁决定的协定》是一致的，根据《关于相互执行制裁决定的协定》协议，参照机构承诺将根据各自的诚信程序，承认并执行其他机构决定的主要制裁措施。在参照机构接受亚投行为《关于相互执行制裁决定的协定》的一方之前，参照机构没有义务与其他被亚投行本身排除在外的实体发生冲突。亚投行还表示，将尽快合理地加入《关于相互执行制裁决定的协定》[85]。在亚投行与参照机构之一共同出资投资的情况下，亚投行可同意适用共同融资机构的制裁政策和程序，并可同意对共同融资机构关于联合融资的制裁决定给予充分效力。[86]

（5）公开信息临时政策

4.47 公开信息临时政策适用于亚投行的所有活动，包括对投资业务的融

---

〔81〕《亚投行禁止行为政策》（2016 年 12 月 8 日）在 3.2 节中明确了禁止行为。除滥用资源和盗窃（仅在亚洲开发银行和欧洲复兴开发银行使用）与妨碍行为（包括在参照机构的程序中）外，大多数这些做法包含在参照机构所使用的统一定义中。

〔82〕 这些义务见亚投行《董事会官员行为守则》［第 5（c）段］和《银行职员行为守则》（第 38、39 段）。

〔83〕 亚投行的执行程序包括：

·一名内部调查官员审查对被禁止行为的怀疑，并评估是否有足够的证据支持这些指控。

·独立于调查官员的内部制裁官员，审查调查官员提交的指控，并对制裁做出决定。如果制裁官员在证据优势的支持下，发现了一种被禁止的做法，被调查方可以向亚投行制裁小组提出上诉。

·亚投行制裁小组由三人组成，由总统任命一名内部成员和两名外部成员，一名外部成员担任主席。亚投行制裁小组将考虑制裁官员决定的上诉，并决定是否全部或部分驳回调查结果，或对被调查方实施制裁。

〔84〕《亚投行禁止行为政策》（2016 年 12 月 8 日）第 12.1、12.2 条。

〔85〕《亚投行禁止行为政策》（2016 年 12 月 8 日）第 12.4 条。

〔86〕《亚投行禁止行为政策》（2016 年 12 月 8 日）第 12.3 条。

资。在业务信息中，临时政策包括上文讨论的有关政策对项目文件、环境和社会资料及采购的具体规定。[87] 临时政策在原书第 9 章第 9.38~9.40 段作了概括性阐述。

（6）联合融资

4.48　这些业务政策从一开始就为亚投行提供了与多边开发银行、其他公共和私营金融机构等联合融资的投资业务。

· 融资业务政策包括联合融资的投资业务的具体安排。在筹措过程中，联合融资是财务评估的一部分 [第 3.3.1（c）段]，并且允许亚投行依赖第三方评估，前提是它满足第三方的评估能力和第三方评估的过程，并符合评估（第 3.3.2 段）。该政策还规定了联合融资项目中的附加条款和补救措施，如交叉有效性和交叉违约条款（附录 1 中第 5 条的第 5.1.10 段）。

· 如前所述，采购政策规定了平行共同融资和联合共同融资。

环境和社会政策允许亚投行应用如前所述的为投资业务提供联合融资的另一个多边开发银行或双边开发组织的政策和程序。为此，亚投行必须确保这些政策和程序符合《亚投行协定》并与亚投行的环境和社会政策、标准在实质上一致，且已制定适当的监督程序（第 10 段）。

· 禁止行为政策允许亚投行使用某些多边开发银行联合融资方的可比政策和流程，只要这些政策和流程符合《亚投行协定》并且与政策实质一致（第

---

[87]　业务信息披露的具体要求包括：

《亚投行融资业务政策》（第 3.5.7 段）规定，在每笔融资获得批准后，披露一份主权融资项目的详细文件和一份非主权融资项目的简要文件。

《亚投行社会与环境政策》（第 57 段）要求客户（受援方）在项目领域及时、便捷地提供有关项目环境和社会风险及影响的相关信息，并以项目受影响人士、其他利益相关者和公众能够理解的形式和语言提供相关信息，以便为项目的设计和实施提供有意义的投入。（进一步界定了有关文件，包括环境和社会评价报告的草稿和定稿、管理计划、框架和重新安置计划以及土著人民计划等）。根据第 58 段的规定，亚投行必须将客户披露的信息发布到网上。对于主权担保贷款，在项目评估前要披露所需文件的草稿。

《公开信息临时政策》（第 7-C 段）规定，亚投行将对投资运营下由亚投行融资的采购发布一般采购通知、特别采购通知和合同授予通知。亚投行采购政策一般都对透明度有规定（第 5.1.7 段）。

《亚投行借款人采购临时指引》（2016 年 6 月 2 日）提供了一般采购通知和特别采购通知发布的详细要求。

12.3节)。[88]

·更具体地说，亚投行已经与亚洲开发银行、欧洲复兴开发银行、欧洲投资银行、美洲开发银行、金砖国家新开发银行、世界银行集团签订了备忘录（MOU）。如第3章所述，这些备忘录涵盖了双方合作的一般领域，包括在投资业务的联合融资方面进行合作的意图。[89]

4.49 虽然联合融资是大多数多边开发银行投资业务的一部分，但在未来一段时间内，它有可能继续在亚投行的投资业务中扮演重要角色。有以下几个原因：其一，联合融资能让或将会让亚投行更快更有效地扩大业务，因为亚投行需要必要的时间来完成其人员配置和全面的内部程序。同时，与其他多边开发银行的一般政策的兼容性应该有助于亚投行保证每笔业务都能满足其自身的要求。其二，联合融资可以为被投资实体和国家带来好处，因为很可能会在业务中对联合融资者的要求进行协调。[90] 其三，在实施阶段，其中的一些业务需要广泛的实地监督，同时，亚投行的许多合作伙伴都拥有国家或地区办事处的网络。鉴于其是部门而非政府的工作重点，类似网络的发展尚未被确定为亚投行计划的一部分。因此，对联合融资者的当地工作人员的广泛依赖可以帮助亚投行确保遵守相关的规则和程序，如采购、支出、环境和社会方面。

4.50 其四，基础设施部门的一些项目可能非常庞大，融资需求超出了个别多边开发银行的风险偏好。在这里，联合融资将超越最初阶段被亚投行更久使用。例如，2016年12月批准的亚投行融资的跨安纳托利亚天然气管道（TANAP）项目的总成本为86亿美元。借款人的出资额为14亿美元，而融资余额来自于国际复兴开发银行（8亿美元贷款）、欧洲投资银行（13亿美元贷款）、欧洲复兴开发银行（5亿美元贷款）、亚投行（6亿美元贷款）以及BOTAS（土耳其石油管道公司）（10亿美元）、商业伙伴（1亿美元）和私人商业来源（20

---

〔88〕 对于亚投行来说，在这一条款下适用另一联合融资方的政策时，联合融资方必须是由一些多边开发银行制定的《互相执行禁令的协议》的缔约方之一，在政策中被称为"比较机构"。

〔89〕 详情见第45页（第3章）注15。此外，亚投行和世界银行于2016年4月13日签署了一个《联合融资框架协议》，该协议建立了一个共同融资的合作框架，辅之以每个特定投资项目中的特定共同贷款方协议。

〔90〕 先前所详述的对其他多边开发银行政策接纳的灵活性使得亚投行比其他一些多边开发银行更容易接受联合融资的政策，因为这些多边开发银行的业务政策之间即使存在广泛的兼容性，也不会被采用。

亿美元)。[91]

（7）程序

4.51　投资业务的准备一般属于行长的职权范围，即在董事会的领导下进行亚投行的当前业务。[92] 董事会在投资业务方面的作用进一步体现在其建立亚投行的政策并对投资业务做出决定的特定权力上。[93]《亚投行协定》明确授权董事会根据亚投行的政策来对行长进行授权，并且董事会可以以 75% 的多数投票通过行长对投资业务进行决策的授权，截至 2017 年 12 月，董事会尚未进行过授权。[94]

4.52　董事会的监督作用还包括亚投行在准备和监督投资业务中的作用。在这里必须记住，这些投资业务不是由亚投行本身实施的，而是由受亚投行融资和监管的接受者实施的。董事会用来监督亚投行的管理和运营而建立的监督机制，就如《首席谈判代表报告》所指出的那样，预计将涵盖项目监督的某些方面：

> 代表们同意，董事会依照第 26 条第 4 项建立的监督机制，应秉承透明、公开、独立和问责的原则进行设计，其内容应包括审计、评估、欺诈和腐败、项目投诉和员工申诉等领域，并体现亚投行作为基础设施发展领域多边金融机构的特点。与其他多边开发银行一样，该机制可能涵盖完备性，问责安排和评估机制，在合规、效率及廉洁部门下进行亚投行的职能分

----

〔91〕　亚投行项目文件 PD0015-AZE，2016 年 12 月 7 日，阿塞拜疆共和国跨安纳托利亚天然气管道（TANAP）项目，参见项目汇总表。

〔92〕《亚投行协定》第 29 条第 4 款。亚投行的融资业务政策中规定了融资准备政策范围，并以环境、社会政策和采购政策作为补充，上述政策都得到了董事会的批准。在其内部，主席是一个由风险、投资业务、战略和法律的内部专家再加上高级管理层的成员组成的投资委员会推荐的。《2016 年亚投行年报》，2017 年版，第 15 页。

〔93〕《亚投行协定》第 26 条第 2 款和第 3 款。有关亚投行的机构设置和对投资项目融资的早期经验的权威性概述，见 Sanders（2017b）。

〔94〕　2016 年 1 月批准的《融资操作政策》（注 16）指出：“董事会将考虑（在 2016 年年底）授权主席批准某些融资和这些融资随后的变动。”但此后董事会并没有做出相类似效果的决定，公开的会议记录表明所有的融资都是由董事会批准的。

组。[95] 亚投行的风险治理框架还包括与其投资业务相关的风险。[96]

F. 第一阶段投资业务

4.53 大约在亚投行成立五个月后以及《亚投行协定》签署一年之后，亚投行的第一批投资业务在 2016 年 6 月的董事会会议上获得批准。此后，董事会共批准了 24 项投资业务。截至 2017 年 12 月，亚投行的总投资额高达 43 亿美元。数据详见表 4.1。

4.54 2016 年 6 月亚投行批准的第一批投资业务包括三个共同融资项目（与亚洲开发银行、欧洲复兴开发银行和国际复兴开发银行）和一个由其单独实施的投资项目。自此，又批准了二十多项投资业务。其中，约有三分之一是由亚投行单独实施的，其余三分之二是通过联合融资者实施的。如表 4.1 所示，联合融资者包括：亚洲开发银行（4 项业务）、欧洲复兴开发银行（2 项业务）、欧洲投资银行（2 项业务）、国际复兴开发银行/国际开发协会（8 项业务）、国际金融公司（3 项业务）。[97] 2016 年 9 月，亚投行批准了其第一项非主权业务（缅甸明岩发电厂项目），并于 2017 年 6 月批准了其第一个股权投资（印度基础设施基金）。2017 年 9 月，亚投行批准了对域外成员的第一项业务——埃及第二轮太阳能光伏输入发电项目。

表 4.1 亚投行投资业务 2016—2017[a]

国 家	项 目	亚投行融资	联合融资	批准时间
塔吉克斯坦	杜尚别-乌兹别克斯坦边境公路改善项目	贷款 27.5 百万美元 总计：105.9 百万美元	欧洲复兴开发银行贷款：62.5 百万美元	6/24/16
孟加拉国	分配系统升级改造工程	贷款 1.65 亿美元 总计：2.6929 亿美元	无	6/24/16

---

[95] 详见本书第 7 章第 7.42 段。

[96] 亚投行风险管理框架（2016 年 11 月）涵盖信用风险、股权投资风险、资产负债风险、市场风险、流动性风险、操作风险、完备性风险、环境和社会风险以及声誉风险（第 18 至 27 段）。

[97] 某些项目有多个联合融资者。

续表

国　家	项　目	亚投行融资	联合融资	批准时间
巴基斯坦	国家高速公路 M－4 项目	贷款 1 亿美元 总计：2.73 亿美元	亚洲开发银行贷款：1 亿美元	6/24/16
印度尼西亚	国家贫民窟改造项目	贷款 2.165 亿美元 总计：17.43 亿美元	国际复兴开发银行贷款：2.165 亿美元	6/24/16
巴基斯坦	塔贝拉 5 号水电站扩建项目	贷款 3 亿美元 总计：8.235 亿美元	国际复兴开发银行贷款：3.9 亿美元贷款	9/27/16
缅甸	明岩发电厂项目	考虑到 2000 万美元的债务融资	（国际金融公司、亚洲开发银行平行共同融资）	9/27/16
阿曼	铁路系统筹备项目	贷款 3600 万美元 总计：6000 万美元	无	12/8/16
阿曼	港口商业码头和运营区开发项目	贷款 2.65 亿美元 总计：3.5333 亿美元	无	12/8/16
阿塞拜疆	跨安纳托利亚天然气管道工程（TANAP）	贷款 6 亿美元 总计：86 亿美元	欧洲投资银行贷款：13 亿美元 欧洲复兴开发银行贷款：5 亿美元 国际复兴开发银行贷款：8 亿美元	12/21/16
印度尼西亚	大坝运行改善与安全工程第二期	贷款 1.25 亿美元 总计：3 亿美元	国际复兴开发银行贷款：1.25 亿美元	3/22/17
印度尼西亚	区域基础设施发展基金项目	贷款 1 亿美元 总计：4.06 亿美元	国际复兴开发银行贷款：1.03 亿美元	3/22/17
孟加拉国	天然气基础设施和效率改善项目	贷款 6000 万美元 总计：4.53 亿美元	亚洲开发银行贷款：1.67 亿美元	3/22/17
印度	安得拉邦 24X7 全部电力	贷款 1.6 亿美元 总计：5.71 亿美元	国际复兴开发银行贷款：2.4 亿美元	2/5/17
印度	基础设施基金	股权融资 1.5 亿美元	无	6/15/17

续表

国　家	项　目	亚投行融资	联合融资	批准时间
格鲁吉亚	巴统绕道工程	贷款 1.14 亿美元 总计：3.152 亿美元	亚洲开发银行贷款：1.14 亿美元	6/15/17
塔吉克斯坦	努里克水电改造工程一期	贷款 6 千万美元 总计：3.5 亿美元	国际复兴开发银行（国家开发协会）：2.557 亿美元；欧亚开发银行：4 千万美元	6/15/17
印度	古吉拉特邦农村公路项目	贷款 3.29 亿美元 总计：6.58 亿美元	无	7/4/17
埃及	埃及第二轮太阳能光伏输入发电项目	最高贷款 2.1 亿美元（11 个项目）	国际金融公司	9/4/17
印度	输电系统加固工程	贷款 1 亿美元 总计：3.035 亿美元	无	9/27/17
亚洲	国际金融公司亚洲新兴市场基金	贷款 1.5 亿美元 总计：6.4 亿美元	国际金融公司：1.5 亿美元	9/27/17
菲律宾	马尼拉地铁洪水管理项目	贷款 2.0763 亿美元 总计：5 亿美元	国际复兴开发银行：2.0763 亿美元	9/27/17
中国	北京空气质量改善与煤炭替代工程	贷款 2.5 亿美元 总计：7.611 亿美元	无	12/8/17
阿曼	宽带基础设施项目	最高贷款 2.39 亿美元	无	12/8/17
印度	班加罗尔地铁项目-R6 线	贷款 3.35 亿美元 总计：17.85 亿美元	欧洲投资银行贷款：5.83 亿	12/8/17
亚投行承诺融资总额：最高 43.1963 亿美元				

a 来源：亚投行官网，批准的项目。总计金额是亚投行项目总结中显示的项目总成本。

第 5 章

成员资格

5.01　在建立作为政府间组织的多边开发银行时，首先需要面对的问题之一便是成员资格。具体而言，在实践层面，谁将作为代表参与银行协定的谈判？哪些参与方会参与到银行的成立，而哪些能够在未来作为成员加入？对于多边开发银行而言，成员资格的相关规则也会影响到哪些国家从银行的发展融资中受益，以及哪些国家成为其财务基础的关键。

5.02　正如第 1 章介绍，在协定谈判开始时，那些对建立亚投行有兴趣的国家或地区，其实已经投入磋商近一年的时间。成员的范围需要涵盖《谅解备忘录》的签订方，即那些从谈判伊始便参与进来的意向创始成员，以及那些还在探讨加入谈判可能性的国家或地区，和已经准备在亚投行成立后加入的国家或地区。同时，根据其他多边开发银行的模式，也可以向那些未来可能有兴趣加入亚投行的国家或地区开放会员资格。

5.03　除了成员资格的范围，还有一些其他方面的问题需要确定。比如，对于那些提出倡议并且对亚投行的成立贡献了努力和资源的国家，是否应当有特别的条款呢？考虑到亚投行的关切在于亚洲的基础设施建设，是否应当有域内成员和域外成员的区别？如有区别，应如何定义亚投行下的"域内"呢？

5.04　本章将展示协商后的亚投行成员资格相关规则，包括成员资格的范围、意向创始成员和签约方、创始成员、域内和域外成员、未来加入的成员，以及撤销和中止成员资格几个部分。截至 2017 年年底，亚投行已通过 84 个成员，其中包括 48 个域内成员和 36 个域外成员。

A. 成员资格的范围

5.05　亚投行的成员资格向国际复兴开发银行或亚洲开发银行的成员开放。[1] 因此，亚投行成员资格的范围是根据这两个机构的协定内容和相关定义的实践来确定的。其他多边开发银行在定义自己成员资格范围时，一般也会以其他机构的成员资格为根据。[2]

（1）国际复兴开发银行成员资格

5.06　国际复兴开发银行的成员资格仅对国际货币基金组织的成员开放。[3] 国际货币基金组织的成员资格则对参加了联合国货币和金融会议（于1944年7月在布雷顿森林召开）并于1945年12月21日以前接受成员资格的国家开放，同时也对国际货币基金理事会决定接受的其他国家开放。[4] 截至2017年12月，有189个国家是国际货币基金组织和国际复兴开发银行的成员。[5] 七十多年来，二者成员数量大幅增加，1945年时，国际货币基金组织和国际复兴开发银行协定中仅分别列了45个有签署资格的国家。[6]

（2）亚洲开发银行的成员资格

5.07　亚洲开发银行的成员资格对两组群体开放：①联合国亚洲及远东经

---

〔1〕《亚投行协定》第3条第1款。

〔2〕 非洲开发银行的成员资格对非洲国家和非洲开发基金中的域外成员开放（《非洲开发银行协定》第3条）。对于欧洲复兴开发银行而言，成员资格基于国际货币基金组织的成员资格（《欧洲复兴开发银行协定》第3条第1款）。对于欧洲投资银行，会员资格是基于欧盟成员资格（《欧洲投资银行协定》第3条）。对于美洲开发银行而言，成员资格基于美洲国家组织和国际货币基金组织成员资格，以及指定的一些国家（加拿大，巴哈马，圭亚那和瑞士），这些国家在当时不是美洲国家组织或国际货币基金组织成员（《美洲开发银行协定》第2条第1款）。关于国际复兴开发银行和亚洲开发银行的成员资格，后文中会细述。

〔3〕《国际复兴开发银行协定》第2条。

〔4〕《国际货币基金组织协定》第2条。

〔5〕 关于国际复兴开发银行，参见 http://www.worldbank.org/en/about/leadership/members. 关于国际货币基金组织，参见 http://www.imf.org/external/np/sec/memdir/members.aspx.（两个网址最后登录时间：2017年12月8日。）

〔6〕《国际货币基金组织协定》第31条第2节（e）项及附件1，《国际复兴开发银行协定》第11条第2款（e）项及附件1。

济委员会（现为亚太经社会）的成员和准成员；[7] ②联合国成员或是联合国特别机构成员中的其他域内或非域内的发达国家或地区。[8] 截至 2017 年 12 月，亚洲开发银行拥有 67 个成员，其中包括 48 个域内成员和 19 个域外成员。亚洲开发银行成员的数量也在过去五十多年中有所增长，1965 年，亚行的协定中列有 33 个国家或地区具有签署协定的资格。[9]

（3）国际复兴开发银行和亚洲开发银行成员的类型

5.08　只有国家能成为国际复兴开发银行的成员，同时国际货币基金组织成员资格也要求国家身份。与此不同，亚洲开发银行成员既包括国家，也包括亚洲及太平洋经济社会委员会（亚太经社会）的准成员，而准成员不一定是国家。对于来自联合国亚洲及远东经济委员会的准成员加入亚洲开发银行的申请，如准成员无法对自身国际关系行为负责，则申请由相关亚洲开发银行成员提出。[10] 根据该条款承认的亚洲开发银行成员包括，中国香港，库克群岛，斐济，基里巴斯，巴布亚新几内亚，以及所罗门群岛。[11] 如本章第 5.22~5.23 段所述，亚洲开发银行将其成员区分为域内和域外。国际复兴开发银行在其协定中没有对成员进行分类，这是因为其并非针对某一区域。亚洲开发银行和国际复兴开发银行的成员资格都不向机构开放，如国际组织或金融机构，这点与其他一些多边开发银行不同。[12]

---

〔7〕　联合国亚洲及太平洋经济社会委员会（亚太经社会，ESCAP）的前身为联合国亚洲及远东经济委员会（ECAFE）。联合国亚洲及远东经济委员会在亚洲开发银行的概念形成以及磋商和谈判中，发挥了重要作用。Wilson（1987），第 2 章《银行的诞生》。联合国亚洲及远东经济委员会在 1974 年更名为亚太经社会，以反映当时经济和社会方面的发展及其成员的地理位置情况，载 http：//www.unescap.org/about（最后访问时间：2017 年 12 月 8 日）。

〔8〕　《亚洲开发银行协定》第 3 条第 1 款。《亚洲开发银行协定》的成员资格条款中，没有提及域外的发展中国家。

〔9〕　《亚洲开发银行协定》第 63 条第 1 款和附件 1。

〔10〕　《亚洲开发银行协定》第 3 条第 3 款。请见这一章中的第 5.35 段。

〔11〕　Wilson（1987），第 278；Kappagoda（1995），第 177~118 页。

〔12〕　例如，《欧洲复兴开发银行协定》第 3 条第 1 款（欧盟和欧洲投资银行）；《加勒比开发银行协定》第 3 条第 1 款（机构主体可以加入，但该协定中没有列出此类成员）；以及《安第斯开发协会协定》第 5 条（股东可以是政府，也可以是公立机构、半公立机构或是私营机构。截至 2017 年，包括了 13 个私立银行）。《关于建立欧洲复兴开发银行协定的主席报告》中指出，欧盟（起初为欧洲经济共同体）和欧洲投资银行的成员资格，"并非旨在使其成员资格成为其他组织或银行成为本银行成员的先例，也并非旨在将其成员资格作为成为其他组织或银行成员的先例。"

（4）亚投行成员资格的范围

5.09　通过同时引入两个机构的成员资格范围（即国际复兴开发银行和亚洲开发银行），亚投行在保持区域性的同时，也与国际货币基金组织和国际复兴开发银行几乎遍及全球的成员资格建立联系，这体现了亚投行同时接受来自全球和本区域对亚洲基础设施建设的支持。这两个机构的成员资格对亚投行意味着什么呢？将两个机构的成员资格结合，扩大了亚投行成员资格的范围。具体而言，如果将亚投行的成员资格局限为亚洲开发银行的既有成员，则会将一些意向创始成员和多个 2017 年获得批准加入的新成员排除在外，也就是说，这些被排除的成员是国际复兴开发银行的成员但不是亚洲开发银行的成员。[13] 亚投行和亚洲开发银行成员资格的区别，部分源于亚洲开发银行对于成员资格的定义（见第 5.07 段）。对于域内成员，亚洲开发银行对亚洲的定义比亚投行的略窄，[14] 因此，相比于亚投行，在亚洲开发银行定义下被视为域内成员的国家较少。同时，仅发达国家可获得亚洲开发银行的域外成员资格。在这两个因素的共同作用下，有更多的国家可以作为域内成员加入亚投行，同时，那些无法加入亚洲开发银行的域外发展中国家也有资格加入亚投行。[15]

5.10　如果仅基于国际复兴开发银行的成员资格，也无法为亚投行提供一个足够广泛的成员资格基础。因为如此会排除掉亚洲开发银行成员中的 3 个非

---

〔13〕　在亚投行的意向创始成员中，伊朗、以色列、约旦、阿曼、卡塔尔、俄罗斯、沙特阿拉伯和阿拉伯联合酋长国（域内意向创始成员），以及巴西、埃及、冰岛、马耳他、波兰和南非（域外意向创始成员），这些国家是亚投行成员，但不是亚洲开发银行成员。2017 年批准的 27 个新成员中，15 个成员是只具有亚投行成员资格，而不具有亚洲开发银行成员资格的，这些国家是：巴林和塞浦路斯（亚投行域内成员），以及阿根廷、白俄罗斯、玻利维亚、智利、厄瓜多尔、埃塞俄比亚、希腊、匈牙利、马达加斯加、秘鲁、罗马尼亚、苏丹和委内瑞拉（亚投行域外成员）。

〔14〕　根据《亚投行协定》第 1 条第 2 款，域内指 "根据联合国定义所指的属亚洲和大洋洲的地理区划和组成"。《首席谈判代表报告》中提供了联合国相关列表的连接（请见 https：//unstats. un. org/unsd/methodology/m49/）。根据《亚洲开发银行协定》第 1 条，域内指 "《联合国亚洲及远东经济委员会职权范围》中所包含的亚洲和远东的领土"。二者的主要区别在于，亚投行的定义包括了所有联合国的西亚分组中的国家，而亚洲开发银行的定义仅包含了这些国家中亚美尼亚、阿塞拜疆、格鲁吉亚和土耳其。表 5.1 详细列出了两种定义的覆盖范围。

〔15〕　被批准成为亚投行域外成员的发展中国家包括：阿根廷、白俄罗斯、玻利维亚、巴西、智利、埃及、厄瓜多尔、埃塞俄比亚、马达加斯加、秘鲁、波兰、罗马尼亚、南非、苏丹和委内瑞拉。在 2017 年的世界银行发展指标中，这些国家被列为低收入或者中等收入经济体（非高收入经济体）（参见 www. worldbank. org）。

国际复兴开发银行成员的加入资格。这 3 个成员是库克群岛、中国香港和中国台北。[16] 同时，引入亚洲开发银行成员资格为亚太经社会准成员打开了加入亚投行的大门，因为这些成员已经是或以后可能成为亚洲开发银行的成员。[17]

5.11　下表展示了以上这些不同成员资格标准的实际影响，以及亚洲开发银行和亚投行下对"域内"的不同定义造成的影响。表 5.1 列出了亚洲开发银行和亚投行当前和潜在的域内成员名单，以及国际复兴开发银行的现有成员中属于亚投行定义的域内范围区域的。表 5.2 列出了亚洲开发银行和亚投行现有的域外成员名单，以及国际复兴开发银行成员中属于亚投行定义下的域外范围的。亚洲开发银行现有成员中，有 13 个还未成为亚投行成员或得到成员资格的通过。[18] 国际复兴开发银行的 189 个成员中，107 个还未成为亚投行成员或得到成员资格的通过。[19]

表 5.1　亚投行域内成员与资格：与亚洲开发银行和国际复兴开发银行的比较

略语表： ✓ = 现成员（2017 年 12 月） 意向成员 = 成员申请过程中 潜在域内成员 = 非成员，领土属于域内定义的范围 —— = 领土不属于域内定义的范围（亚洲开发银行）；非成员（国际复兴开发银行）			
《亚行协定》对 域内的定义[a]	亚投行： 区域成员	亚洲开发银行： 域内成员[b]	国际复兴开发 银行：成员[c]
阿富汗	✓	✓	✓
美属萨摩亚	潜在域内成员	潜在域内成员	——

〔16〕　基于亚洲开发银行的成员资格，此三者才获得加入亚投行的资格。2017 年，中国香港的成员资格得到通过并生效。2017 年 12 月，库克群岛的成员资格通过。请见第 104 页注 75，以及亚投行官网的成员名单。

〔17〕　请见本章第 106 页注 77。

〔18〕　有 12 个亚洲开发银行的域内成员还未加入亚投行，其中 4 个在亚洲（不丹、日本、中国台北、土库曼斯坦），8 个在大洋洲（基里巴斯、马绍尔群岛、密克罗尼西亚、瑙鲁、帕劳、巴布亚新几内亚、所罗门群岛和图瓦卢）。美国是唯一一个还未加入亚投行的亚洲开发银行的域外成员。

〔19〕　请见表 5.1 和表 5.2。

《亚投行协定》对域内的定义	亚投行：区域成员	亚洲开发银行：域内成员	国际复兴开发银行：成员
亚美尼亚	意向成员	✓	✓
澳大利亚	✓	✓	✓
阿塞拜疆	✓	✓	✓
巴林	意向成员	—	✓
孟加拉	✓	✓	✓
不丹	潜在域内成员	✓	✓
文莱	✓	✓	✓
柬埔寨	✓	✓	✓
中国	✓	✓[d]	✓
库克群岛	意向成员	✓	—
塞浦路斯	意向成员	—	✓
斐济	✓	✓	✓
法属波利尼西亚	潜在域内成员	潜在域内成员	—
格鲁吉亚	✓	✓	✓
关岛	潜在域内成员	潜在域内成员	—
中国香港	✓	✓	—
印度	✓	✓	✓
印度尼西亚	✓	✓	✓
伊朗	✓	潜在域内成员	✓
伊拉克	潜在域内成员	—	✓
以色列	✓	—	✓
日本	潜在域内成员	✓	✓
约旦	✓	—	✓

续表

《亚投行协定》对域内的定义	亚投行：区域成员	亚洲开发银行：域内成员	国际复兴开发银行：成员
哈萨克斯坦	✓	✓	✓
基里巴斯	潜在域内成员	✓	✓
韩国ᵉ	✓	✓	✓
科威特	意向成员	—	✓
吉尔吉斯共和国	✓	✓	✓
老挝人民民主共和国	✓	✓	✓
黎巴嫩	潜在域内成员	—	✓
中国澳门	潜在域内成员	潜在域内成员	—
马来西亚	✓	✓	✓
马尔代夫	✓	✓	✓
马绍尔群岛	潜在域内成员	✓	✓
密克罗尼西亚	潜在域内成员	✓	✓
蒙古	✓	✓	✓
缅甸	✓	✓	✓
瑙鲁	潜在域内成员	✓	✓
尼泊尔	✓	✓	✓
新喀里多尼亚	潜在域内成员	潜在域内成员	—
新西兰	✓	✓	✓
纽埃	潜在域内成员	潜在域内成员	—
北马里亚纳群岛	潜在域内成员	潜在域内成员	—
阿曼	✓	—	✓
巴基斯坦	✓	✓	✓
帕劳	潜在域内成员	✓	✓
巴布亚新几内亚	潜在域内成员	✓	✓

续表

《亚投行协定》对域内的定义	亚投行：区域成员	亚洲开发银行：域内成员	国际复兴开发银行：成员
菲律宾	✓	✓	✓
卡塔尔	✓	—	✓
俄罗斯[f]	✓	潜在域内成员	✓
萨摩亚	意向成员	✓	✓
沙特阿拉伯	✓	—	✓
新加坡	✓	✓	✓
所罗门群岛	潜在域内成员	✓	✓
斯里兰卡	✓	✓	✓
巴勒斯坦国	潜在域内成员	—	—
叙利亚阿拉伯共和国	潜在域内成员	—	✓
中国台湾[g]	潜在域内成员	✓[h]	—
塔吉克斯坦	✓	✓	✓
泰国	✓	✓	✓
东帝汶	✓	✓	✓
汤加	意向成员	✓	✓
土耳其	✓	✓（域外成员）	✓
土库曼斯坦	潜在域内成员	✓	✓
图瓦卢	潜在域内成员	✓	✓
阿拉伯联合酋长国	✓	—	✓
乌兹别克斯坦	✓	✓	✓
瓦努阿图	意向成员	✓	✓
越南	✓	✓	✓
也门	潜在域内成员	—	✓

《亚投行协定》对域内的定义	亚投行：区域成员	亚洲开发银行：域内成员	国际复兴开发银行：成员
波利尼西亚领土：皮特凯恩，托克劳，瓦利斯和富图纳群岛	潜在域内成员	—	—

　　a 本栏列出了联合国在亚洲和大洋洲分类中包含的地理区划。此列表基于《亚投行协定》第 1 条第 2 款："本协定中凡提及'亚洲'和'本区域'之处，除理事会另有规定外，均指根据联合国定义所指的属亚洲和大洋洲的地理区划和组成。"《首席谈判代表报告》中指出，代表们指出，联合国目前用于统计目的的亚洲和大洋洲地理区域和组成清单构成了他们考虑"亚洲"和"本区域"的基础。该清单请见：http：//unstats. un. org/unsd/methods/m49/m49 regin. htm.

　　b 本栏列出了亚洲及太平洋经济社会委员会（亚太经社会，ESCAP）的职权范围内亚洲及太平洋地区的现有域内成员［亚太经社会是联合国亚洲及远东经济委员会（ECAFE）的继任机构］。本清单参考了《亚洲开发银行协定》第 1 条："凡本协议中所使用的'亚洲和远东地区'及'地区'应包括联合国亚洲及远东经济委员会职权范围所包含的亚洲和远东地区的地理区划。"

　　c 本栏显示亚投行域内定义下的地区是否是国际复兴开发银行成员（"✓"表示）或不是（"—"表示），国际复兴开发银行没有域内和域外成员之分。

　　d 亚洲开发银行的成员名称是中华人民共和国（People's Republic of China）。

　　e 大韩民国和朝鲜民主主义人民共和国被列为域内成员。大韩民国是亚洲开发银行、亚投行和国际复兴开发银行的成员，朝鲜民主主义人民共和国不是这些组织的成员。

　　f 俄罗斯不属于联合国分类下的亚洲和大洋洲，但依据《亚投行协定》第 3 条第 1 款第（a）项，及在其"附件 1"的归类，其属于亚投行的域内成员。

　　g "联合国以数据统计为目的的标准国家和区域代码"，文件编号：ST/ESA/ STAT/ SER. M/ 49/ Rev. 4.

　　h 亚洲开发银行的成员名称是中国台北（Taipei，China）。

B. 意向创始成员和缔约方

（1）意向创始成员

5.12　如第 1 章所述,[20] 有意向加入的国家参与了五轮亚投行成立的多边

---

〔20〕　请见第 1 章第 1. 19~1. 22 段。

磋商会议。会议由中国组织召开，参与国于 2014 年 10 月签订了《谅解备忘录》。签订了《谅解备忘录》的 22 个国家成了第一批意向创始成员。被称为"意向"成员，是因为只有在对《亚投行协定》的内容形成合意且亚投行成立之后，各国或地区才能在法律上以正式成员的身份加入亚投行。作为意向创始成员参与磋商的行为，并不代表一个国家对于加入即将成立的亚投行做出了正式的法律上的承诺。正如本章 5.17 段所述，"创始成员"是针对这一准备阶段提出来的概念。

5.13　除签订了《谅解备忘录》的各方，其他方也能以意向创始成员的身份加入《亚投行协定》的谈判过程。最终除了最初的 22 个意向创始成员，另增了 35 个意向创始成员。[21] 因此，在 2015 年的第五次首席谈判官会议中，共有 57 个意向创始成员出席。（第 1 章中的表 1.1 列出了每届首席谈判代表会议中各意向成员的参与情况。）该协定的附件 1 中列出了所有意向创始成员，他们可以签订《亚投行协定》，并成为亚投行的成员。

表 5.2　亚投行域外成员与资格：与亚洲开发银行和国际复兴开发银行的比较

略语表： ✓ = 现成员（2017 年 12 月） 意向成员 = 成员申请过程中		
国际复兴开发银行成员： 非亚投行域内成员[a]	亚洲开发银行：域外成员[b]	亚投行：域外成员[c]
阿尔巴尼亚		
阿尔及利亚		
安哥拉		
安提瓜和巴布达		
阿根廷		意向成员
奥地利	✓	✓

[21]　第 1 章的表 1.1 列出了亚投行的意向创始成员，及其加入谈判进程的时间。

续表

国际复兴开发银行成员：非亚投行域内成员	亚洲开发银行：域外成员	亚投行：域外成员
巴哈马		
巴巴多斯		
白俄罗斯		意向成员
比利时	✓	意向成员
伯利兹		
贝宁		
玻利维亚		意向成员
波斯尼亚和黑塞哥维那		
博兹瓦纳		
巴西		意向成员
保加利亚		
布基纳法索		
布隆迪		
佛得角		
喀麦隆		
加拿大	✓	意向成员
中非共和国		
乍得		
智利		意向成员
哥伦比亚		
科摩罗		
刚果民主共和国		
刚果共和国		

国际复兴开发银行成员：非亚投行域内成员	亚洲开发银行：域外成员	亚投行：域外成员
哥斯达黎加		
科特迪瓦		
克罗地亚		
捷克共和国		
丹麦	✓	✓
吉布提		
多米尼加		
多明尼加共和国		
厄瓜多尔		意向成员
埃及		✓
萨尔瓦多		
赤道几内亚		
厄立特里亚		
爱沙尼亚		
埃塞俄比亚		✓
芬兰	✓	✓
法国	✓	✓
加蓬		
冈比亚		
德国	✓	✓
加纳		
希腊		意向成员
格林纳达		
危地马拉		

续表

国际复兴开发银行成员：非亚投行域内成员	亚洲开发银行：域外成员	亚投行：域外成员
几内亚		
几内亚比绍		
圭亚那		
海地		
洪都拉斯		
匈牙利		✓
冰岛		✓
爱尔兰	✓	✓
意大利	✓	✓
牙买加		
肯尼亚		
科索沃		
拉脱维亚		
莱索托		
利比里亚		
利比亚		
立陶宛		
卢森堡	✓	✓
马其顿		
马达加斯加		意向成员
马拉维		
马里		
马耳他		✓
毛里塔尼亚		

续表

国际复兴开发银行成员： 非亚投行域内成员	亚洲开发银行：域外成员	亚投行：域外成员
毛里求斯		
墨西哥		
摩尔多瓦		
黑山		
摩洛哥		
莫桑比克		
纳米比亚		
荷兰	✓	✓
尼加拉瓜		
尼日尔		
尼日利亚		
挪威	✓	✓
巴拿马		
巴拉圭		
秘鲁		意向成员
波兰		✓
葡萄牙	✓	✓
罗马尼亚		意向成员
卢旺达		
圣马力诺		
圣多美和普林西比		
塞内加尔		
塞尔维亚		
塞舌尔		

续表

国际复兴开发银行成员： 非亚投行域内成员	亚洲开发银行：域外成员	亚投行：域外成员
塞拉利昂		
斯洛伐克共和国		
斯洛文尼亚		
索马里		
南非		意向成员
南苏丹		
西班牙	✓	✓
圣基茨和尼维斯		
圣卢西亚		
圣文森特和格林纳丁斯		
苏丹		意向成员
苏里南		
斯威士兰		
瑞典	✓	✓
瑞士	✓	✓
坦桑尼亚		
多哥		
特立尼达和多巴哥		
突尼斯		
乌干达		
乌克兰		
英国	✓	✓
美国	✓	
乌拉圭		

续表

国际复兴开发银行成员： 非亚投行域内成员	亚洲开发银行：域外成员	亚投行：域外成员
委内瑞拉		意向成员
赞比亚		
津巴布韦		

　　a 此列显示当前的国际复兴开发银行成员中不属于亚投行域内定义的成员。这些尚未成为亚投行成员的国家可被看作是潜在的亚投行域外成员。

　　b 此列显示当前的亚洲开发银行域外成员，亚洲开发银行域外成员资格对亚太经社会的域外成员开放，也对联合国或其专门机构成员中的域外发达国家开放。而对什么是"发达国家"的定义是由亚洲开发银行决定，所以无法预测潜在的域外成员。土耳其是亚洲开发银行的域外成员，但其在表 5.1 中是亚投行的域内成员。

　　c 此列显示了当前的亚投行域外成员，并将意向成员（即签署方和获得批准的新成员）标注为"意向"成员。

（2）签署方

　　5.14 　"签署方"是《亚投行协定》中的用语，指其附件 1 中所列意向创始成员，这些成员在截止日期 2015 年 12 月 31 日之前签署了协定。《亚投行协定》中没有提到意向创始成员，所有意向创始成员签署并成为《亚投行协定》下的签署方。

　　5.15 　与其他多边开发银行的协定一样，《亚投行协定》明确了在成为签署方之后获得成员资格的流程。签署方需要向保存人交存批准书、接受书或核准书（以下统称"批准书"）。[22]《亚投行协定》设定了一个交存批准书的期限，即 2016 年 12 月 31 日之前。这一期限提供给签署方至少一年的时间完成条约批

---

　　〔22〕《亚投行协定》第 58 条第 1 款。依据《亚投行协定》第 57 条第 1 款，《亚投行协定》的保存人为中华人民共和国政府，具体是由外交部负责。第 9 章第 9.04 段有更为详尽的介绍。

准的成员内部程序。[23] 《亚投行协定》赋予理事会通过特别多数投票来延长期限的权限，[24] 理事会已将期限延到了 2018 年 12 月 31 日。[25]

5.16 获得成员资格前，签署方需要认缴亚投行股本，并且在递交批准书、接受书或核准书之日或之前，缴付第一部分其认缴的银行实缴股本。[26] 如延迟缴付其认缴的亚投行实缴股本，则其丧失相应的投票权。[27]

C. 创始成员

5.17 《亚投行协定》为签署方提供获得创始成员地位的机会。获得创始成员地位，要求签署方交存批准书，并且在要求期限之内交付其认缴股本。[28]

---

[23] 签署方是交存批准书、接受书还是核准书是由批准方国内的法律法规决定的。正如联合国条约科所解释的，"大部分多边条约都明文规定各国应通过须经批准、接受或核准的签署，表示同意接受约束。做出签署须经批准的规定，各国就可有时间使条约在国内获得核准，并可在国际一级履行条约规定的法律义务之前，制订出在国内执行条约所需的任何立法……一项条约签署后的接受或核准与批准具有同等的法律效力，并适用相同规则，除非条约另有规定 ［见《1969 年维也纳公约》第 14（乙）］。"《联合国条约手册》（2012 年版），第 3.3.2 及 3.3.3 部分。

[24] 《亚投行协定》第 58 条第 1 款。《欧洲复兴开发银行协定》第 61 条第 2 款是类似的条款，本条要求决定的通过需要理事会的多数，这里的多数是指成员投票权的多数（与亚投行的特别多数投票一致）。

[25] 亚投行理事会决议第 20 号，关于延展创始成员核准《亚投行协定》的截止日期，2016 年 11 月 28 日通过；亚投行理事会决议第 55 号，关于延展创始成员核准《亚投行协定》的截止日期，2017 年 12 月 19 日通过。

[26] 《亚投行协定》第 6 条第 1 款还规定，如果签署方在协定生效后 30 天之内或之日（即 2016 年 1 月 24 日）递交了批准书，须在生效日之前完成付款。在其他协定中有类似条款，比如《亚洲开发银行协定》第 6 条第 1 款（在生效后 30 日内）、《欧洲复兴开发银行协定》第 6 条第 1 款（在生效后 60 天之内）。根据《亚投行协定》第 6 条第 4 款，在亚投行成立之前的付款，应支付给银行的托管方（中华人民共和国政府），成立之后交由银行决定。其他多边开发银行中，也在设立前的阶段使用了托管方。如《亚洲开发银行协定》第 6 条第 7 款（联合国秘书长）；《非洲开发银行协定》第 7 条第 5 款（需要任命托管方）；《欧洲复兴开发银行协定》第 6 条第 6 款（欧洲投资银行）；《美洲开发银行协定》第 15 条第 1 款第（c）项（美洲国家组织秘书长）；以及《国际复兴开发银行协定》第 1 条第 2 款第（d）项（美国政府）。

[27] 《亚投行协定》第 6 条第 2 款和第 28 条第 1 款，第 6 章第 6.14 段有论述，第 7 章第 7.51 段有论述。

[28] 《亚投行协定》第 3 条第 1 款第 2 项。截止日期原为 2016 年 12 月 31 日，后延长到 2018 年 12 月 31 日。

多边开发银行中很少见到创始成员的概念。[29] 这一概念认可了那些参与并为银行建立做出贡献的成员的特殊作用。至 2017 年 12 月，53 位协定的签署方成了亚投行的创始成员。[30] 另外 3 位签署方，可以在交存批准书并且在期限之内交付其认缴股本后成为创始成员。

5.18　《亚投行协定》下，创始成员享有两项特权，即创始成员投票权和董事会的董事或副董事在轮转上的特权。

（1）创始成员投票权

5.19　所有的亚投行成员均被分配以基本投票权和股份投票权，除此之外，每个创始成员额外分配 600 票创始成员投票权。[31] 创始成员投票权的分配增加了每个创始成员的投票权，使其投票权高于标准分配下的基本投票权和股份投票权。谈判期间，根据附件 1，所有创始成员投票权在总投票权中的比重将为 3% 左右。与此相比，基本投票权占到 12%，股份投票权占到 85%。实际上，创始成员投票权带来的优势会随着时间的推移而减少，因为创始成员投票权是一固定数值，而总投票数将会增加，这种增加随着签署方实缴股份以及亚投行接收新的成员而产生。因此，创始成员获得的利益，随着新成员的加入和其认缴股份，未来将会不断减少。

（2）董事会轮换

5.20　创始成员在董事会的董事和副董事轮转中有一定的优先权。在很多多边开发银行的董事会中，由某一董事代表的一些成员被视为构成一个董事会选区（这个概念不是法律上的，而是出于实际需求的建构）。在每个选区内，对于哪个国籍的人担任董事、副董事和相关顾问，成员之间会相互协商一致并确

---

〔29〕　在黑海贸易开发银行中，创始成员有股份认购优先权并且拥有多数股权。《黑海贸易开发银行协定》第 3 条第 3 款和第 5 条。伊斯兰开发银行也有创始人成员。《伊斯兰开发银行协定》第 3 条。新开发银行中，5 位新开发银行的创始成员有一些特权，包括：投票权之合需最低占比 55%〔《新开发银行协定》第 8 条（c）款第（i）项〕；特别多数（要求有 5 个创始成员中的 4 个），《新开发银行协定》第 12 条（b）款；以及行长和副行长的国籍〔《新开发银行协定》第 13 条（a）款和（c）款〕。

〔30〕　依据亚投行网站（银行的成员），截至 2017 年 12 月 31 日，以下意向创始成员被列为意向成员：巴西和南非（域外）以及科威特（域内）。

〔31〕　《亚投行协定》第 28 条第 1 款规定了成员的投票权。关于投票权，请见本书第 7 章第 7.49 ～ 7.54 段。

定一种规律。[32] 一般较大的股东在任命其本国国民担任这些职位时有更大的发言权，因而确保在董事会能发出声音对于较小的股东来说是一个优势。

5.21 亚投行提供给创始成员在其本选区内职位轮转上的优先权如下：

> 理事在提名董事和进行投票时，以及董事在任命副董事时应尊重以下原则，即每个创始成员应有权在其选区内永久担任或轮流担任董事或副董事。[33]

本条款给予创始成员的代表性以优先权。协定本身并不能决定董事或副董事的国籍，因为各选区的轮换有所不同，并且从法律上来讲是理事的投票选出董事，董事再任命副董事。[34] 因此，这一特权被作为应当由理事和董事共同尊重的原则。

D. 域内和域外成员

5.22 根据《亚投行协定》，域内成员指"列入附件 1 第一部分的成员及依照第 1 条第 2 款属亚洲区域的其他成员。"[35] 其余成员被列为域外成员。

（1）什么是域内？

5.23 将成员分为域内和域外有两点基础。其一，对于签署方，如果其在附件 1 中被列为域内则意味着将被视为域内成员。[36] 其二，未来的成员将基于《亚投行协定》中"域内"的定义决定是否归属于亚洲地区：

> 本协定中凡提及"亚洲"和"本区域"之处，除理事会另有规定外，

---

〔32〕 关于国家分组的列表，请见第 8 章中的表 8.2 和表 8.3，表 8.2 显示了亚投行首届董事会，表 8.3 显示了 2017 年 12 月份的亚投行董事会。

〔33〕《亚投行协定》附件 2 第十段。

〔34〕《亚投行协定》第 25 条第 1 款（董事的选举）和第 25 条第 3 款（副董事的任命）。

〔35〕《亚投行协定》第 3 条第 1 款第 1 项。

〔36〕 对于签约方，决定性的条件是被列入附件 1。归入亚洲地区的规则只是针对附件 1 之外的"其他成员"。俄罗斯在谈判中被接受为区域成员，并被列入附件 1，但俄罗斯并不属于《首席谈判代表报告》中引用的联合国分类下的亚洲和大洋洲。

均指根据联合国定义所指的属亚洲和大洋洲的地理区划和组成。[37]

如前所述，《首席谈判代表报告》中对亚洲和域内的定义有详细解释，此报告记录了首席谈判官的谅解，为将来解释《亚投行协定》的内容提供参考。《首席谈判代表报告》中提到：

> 第 1 条第 2 款：代表们注意到，在考虑"亚洲"和"本区域"的定义时，联合国为统计目的而指定的"亚洲"和"大洋洲"的描述可作为基础。[38]
>
> 代表们进一步注意到，理事会今后可根据需要依照第 1 条第 2 款的规定对区域分类做出决定，并依照第 3 条第 2 款对新成员做出决定。

《首席谈判代表报告》中的这段陈述，提供了当时联合国对亚洲和大洋洲分类目录的链接，给出了一组潜在的这一区域内成员的名单。此外，如果目录内容有变化或是出现其他问题，理事会有权就未来潜在的分类问题做出决定。正如《首席谈判代表报告》中强调的那样，理事会关于新成员区域地位的任何决定，都需在接受其成员资格时做出，这就要求这一决定需要特别多数票才能通过。表 5.1 中提供了此定义下当前包含地域的列表。

5.24   这种对"本区域"的多步骤定义，是参考了其他区域性多边开发银行在其协定中定义地理区域方面遇到的一些问题。首先，有不同的路径来界定何为"本区域"。域内成员资格可以完全基于地理位置，例如非洲开发银行定义的非洲。[39] 域内成员资格也可以基于主办协定谈判的区域性国际组织的成员资格情况。比如以联合国的亚太经社会和亚洲及远东委员会为依据的亚洲开发银

---

〔37〕《亚投行协定》第 1 条第 2 款。

〔38〕 该描述链接为：http://unstats.un.org/unsd/methods/m49/m49regin.htm。2017 年，该链接连接到 https://unstats.un.org/unsd/methodology/m49/，在线版联合国出版物 "Standard Country or Area Codes for Statistical Use" 最初出版为 M 系列，第 49 号，现在通常称为 M49 标准。在网页选择"地理区域"标签就会出现 2015 年的列表。

〔39〕《非洲开发银行协定》定义的域内成员的地理范围是非洲大陆和非洲岛屿。《非洲开发银行协定》第 3 条第 2 款。

行，及以美洲国家组织为依据的美洲开发银行。[40] 就欧洲复兴开发银行而言，成员被区分为欧洲和非欧洲，而不是域内和域外，部分欧洲成员身份的确定是基于当时欧洲共同体的情况。[41] 非洲开发银行和美洲开发银行最初是仅针对本区域的，之后随着域外成员概念的引入，才引入了域内域外的区分。[42]

5.25　对于亚投行，亚洲有着不同的地理上的定义，这一点上，可能比非洲的更多。当时并没有一个谈判的主办机构或是一个合适的区域性组织，能涵盖所有的意向创始成员。选择联合国的分类作为基础，为亚投行多元化的成员结构提供了一定程度的国际认可和中立性。

5.26　其次的一个问题是，协定对于区域内概念的定义应当具体。长远来看，一个国家的分类甚至存在都可能随着时间而变化。《亚投行协定》中，对这一概念有一个概括性的描述，并与联合国的分类关联。《首席谈判代表报告》中对于这一概念有更为具体的表述，并提供了联合国网站的链接。如果是重要的变化，则会要求对协定内容进行修改，而一个比较概括性的表述则不容易造成这一情形。

5.27　最后，《亚投行协定》承认未来可能需要对定义进行调整。在这方面，未来关于区域分类的决定可以由理事会做出，无需通过协定的修改程序。对于不涉及新成员加入的区域划分决定，亚投行的理事会可以通过简单多数票决定。而对于新成员加入时的区域划分，则需要理事会通过"特别多数票"决定。[43] 情况变化和地理范围变化的一个例子是，《欧洲复兴开发银行协定》进行

---

〔40〕《美洲开发银行协定》第 2 条第 1 款暗示了区域成员包括美洲国家组织成员加拿大、巴拿马和圭亚那，因为所有其他潜在成员（国际货币基金组织的成员和瑞士）都被称为"域外国家"。

〔41〕《欧洲复兴开发银行协定》中，虽然没有具体对"欧洲的"进行定义，该协定附录 1 中的分别列举则澄清了区别，其分类为欧洲共同体、其他欧洲国家、受援国、非欧洲国家。

〔42〕 Wilson（1987），第 9 页，提到了亚洲开发银行是第一个从一开始就建成国际合作关系的区域开发银行。美洲开发银行的成员资格最初仅限于美洲国家组织的成员，1972 年开放给加拿大，1976 年开放给瑞士和国际货币基金组织的其他域外成员。非洲开发银行直到 1982 年才接受域外成员。Kappagoda（1995），第 45 页（注 3 和注 4）。请见第 99 页注 50 和注 53。

〔43〕 关于简单多数票，请见《亚投行协定》第 28 条第 2 款第 1 项。

了两次修改以扩展其潜在受援国范围。其一，是蒙古，于 2006 年生效；[44] 其二，是地中海南部和东部的国家，于 2013 年生效。[45] 欧洲复兴开发银行对于南地中海和东地中海国家的定义，既使用了地理上的标准（在地中海有海岸线的国家），也使用了政治经济学上的标准（比如约旦，"其紧密地融入了区域"）。[46]

（2）域内与域外的区别

5.28　《亚投行协定》下，域内与域外成员的区别主要体现在几个方面。与其他区域性多边开发银行相似，这些区别涉及综合持股、决策、代表性以及项目范围几个方面。

（a）综合持股

5.29　亚投行中域内持股最低比例设为 75%，理事会有权通过超级多数投票修改这一比例。[47] 这一比例是根据所有域内成员的综合持股数，和域内投票权比例不同（因为投票权总和除了包含股份投票权，还包括基本投票权和创始成员投票权）。[48] 考虑到理事会修改域内持股比例的权限空间很大，首席谈判代表们在其报告中表达了对此问题的谅解：

第 5 条第 2 款和第 3 款。虽然代表们认为理事会未来可能需要一些灵活的空间将第 2 款和第 3 款中的域内持股比例降低到 75% 以下，但代表们同

〔44〕 蒙古及后来的地中海南部和东部地区国家，虽然根据《欧洲复兴开发银行协定》第 3 条第 1 款，它们有资格作为国际货币基金组织的非欧洲成员成为欧洲复兴开发银行的成员，但它们不归属于中欧和东欧的业务范围。蒙古的修正案在欧洲复兴开发银行理事会第 90 号决议修正案中，《对〈欧洲复兴开发银行协定〉的修订使其得以在蒙古开展业务》，2004 年 1 月 30 日通过，2006 年 10 月 15 日生效。

〔45〕 欧洲复兴开发银行理事会决议第 137 号，对《欧洲复兴开发银行协定》的修订使其得以在地中海地区东南部开展业务，2011 年 9 月 30 日通过，2013 年 9 月 12 日生效。一个相配合的修正案允许了欧洲复兴开发银行"特别基金"适用于受援国或潜在受援国。欧洲复兴开发银行理事会决议第 138 号，《对〈欧洲复兴开发银行协定〉的修订以使特别基金适用于受援国或潜在受援国》，2011 年 9 月 30 日通过，2012 年 8 月 22 日生效。

〔46〕 《欧洲复兴开发银行董事会对理事会的报告》，该报告是关于在地理上拓展欧洲复兴开发银行业务至地中海东部及南部。董事会在 2011 年 7 月 26 日至 27 日会议中通过的版本，第 3.2 节。

〔47〕 《亚投行协定》第 5 条第 2 款和第 3 款。

〔48〕 比如，截至 2017 年 12 月，总的域内持股占到 77.6%，而总的域内投票权占到 75.8%，域外持股总数占到 22.4%，域外投票权占到 24.2%。见第 7 章表 7.5。

意至少保留 70% 的域内股权，这对于保持银行的区域特征至关重要。

相比而言，亚洲开发银行[49]和非洲开发银行[50]的最低域内比例为 60%，欧洲复兴开发银行[51]的最低域内比例为 50%。就非洲开发银行而言，域内投票权受到保护。亚洲开发银行和欧洲复兴开发银行，域内持股受到法律的保护。然而，对于欧洲复兴开发银行，由于没有基础投票权，持股份额与投票权是相同的。[52] 在美洲开发银行中，域内投票权受到有区别的保护：域内发展中国家成员的投票权不能低于 50.005%，且拥有最多股份的成员（美国）的投票权不能低于 30%，同时加拿大的投票权不能低于 4%。[53]

5.30 值得注意的是，这些百分比，无论是通过持股还是投票权，都不必然与发达国家和发展中国家的区分相关。在亚洲开发银行和亚投行中，域内股东包括发达国家，比如澳大利亚、韩国、新西兰和新加坡（以及对于亚洲开发银行，其最大的两个股东之一日本）。欧洲复兴开发银行中，许多"域内"欧洲成员是欧盟中的发达国家。如上所述，在美洲开发银行中，总的域内比例是

---

〔49〕《亚洲开发银行协定》第 5 条第 3 款。在《亚洲开发银行协定》谈判期间，美洲开发银行和非洲开发银行都仅有域内会员。关于亚洲开发银行是否也应该只保持区域性，当时有一些争议，但对于非亚洲融资的需求是一个重要的考量因素。"只要亚洲发展中国家的股份占多数，且在董事会中占多数，较为开明的亚洲官员们就会倾向于一个更为广泛的成员资格。" Wilson（1987），第 8 页。《亚洲开发银行协定》中要求 60% 域内股权的条款便是基于此而来，且至今未变。

〔50〕《非洲开发银行协定》第 5 条第 4 款要求资本分配应确保 60% 的域内投票权和 40% 的域外投票权。当非洲开发银行首次接受域外成员时，这一比例原本是三分之二域内和三分之一域外。非洲开发银行理事会决议第 05-79 号，《关于修订〈非洲开发银行协定〉以使非非洲国家有资格成为其成员》，于 1979 年 5 月 17 日批准，于 1982 年 5 月 7 日生效，附录第 5 段第（ii）款。后来，这一比例在 1998 年修订为 60：40。非洲开发银行理事会决议第 B/BG/98/04 号，《对〈非洲开发银行协定〉关于股权分配、法定比例及投票结构的修订》，1998 年 5 月 29 日批准，1999 年 9 月 30 日生效，第 1 段。

〔51〕《欧洲复兴开发银行协定》第 5 条。欧洲复兴开发银行的 50% 的最低百分比适用于欧盟成员的股份，以及欧盟和欧洲投资银行的股份。

〔52〕《欧洲复兴开发银行协定》第 29 条第 1 款。

〔53〕《美洲开发银行协定》第 8 条第 4 款第（b）项。在初期，美洲开发银行没有这些限制。当《美洲开发银行协定》向域外成员开放的首次修订中，增加了比例的限制，从而使域内发展中成员的投票权不会低于 53.5%，拥有最多股份的成员（美国）的投票权不会低于 34.5%，且加拿大的投票权不会低于 4%。美洲开发银行理事会决议第 AG-9/76 号，《〈美洲开发银行协定〉中关于域内资本及相关事项的修订》，1976 年 6 月 1 日批准。目前的百分比（50.005%、30% 和 4%）是在 1995 年通过修订建立的。美洲开发银行理事会决议第 AG-12/95 号，《对〈美洲开发银行协定〉〈理事会规则〉及〈接纳非域内成员成为会员规则〉的修订》，1995 年 7 月 12 日通过，第 1 节第 8 段。

84.005%，内部具体区分了域内发展中成员（50.005%）和美国与加拿大（34%）。但是，在非洲开发银行中，大多数域内成员被视为发展中国家。

（b）决策

5.31 对于亚投行，理事会和董事会做决定的多数票不要求域内和域外成员的分别多数。亚洲开发银行自成立就区分了域内和域外成员，但也没有分别多数的要求。欧洲复兴银行也是自成立就进行了区分，但仅有一项关于域内投票的要求。[54] 相比较而言，非洲开发银行和美洲开发银行有明确的基于域内和域外地位区别的投票要求，主要在增资、董事会组成变化、行长选举、理事会和董事会的法定人数、协定修改、成员资格中止和终止，以及资产分配这些方面。[55] 对于美洲开发银行和之后的非洲开发银行，这种基于域内和域外成员区分的特殊多数的要求，是在两个机构成立几年后决定接纳域外成员时提出的，部分原因是为了获得更多的域外资金。[56]

（c）代表性

5.32 根据其他一些多边开发银行的惯例[57]，《亚投行协定》分别指定了

---

〔54〕 根据《欧洲复兴开发银行协定》第56条第1款，要求至少有两名中欧和东欧成员批准协定的修订案。

〔55〕 非洲开发银行和美洲开发银行中，多数票中要求有域内成员单独的多数票的情况包括：增加资本［非洲开发银行没有要求；《美洲开发银行协定》第2条第2款第（e）项］；董事会组成变化，对于区域规则的变更要求有域内投票多数［《非洲开发银行协定》第33条第1款；《美洲开发银行协定》第8条第2款第（b）(ii)项］；行长选举［《非洲开发银行协定》第36条；《美洲开发银行协定》第8条第5款第（a）项］；理事会和董事会的法定人数［《非洲开发银行协定》第31条第2款，第34条第2款，后经过修改删除了域内多数票的要求，改为需要70%的总投票权；《美洲发展银行协定》第8条第2节第（e）款和第3部分第（f）款］；中止成员资格（《非洲发展银行协定》第44条，后经过修改删除了对域内多数的要求，改为要求70%的投票权；《美洲开发银行协定》第9条第2款，取决于成员是域内或是域外）；资产的终止和分配［《非洲开发银行协定》第47条第1款，后删除域内多数的要求，改为要求70%的总投票权和第49条第1款第（ii）项，后经过修改删除了任何限制性的多数；《美洲发展银行协定》第10条第2节和第4节第（a）款］；以及，修正案［《非洲开发银行协定》第60条第1款；《亚洲开发银行协定》第12条（a）款］。同时，和接收域外成员有关的规则，需要单独的域外成员的多数票［《非洲开发银行协定》第3条第3款；《美洲开发银行协定》第2条第1款第（b）项］，同时对董事会构成的改变，对域外规则的调整需要有域外成员的多数票［《非洲开发银行协定》第33条第1款；《美洲开发银行协定》第8条第3款第（b）(ii)项］。

〔56〕 见非洲开发银行理事会决议第05-79号，《关于修订〈非洲开发银行协定〉以使非非洲国家有资格成为其成员》，1979年5月17日批准，1982年5月7日生效；以及，美洲开发银行理事会决议第AG-9/76号，《〈美洲开发银行协定〉中关于域内资本及相关事项的修订》，1976年6月1日批准。

〔57〕《亚投行协定》第25条第1款以及附件2。

代表域内和域外成员的董事[58]。目前，亚投行的董事会中有 9 名域内董事和 3
名域外董事。此外，根据亚洲开发银行和非洲开发银行的做法，亚投行主席必
须是域内成员的公民。[59] 对于其他管理职位，《亚投行协定》没有国籍要求。
在工作人员遴选方面，会倾向于在尽可能广泛的域内地理基础之上进行选择，
但以确保最高标准的效率和技术能力为前提。[60]

（d）业务范围

5.33　对亚洲和域内的定义也与亚投行的业务范围相关。如前所述，亚投
行的第一个目标是"通过在基础设施及其他生产性领域的投资，促进亚洲经济
可持续发展，创造财富并改善基础设施互联互通"，并且亚投行的职能中也提到
了推动区域内的发展。[61] 亚投行不仅限于为亚洲地区的投资业务提供融资，但
其在《亚投行协定》下的职权要求其业务有助于亚洲的经济发展。从成员资格
角度看，这意味着虽然拥有域内成员身份不是从亚投行融资的必要条件，但提
供域外成员的融资会受到上述要求的限制。[62] 相比较而言，亚洲开发银行协定
中提到了为域内发展中成员提供融资，非洲开发银行和美洲发展银行也关注于
给域内成员提供融资。[63]

---

〔58〕《非洲开发银行协定》第 33 条第 1 款和附录 2；《亚洲开发银行协定》第 30 条第 1 款和附录 2；
《欧洲复兴开发银行协定》第 26 条第 1 款和附录 1（分组为欧洲成员，中欧和东欧，其他欧洲成员和非欧
洲成员），《美洲开发银行协定》第 8 条第 3 款第（b）（ii）项。欧洲复兴开发银行和亚投行一样，董事
代表那些将投票权分配给他们的成员，详细论述请见第 7 章的第 7.56~7.57 段。

〔59〕《亚投行协定》第 29 条第 1 款。《非洲开发银行协定》第 36 条第 1 款以及《亚洲开发银行协
定》第 34 条第 1 款。

〔60〕《亚投行协定》第 30 条第 3 款。用词与《亚洲开发银行协定》第 34 条第 6 款相同。

〔61〕《亚投行协定》第 1 条第 1 款和第 2 款。

〔62〕《亚投行协定》第 11 条第 1 款中对业务对象的定义包含所有成员，并且《首席谈判代表报告》
中强调了亚投行给域外的业务对象提供融资这一选项，只要业务与其目标和功能相符，并且考虑到其对
于亚洲地区的经济发展的关注。亚投行在域外的第一个项目是在埃及的一个太阳能项目。见第 4 章第
4.08 段。

〔63〕《亚洲开发银行协定》第 2 条第（ii）款。美洲开发银行的目标也是关注于区域内发展中成员
的发展。《美洲开发银行协定》第 1 条第 1 款。非洲开发银行的目标侧重于域内成员的发展，这些成员大
部分都是发展中国家。《非洲开发银行协定》第 1 条。

E. 未来成员

5.34　依前所述，亚投行的成员资格向国际复兴开发银行或亚洲开发银行的成员开放。那些不是签署方的（以及未在截止日期正式取得成员资格的签署方），取得成员资格需要在理事会投票中取得特别多数。[64] 亚投行决定成员资格的相关条款和条件，[65] 包括其最初的股权分配，这一股权分配必须满足对域内股权的最低比例要求。[66]

5.35　取得成员资格还需要完成若干要求，包括新成员通过、接受或批准《亚投行协定》，以及认缴其分配到的股本份额（和给付实缴股本）。对于亚洲开发银行成员中"非主权国家或不对自身国际关系负责"的申请人，其申请成为亚投行正式成员应由对其国际关系负责的亚投行成员同意或代其提出申请。[67] 这一规定源于《亚洲开发银行协定》，专门适用于不对自身国际关系负责的亚太经社会成员申请加入亚洲开发银行。[68] 作为亚太经社会成员的中国香港，于2017 年 6 月 7 日取得亚投行成员资格。[69]

5.36　理事会保留决定接受新成员以及接受条件的权力，未授权董事

---

〔64〕《亚投行协定》第 3 条第 2 款。新成员加入所需的多数比例同样是理事会的三分之二，对应于亚洲开发银行（《亚洲开发银行协定》第 3 条第 2 款）和欧洲复兴开发银行（《欧洲复兴开发银行协定》第 3 条第 2 款）总投票权的 75%。

〔65〕《亚投行协定》第 3 条第 2 款。

〔66〕《亚投行协定》第 5 条第 2 款。

〔67〕《亚投行协定》第 3 条第 3 款。

〔68〕《亚洲开发银行协定》第 3 条第 3 款规定："不负责处理自己的国际关系的联合国亚洲及远东经济委员会的准成员，其加入亚洲开发银行的申请，应由负责其国际关系的亚洲开发银行成员提出，并由该成员担保，在申请方自己承担责任之前，由它保证对申请方因加入亚洲开发银行而可能发生的一切义务和享受的利益负责。本协定所使用的'国家'一词，应包括联合国亚洲及远东经济委员会的准成员的领土在内。"据报道，这项规定是为中国香港（当时英国对香港实行殖民统治）和文莱设计的。White（1970），第 53 页。从历史上看，根据该条款加入亚洲开发银行的成员有中国香港、库克群岛、斐济、基里巴斯、巴布亚新几内亚和所罗门群岛。Wilson（1987），第 278 页，及 Kappagoda（1995），第 117~118 页。

〔69〕中国香港的成员资格决议并未使用此程序。与批准其他新成员的成员资格程序不同，中国香港加入时并不要求其提交通过、接受、批准亚投行协定的相关文件。但是，中国香港需要向亚投行提供确认其接受成员义务的确认函。亚投行理事会决议第 28 号，接受中国香港成为亚投行成员，于 2017 年 3 月 21 日通过。中国香港在成为正式成员前已取得亚投行的特权与豁免权，这基于国际组织（特权与豁免）令（2016 第 52 号），于 2016 年 7 月 11 日生效。

会。[70] 亚投行和其他多边开发银行都按照布雷顿森林体系的先例，将接受和停止成员资格作为理事会的保留权力之一。[71] 对于国际基金货币组织，有研究指出"协定的起草者认为关于是否接受申请方的决定……很可能受政治考量的影响，因此由全员代表而非行政机构来做决定更为合适"[72]。尽管如此，《亚投行细则》中规定理事会会考量董事会提交并推荐的加入申请（同时包括一份股份比例和其他条件的建议），因而董事会的共识在时间上会先于理事会的决定。[73]

5.37　2017 年内，亚投行通过了 27 个新成员的申请，至此，所有通过申请的成员数达到了 84 个。表 5.3 中列出了 2017 年通过的成员名单，以及股份的分配。通过这些成员申请的理事会决议中，设定了 2018 年 12 月 31 日为每位意向成员确认其接受《亚投行协定》下成员义务的最后期限。[74] 在 2017 年批准的成员中，阿富汗、埃塞俄比亚、斐济、中国香港、匈牙利、爱尔兰和东帝汶已

---

[70]　《亚投行协定》第 23 条第 2 款第（i）项。

[71]　《非洲开发银行协定》第 29 条第 2 款；《亚洲开发银行协定》第 28 条第 2 款；《欧洲复兴开发银行协定》第 24 条第 2 款；《美洲开发银行》第 8 条第 2 节第（b）款；《国际复兴开发银行协定》第 5 条第 2 款第（b）项；及《国际货币基金组织协定》第 2 条第 2 节。

[72]　Gold（1974），第 20 页。

[73]　《亚投行细则》第 4 节第（a）款规定："根据《亚投行协定》第 3 条，当董事会向理事会提交了相关成员申请并给其通过申请的推荐，同时董事会根据对理事会可能做出的决定的意见，提交了相关的股份比例和其他要求时，理事会需要对这一成员的申请进行考量。"其他各多边开发银行的实践类似。

[74]　2017 年 3 月通过的成员资格决议：亚投行理事会决议第 22 号（接受阿富汗成为亚投行成员），第 23 号（接受亚美尼亚成为亚投行成员），第 24 号（接受比利时成为亚投行成员），第 25 号（接受加拿大成为亚投行成员），第 26 号（接受埃塞俄比亚成为亚投行成员），第 27 号（接受斐济成为亚投行成员），第 28 号（接受中国香港成为亚投行成员），第 29 号（接受匈牙利成为亚投行成员），第 30 号（接受爱尔兰成为亚投行成员），第 31 号（接受秘鲁成为亚投行成员），第 32 号（接受苏丹成为亚投行成员），第 33 号（接受东帝汶成为亚投行成员），第 34 号（接受委内瑞拉成为亚投行成员）。以上决议均于 2017 年 3 月 21 日通过。

2017 年 5 月成员资格审批：亚投行理事会第 35 号（关于接受巴林王国成为亚投行成员），第 36 号（关于接受玻利维亚成为亚投行成员），第 37 号（关于接受智利成为亚投行成员），第 38 号（关于接受塞浦路斯成为亚投行成员），第 39 号（关于接受希腊共和国成为亚投行成员），第 40 号（关于接受罗马尼亚成为亚投行成员），第 41 号（关于接受萨摩亚成为亚投行成员）。以上决议均于 2017 年 5 月 12 日通过。

2017 年 6 月成员资格审批：亚投行理事会决议第 46 号（关于接受阿根廷成为亚投行成员），第 47 号（关于接受马达加斯加成为亚投行成员），第 48 号（关于接受汤加王国成为亚投行成员）。以上决议均于 2017 年 6 月 16 日通过。

2017 年 12 月成员资格审批：亚投行理事会决议第 51 号（关于接受库克群岛成为亚投行成员），第 52 号（关于接受瓦努阿图成为亚投行成员），第 53 号（关于接受白俄罗斯共和国成为亚投行成员），第 54 号（关于接受厄瓜多尔共和国成为亚投行成员）。以上决议均于 2017 年 12 月 19 日通过。

于 2017 年 12 月正式成为会员，见表 7.5。[75]

表 5.3　新获批的成员及其股份分配（2017）[a]

成　员	股　份	批准时间
域内成员		
阿富汗	**866**	2017 年 3 月（成员资格通过于 2017 年 10 月 13 日）
亚美尼亚	374	2017 年 3 月
巴林	1036	2017 年 5 月
库克群岛	5	2017 年 12 月
塞浦路斯	200	2017 年 5 月
斐济	**125**	2017 年 3 月（成员资格通过于 2017 年 12 月 11 日）
中国香港	**7651**	2017 年 3 月（成员资格通过于 2017 年 6 月 7 日）
萨摩亚	21	2017 年 5 月
东帝汶	**160**	2017 年 3 月（成员资格通过于 2017 年 11 月 22 日）
汤加	12	2017 年 6 月
瓦努阿图	5	2017 年 12 月
域内成员 股份总额	10 455	
域外成员		
阿根廷	50	2017 年 6 月
白俄罗斯	641	2017 年 12 月
比利时	2846	2017 年 3 月
玻利维亚	261	2017 年 5 月
加拿大	9954	2017 年 3 月
智利	100	2017 年 5 月

[75]　亚投行网站上的成员名单。

续表

成　员	股　份	批准时间
厄瓜多尔	50	2017 年 12 月
埃塞俄比亚	**458**	2017 年 3 月（成员资格通过于 2017 年 5 月 13 日）
希腊	100	2017 年 5 月
匈牙利	**1000**	2017 年 3 月（成员资格通过于 2017 年 6 月 16 日）
爱尔兰	**1313**	2017 年 3 月（成员资格通过于 2017 年 10 月 23 日）
马达加斯加	50	2017 年 6 月
秘鲁	1546	2017 年 3 月
罗马尼亚	1530	2017 年 5 月
苏丹	590	2017 年 3 月
委内瑞拉	2090	2017 年 3 月
域外成员股份总额	22 579	
总分配股份	33 034	

注：**加粗体**表示在 2017 年 12 月已完成了成员加入程序的意向成员。

a 2017 年 12 月前获得的批准。

来源：《亚投行欢迎新的意向成员》，载《亚投行新闻》2017 年 3 月 23 日；《亚投行进一步增加成员》，载《亚投行新闻》2017 年 5 月 13 日；《亚投行批准阿根廷、马达加斯加和汤加的成员资格》，载《亚投行新闻》2007 年 6 月 16 日；《亚投行批准库克群岛、瓦努阿图、白俄罗斯和厄瓜多尔的成员资格》，载《亚投行新闻》2017 年 12 月 19 日。股票的分配情况可以在批准每个新成员的决议中找到，在亚投行理事会第 22-34 号决议（2017 年 3 月 21 日批准），第 35-41 号决议（2017 年 5 月 12 日批准），第 46-48 号决议（2017 年 6 月 16 日批准），以及第 51-54 号决议（2017 年 12 月 19 日批准）。详细信息请参见第 103 页注 74。

5.38　国际复兴开发银行和亚洲开发银行的未来成员也有资格申请成为亚投行成员。

·对于国际复兴开发银行，未来的成员必须首先是国际货币基金组织的成员。目前，国际货币基金组织和国际复兴开发银行成员之外的国家或地区并不多。相比而言，有五个联合国成员尚未成为国际货币基金组织或国际复兴开发银行成员，[76] 而非联合国成员也可以申请成为国际货币基金组织（以及之后申请成为国际复兴开发银行）的成员。

·对于亚洲开发银行，未来的成员可以是尚未成为亚洲开发银行成员的亚太经社会成员或准成员，也可以是作为联合国或其专门机构成员的域内国家或域外的发达国家。目前有 8 个亚太经社会成员和准成员还不是亚洲开发银行成员。[77]

有资格成为国际复兴开发银行和亚洲开发银行成员的国家（还包括对于亚投行来说，亚太经社会的准成员）需要先成为这两个机构的成员才能满足亚投行成员资格的要求。

F. 成员退出和资格中止

5.39　《亚投行协定》中包括成员退出和资格中止的章节。本章基于其他多边开发银行的类似规定，提供了成员退出、退出时的结算，以及中止未能履行亚投行义务成员的成员资格。退出需要来自成员的通知，并可以在六个月后生效。[78] 会员资格的中止需要理事会以超级多的票通过，并在一年后生效，除非理事会决定恢复成员资格。恢复的决定也需通过理事会的超级多数票。

---

〔76〕 安道尔、古巴、朝鲜民主主义人民共和国、列支敦士登和摩纳哥都是联合国成员但不是国际货币基金组织或国际复兴开发银行的成员。

〔77〕 朝鲜民主主义人民共和国是亚太经社会成员（和联合国成员），但不是亚洲开发银行的成员。目前不是亚洲开发银行成员的亚太经社会准成员有：美属萨摩亚、法属波利尼西亚、关岛、中国澳门、新喀里多尼亚、纽埃和北马里亚纳群岛，载 http：//www.unescap.org/about/member-states（最后访问时间：2017 年 12 月 8 日）。

〔78〕《亚投行协定》第 37 条、第 39 条。

第6章

资本和财务

6.01　亚投行开展活动并资助其投资项目的基石是其资本资源。而股份是其资本资源的根基。在亚投行的治理和财务管理中，资本也是一个关键驱动力。

6.02　本章节讲述银行的股本结构，包括法定股本（实收股本和待缴股本）、资本增加和资本配置。继而讨论银行的财务资源、管理以及其他工具。现先简单介绍多边开发银行的资本结构。

6.03　区分多边开发银行和其他许多基于成员的国际组织的一个重要方面，是资本结构。简言之，自布雷顿森林体系以来的多边开发银行，都是以公司结构为基础，即成员认购股本。每个成员持有的股本有实缴股本和待缴股本，因此，成员们实际上只缴纳其所认缴股本的一小部分（实缴股本）。同时，如果多边开发银行催缴，则每个成员同时负有义务支付剩余的股本（待缴股本）。[1]如果多边开发银行需要资金来偿付债务，那么该多边开发银行会做出催缴。迄今为止，本书中所调查的所有多边开发银行尚未发生过催缴。

6.04　但是，为了筹资以用于投资，[2]多边开发银行会以成员的待缴股本承诺作为支持，从资本市场借贷。对待缴股本的依赖有如下几点启示：

· 当多边开发银行有资金来实现其目标时，成员们加入和认缴的预付费降

〔1〕　大部分的但并不是所有的多边开发银行是基于这个结构。比如说，国际金融公司的资本全是实缴股本。《国际金融公司协定》第2条第2、3节。多边开发银行的大多数优惠业务并非基于这种模式，而是基于实缴股份的认购和定期资助。

〔2〕　在本书中，"投资运营"一词指称亚洲基础设施投资银行开发资助的项目，以借贷、保证和注资投资的方式来实现；在多边开发银行的财务工作中，"投资运营"通常指多边开发银行在进行开发性融资或者行政开支之后，将剩余的资金用于投资。

低了。[3]

·多边开发银行利用这笔预付费，为其投资提供大量资金。[4]

·多边开发银行在持续性融资方面较少依赖成员政府的批准，[5]而是依赖于全球市场；当多边开发银行需要扩充其资本库时，需要其成员们的支持。[6]

·各成员政府承诺缴纳待缴股本，该承诺的强度会影响多边开发银行的市场评级；反过来，多边开发银行的评级高，其融资接受者的融资条件也会更好。

·基于对市场的依赖，以及成员们都希望避免缴纳待缴股本或提高法定股本，健全的财务管理对于多边开发银行的重要性显而易见。

此整个模式被认为是多边开发银行结构成功的一个标志。[7]于当时而言，该组合富有创新性，如框6.1中总结有关多边开发银行待缴股本的起源。

框6.1　多边开发银行初始待缴股本

当待缴股本作为国际复兴开发银行的发展融资工具时，它是一个尚未经过实践检验的机制。实际上，对国际复兴开发银行的初步预期是，待缴股本将作为国际复兴开发银行担保私人投资者向借款国贷款的保证。正如美国财政部在国际复兴开发银行协议谈判前夕所解释的那样：

> 因为该银行的主要职能是鼓励私人投资者的国际投资，银行资本作为担保将特别重要。本行将主要通过担任担保人来鼓励私人投资者对批准的贷款进行国际投资。

---

〔3〕　关于这一点，已有早期实践，比如在讨论《国际复兴开发银行协定》时，战后欧洲国家（包括英国）都积极推进实缴股本比例的减少。Oliver（1975），第169、176页。加入其他多边开发银行的成员们也从此有相同的动议。

〔4〕　Humphrey（2015a），注释3：通过私募市场来平衡股东持股，多边开发银行能够筹集大量的发展资金。比如，世界银行提供给国际复兴开发银行的非优惠性贷款窗口，在1949年至2013年期间，累计借贷5860亿美元，其中只有134亿美元是来自股东的实缴股本。

〔5〕　正如本章第6.42段所述，有些传统银行要求，若在一个成员的市场借贷或者以成员的货币借贷，需要所有成员的一致同意，对于这些银行来说，借贷可能仍会受某个成员的限制。

〔6〕　资本比例，比如对运营的限制，在考虑扩大多边开发银行的资金池时也具有相关性。

〔7〕　Humphrey（2016），第92页总结以下观点："自我融资，该特点也许很好地解释了多边开发银行组织模式的成功原因：多边开发银行的大部分资金从国际资本市场上借贷而来，然后再将这些资金借贷给接受国国家的发展项目。因此，常规型运作并没有课以股东直接的财政成本，除了相当低的股本成本，而多边开发银行促进公共发展（有争议），并有利于强大股东的地缘政治……鉴于股东政府们的慷慨程度有限，如果一家多边开发银行想要实现其促进发展的使命，那么，唯一具有现实可行的选择就是在私募市场融资。借助国际资本市场而不是财政分配，多边开发银行从而有一定的金融安全，并独立于股东国家。"

本行担保的有效性取决于投资大众对其偿付能力的信心。[a]

尽管直接贷款，作为国际复兴开发银行的支柱业务，预计不会成为其首要业务，但另一个方法——证券发行——可以使得私人投资者提供国际投资所需的资金。私人投资者的重要性是待缴股本存在的重要原因：

> 本行的担保业务旨在通过减少和分担风险为私人投资者提供担保。本行还须能够从私人资金获得一些借贷，用于贷款或用于和公众一起参与的贷款。为了较好地履行这些职能，本行必须有相对于其负债而言的大量资源，并且必须始终能够履行其作为担保人和证券发行人的义务。虽然当前业务需要本行认购资本的一部分，但大部分资金将仅作为储备金，为私人投资者提供额外保护。[b]

虽然从这些私人投资者筹集的资金用于直接贷款和相关担保，很少用来担保私人投资者申请的贷款，但自国际复兴开发银行成立以来，待缴股本确实起到对国际复兴开发银行的债券持有人的保护作用。

这种未经检验的机制是如何进入《国际复兴开发银行协定》的？下面是之前的两个例子，其中的国际金融机构具有类似公司的结构。

1930 年，**国际清算银行**成立，以便在第一次世界大战后解决德国的赔偿金问题，其也是第一个国际金融组织。国际清算银行的公司结构是基于瑞士法律规定的股份有限公司形式。尽管与条约有关，但此公司形式有望将国际清算银行与政府干预分离开来。[c] 在国际清算银行中，实缴股本为 25%，其余部分由董事会酌情决定向股东催缴，需要提前 3个月通知。但是，国际清算银行的职能中不包括重建或发展贷款，也无权公开发行证券。[d] 1940 年，根据美国和 8 个拉丁美洲国家签署的公约，**美洲银行**被提议为区域性金融机构。但美国国会从未授权美国参与该银行，因此该银行并未成立。美洲银行也是公司结构，实缴股本为 50%，其余部分可提前 3 个月通知进行催缴。该银行可以在其目的和权力范围内出借贷款、接受存款和发行债券。[e] 在某种程度上，存款和发行债券使得私人资本在拉美地区流失。学术研究表明，美洲银行提案的流产影响了美国财政部在国际复兴开发银行准备工作中的领导力。[f]

a 美国财政部（1944），第 6 页问题 2。

b 美国财政部（1944），第 13 页问题 8。

c Jacob（2013），第 2、6、10 段。

d 《国际清算银行协定》第 7 条和第 21 条。

e 签署国是玻利维亚、巴西、哥伦比亚、多米尼加共和国、厄瓜多尔、墨西哥、尼加拉瓜、巴拉圭和美国。《美国国务院公报》（1940），第 516 页（《美洲银行细则》第 2A、5A 节）。

f 参见 Helleiner（2014），特别是第 2 章，以及 Bitterman（1971），第 61~62 页。

6.05　在许多多边开发银行的治理中，资本还发挥着另一个重要作用。成员们的投票权并不是相等的，[8]而是加权的，其主要与各自的持股规模相挂钩。（这种加权投票权对于公司结构来说很普遍，而多边开发银行正是基于这种公司结构。）因此，大股东在机构中往往有更多的发言权，而重要决策需要经过有效多数表决，此要求则加强了以股本为基础的投票权的影响。股本分配规则规定了每个成员认购的股份数，而且通常是根据每个成员经济体在所有成员经济中所占的比重来分配股份数。专注于经济实力，部分原因是多边开发银行依赖于其成员的待缴股本的承诺以及主要股东做出的承诺的市场价值评估。由于成员分配到的股本与他们基于投票的相对控制权相挂钩，因此分配标准很重要——增资规则、接受新成员规则以及对现有股东的保护也很重要。与此同时，一个成员支付其股本的意愿和能力，以及其对其他成员地位的地缘政治方面的担忧，都是股本配置的关键考虑因素。

A. 资本结构

（1）法定股本

6.06　亚投行的初始法定股本是 1000 亿美元。[9]在谈判亚投行的协定之前以及谈判期间，其公开声明中都提到了此数额，并在新加坡的最终文本中确定。[10]《亚投行协定》的附件 1 列出了可供签署方认缴的初始股本分配，[11]以及一些少量未分配的股本。[12]首席谈判代表报告表明这些未分配的股份将由新

---

〔8〕　新开发银行（金砖国家开发银行）中的平分股权是一个典型的例外。《新开发银行协定》附件 1。

〔9〕　《亚投行协定》第 4 条第 1 款。新开发银行也有 1000 亿美元的初始法定股本，其中 500 亿美元是初始认缴的股本。《新开发银行协定》第 7 条第（a）款。

〔10〕　《楼继伟就筹建亚洲基础设施投资银行答记者问》，2014 年 3 月 7 日，载 http：// www. mof. gov. cn/ zhengwuxinxi / caizhengxinwen / 201403 / t20140307_1053025. html（最后访问时间：2017 年 12 月 8 日）；另见 "Wheels in Motion for New Asian Investment Bank"（《新的亚洲投资银行已准备启动》），2014 年 3 月 7 日，载 chinadaily. com. cn.

〔11〕　《亚投行协定》第 5 条第 1 款。

〔12〕　在亚投行的 100 万法定股本中，附件 1 列出了属于地区性成员的未分配本 16 150 股，以及属于非地区性成员的未分配本 2336 股。

的地区性和非地区性成员来认缴。[13]

6.07　亚投行的账户单位是美元，特指美国的官方支付货币。[14]值得注意的是，美国既没有参与筹备阶段，也没有参与首席谈判代表会议，但美元却被选为亚投行股本的单位。新开发银行也使用美元作为其账户单位，尽管美国也没有参与或成为其成员。[15]

6.08　其他几个多边开发银行也有以美元为基础单位的账户，通常最初由以下方式界定，即达成"协定"时美元的黄金价值。因此，《国际复兴开发银行协定》指向了 1944 年的黄金美元；《美洲开发银行协定》所指的 1959 年的黄金美元，《亚洲开发银行协定》所指的 1966 年的黄金美元，他们与 1944 年的黄金美元价值相等。该黄金价值也是 1963 年《非洲开发银行协定》和 1957 年《欧洲投资银行协定》里的账户单位。[16]在这些例子中，美元基本上是账户的单位，美国甚至并未参与其谈判（非洲开发银行和欧洲投资银行）。在国际货币基金组织引入特别提款权以及黄金标准和固定交易所消亡之后，这些机构都必须采取

---

〔13〕《首席谈判代表报告》中指出："代表们注意到，在附件 1 中，未分配股份被分为属于地区性成员（A 部分）和非地区性成员（B 部分）股份，以期待日后更多成员加入每个类型。"2017 年通过了新成员的额外分配。参见第 5 章中的表 5.3 有关 2017 年通过的成员的股本分配，以及本章中第 6.37 段讨论新成员的股本分配。

〔14〕《亚投行协定》第 4 条第 1 款和第 4 款。

〔15〕新开发银行的协定也将美国的官方支付货币作为其货币单位。《新开发银行协定》第 7 条第（a）款。需要指出的是，新开发银行当时的成员有巴西、中国、印度、俄罗斯、南非。

〔16〕《国际复兴开发银行协定》第 2 条第 2 款第（a）项，以及《美洲开发银行协定》第 2 条第 2 款第（a）项；《亚洲开发银行协定》第 4 条第 1 款；以及《非洲开发银行协定》第 5 条第 1 款（如今修改后将特别提款权定为账户单位，而不是 0.888 670 88 克的标准黄金）。欧洲投资银行初始账户单位与黄金等值。《建立欧洲经济共同体条约》《关于欧洲投资银行协定的议定书》（罗马，1957 年 3 月 25 号），第 4 条第 1 款。

措施来解释或修改其协定，以反映这种变化。[17]另一个随着时间而改变账户单位的例子是欧洲复兴开发银行。其资本最初是以欧洲货币单位计价，现已被欧元取代。[18]

（2）股权结构

6.09 除了亚投行的股本资金总额外，《亚投行协定》还规定了股本的价值。每股的价值为 10 万美元，因此亚投行有 100 万股的法定股本。[19]国际复兴开发银行和新开发银行将每股股本价值定为 10 万美元，[20]而非洲开发银行、亚洲开发银行、欧洲复兴开发银行、美洲开发银行则定为以 1 万为单位。[21]若亚投行也将每股价值定为 1 万，则将是 1000 万股，可能导致管理不便。

6.10 亚投行初始法定股本为 1000 亿美元，由 200 亿美元的实缴股本（20%，相当于 20 万股）和 800 亿美元的待缴股本（80%，相当于 80 万股）。[22]成员们有义务都以 2：8 的比例认缴股本。[23]其他多边开发银行的初始资本结构也要求相当大比例的实缴股本，尽管目前实缴股本的比例明显降低。在国际复

---

〔17〕 参见 Shihata（2000），第 11～12 页，以及注释 37。在非洲开发银行中，该变化反映在 2001 年对其第 5 条第 1 款第（b）项的修改。非洲开发银行理会会决议，非洲开发银行理会会第 B／BG／2001/08 号决议，《建立〈非洲开发银行协定〉修正案》，2001 年 5 月 29 日通过，2002 年 7 月 5 日生效，第 2 段。国际复兴开发银行其 2016 年的信息陈述报告中讲道：

股本价值：协定规定国际复兴开发银行的股本是由"1944 年 7 月 1 日的美元的重量和成色"（1944 年美元）体现。当黄金不再作为货币系统的通用标准，且美国不再以黄金作为计算美元的面值，将 1944 年美元转换为当前美元或任何其他货币的基础前提不复存在。国际复兴开发银行执行董事会决定，在修订协定的有关规定之前，1944 年 7 月 1 日《国际复兴开发银行协定》第 2 条第 2 款第（a）项规定的"1944 年 7 月 1 日的美元的重量和成色"解释为国际货币基金组织引入的特别提款权，即在 1974 年 7 月 1 日引入估值特别提款权的一揽子方法之前的美元数据中，一个特别提款权（1974 特别提款权）的价值为 1.206 35 美元。IBRD（2016），第 97 页。

〔18〕《欧洲复兴开发银行协定》第 4 条第 1 款。此欧洲货币单位自 1999 年 1 月 1 日起被欧元替代。

〔19〕《亚投行协定》第 4 条第 1 款。

〔20〕《国际复兴开发银行协定》第 2 条第 2 款第（a）项（初始股本为 100 000 股，每股票面价值为 100 000 美元）；《新开发银行协定》第 7 条第（b）项（初始股本为 1 000 000 股，每股票面价值为 10 000 美元）

〔21〕《非洲开发银行协定》第 5 条第 1 款（初始股本为 25 000 股，每股票面价值为 10 000 账户单位，现为特别提款权）；《亚洲开发银行协定》第 4 条（初始股本为 100 000 股，每股面值 10 000 美元）；《欧洲复兴开发银行协定》第 4 条第 1 款（初始股本 1 000 000 股，每股面值 10 000 欧元）和《美洲开发银行协定》第 2 条第 2 款第（a）项（初始股本为 85 000 股，每股面值 10 000 美元）。

〔22〕《亚投行协定》第 4 条第 2 款。

〔23〕《亚投行协定》第 5 条第 1 款。

兴开发银行中，初始实缴股本是 20%；目前该比例是 6%。[24] 在美洲开发银行中，该初始比例为 47%，目前是 3.5%；非洲开发银行和亚洲开发银行的初始实缴股本是 50%，现在非洲开发银行大概为 7.5%，亚洲开发银行为 5%。[25] 欧洲复兴开发银行的初始实缴股本为 30%，目前约为 20%；欧洲投资银行的初始实缴股本为 25%，目前约为 9%。[26] 新开发银行的初始实缴股本也是 20%。[27]

6.11 亚投行的两级股权结构（实缴与待缴）与非洲开发银行、亚洲开发银行、欧洲复兴开发银行、美洲开发银行的股权结构一致。实缴与待缴的比例必须体现在一个成员认缴的实缴股本和待缴股本的比例中；因此，需要四舍五入以避免分数份额。如本章第 6.10 段所述，在这些多边开发银行中，实缴股本的比例日益减少；主要是由于理事会在日后的增资中决定了更高比例的待缴股本。对于亚投行而言，理事会也可以在以后的增资中，改变实缴和待缴股本比例，因为其有权决定每次增资中的实缴股本比例。[28]

6.12 国际复兴开发银行在法律上有所不同，因为它仅有一种股本。其协定规定每一股中，部分实缴，部分待缴。[29] 此规定使得国际复兴开发银行与之前提到的多边开发银行有两点不同。首先，无需四舍五入来避免分数股本。其次，国际复兴开发银行理事会的决议逐渐调整实缴与待缴股本的比例，减少每

---

〔24〕《国际复兴开发银行协定》第 2 条第 7 款，以及 IBRD（2016），第 36 页。

〔25〕《非洲开发银行协定》第 6 条第 1 款；《亚洲开发银行协定》第 4 条第 2 款。《美洲开发银行》第 2 条第 2 款第（b）项。参见《非洲开发银行信息报告》，2016 年 8 月 30 日，第 5 页；《亚洲开发银行信息报告》，2016 年 4 月 25 日，第 4 页；《美洲开发银行信息报告》，2017 年 3 月 3 日，第 15 页。

〔26〕《欧洲复兴开发银行协定》第 5 条第 1 款，以及其《2016 年财务报告》第 5 页；《欧洲投资银行协定》第 5 条第 1 款，及其《2016 年财务报告》的注释 H。

〔27〕《新开发银行协定》第 7 条第（c）项。

〔28〕《亚投行协定》第 4 条第 3 款。

〔29〕 国际复兴开发银行中，与实缴股本相对应的 20% 股份，被分为 2% 和 18%，前者是以黄金或美元支付，后者是以成员的货币为单位的待缴股本。《国际复兴开发银行协定》第 2 条第 7 款。

一股的实缴比例，因此有效地提高了待缴股本的比例。[30]与直接授权实缴和待缴股份的透明比例相比，虽然国际复兴开发银行的法律和财务机制更为复杂，但随着时间的推移，后者实际上已经取得了相同的效果。

（3）实缴股本

6.13　《亚投行协定》规定了缔约方首次认缴时，需要缴纳的实缴股本。通常是 5 次分期付款，每次缴纳 20%，以美元或者其他可兑换货币支付。[31]第一次分期付款不迟于签署方交存入会所需要的通过、接收、批准文件之日。[32]剩下的分期付款将在《亚投行协定》于 2015 年 12 月 25 日生效之后的第二、第三、第四和第五周年纪念日，即 2016 年、2017 年、2018 年和 2019 年的 12 月 25 日。[33]此付款计划模仿非洲开发银行和欧洲复兴开发银行的协定中的初始资本的支付计划。[34]

6.14　分期付款可以在截止日届满之前。逾期付款会导致该成员的投票权和其他权利被暂停，根据该成员的实缴股本和相关的待缴股本而定，直到亚投行收到全部付款为止。[35]该激励及时付款的方式是模仿《欧洲复兴开发银行协定》

---

〔30〕　虽然《国际复兴开发银行协定》规定每股股份需要支付其 20%，但国际复兴开发银行理事会已在随后的资本增加中规定了每股需要支付的较小百分比，其余的百分比（《国际复兴开发银行协定》规定的 20% 以上的）以待缴股本的方式处理。国际复兴开发银行还发行了完全待缴股本（即在认缴时零付款）。《国际复兴开发银行信息报告》对这些额外的待缴部分进行如下描述："根据理事会的决议（虽然《国际复兴开发银行协定》并未有此要求），只有在需要偿付债务或履行担保义务时，所认缴的 366.61 亿美元中未实缴部分才能被催缴。虽然这些决议对未来的理事会没有法律约束力，但它们确实记录了成员之间的共识，即国际复兴开发银行不会因其借贷活动或出于行政目的而催缴待缴部分。"IBRD（2016），第 36 页。尽管国际复兴开发银行理事会决议产生的这一额外待缴股本规则与《国际复兴开发银行协定》第 2 条第 5 款所规定的义务不同，但国际复兴开发银行及其成员将它们视为基本等同。

〔31〕　《亚投行协定》第 6 条第 1 款和第 2 款。

〔32〕　根据《亚投行协定》第 6 条第 1 款，在协定生效前 30 多天交存批准书、加入书或同意书的签署国，在生效后 30 天内支付第一到期实缴股本。《亚投行协定》于 2015 年 12 月 25 日生效，因此缴纳的截止日期为 2016 年 1 月 24 日。自该日起，每个签署国支付第一期实缴股本于交存批准书、加入书或同意书之日或之前到期。

〔33〕　对于 2017 年通过的成员（利用原始的法定股本）而言，实缴股本的支付也分成 5 次分期付款，历时 4 年。亚投行理事会决议第 25 号，接受加拿大成为亚投行成员，于 2017 年 3 月 21 日通过。

〔34〕　《亚洲开发银行协定》第 6 条第 1 款，以及《欧洲复兴开发银行协定》第 6 条第 1 款（5 次分期付款，每次缴纳 20%）。其他开发银行也规定在一定的时间内支付，比如《非洲开发银行协定》第 7 条第 1 款（6 次分期付款，依次为 5%、35%、15%、15%、15%、15%），以及《美洲开发银行协定》第 2 条第 4 款第（a）项（3 次分期付款，20%、40% 和 40%）。

〔35〕　《亚投行协定》第 6 条第 2 款和第 28 条第 1 款。

中的类似规定，也反映了某些其他多边开发银行的增资实践。[36]对于像亚投行这样刚刚创立的机构来说，及时支付实缴资本很重要，因为考虑到日后亚投行从其投资业务中回收贷款流，接受方的偿还借款并不会增加亚投行的资源。

（4）以国家货币认缴支付

6.15　之前提到的一般规则是以美元或其他可兑换货币支付亚投行的初始实缴股本。在亚投行之前的许多组织中，比如《国际复兴开发银行协定》于1944 年谈判时，当时的货币情况很不同，很多国家预计外汇短缺，因此一部分实缴股本实际上是以成员的货币（成员货币）支付的。[37]以本国货币支付可能对成员有利，特别是发展中国家，因为这样不会减少其外币资源。

6.16　以不可兑换的本国货币支付，可能不太利于多边开发银行的金融业务。其他多边开发银行的认缴，若部分以国家货币支付，通常是不可兑换的货币，则需要综合安排如何维持、使用和管理这些不可兑换的国家货币。[38]以多边开发银行账户单位为基准，则国家货币的价值上下浮动，日后可能需要成员或多边开发银行额外付款，来维护此类认缴的价值。如果货币贬值，可能会要求成员进行支付；如果货币升值，为了维持对此成员的公平，可能会要求多边开发银行支付。由于这些原因以及其他原因，一些多边开发银行近期的增资出现了不以国家货币支付的趋势。[39]

---

〔36〕《欧洲复兴开发银行协定》第 29 条第 1 款；《黑海贸易开发银行协定》第 28 条第 1 款。若未及时支付，则 2010 年《国际复兴开发银行一般资本增加》中规定的权利暂时停止享有。国际复兴开发银行理事会决议第 613 号，《关于 2010 年普通股本增资》，2011 年 3 月 16 日，第 4 段。在非洲开发银行中，也有另一个例子即若迟延支付则相应地减少投票权。非洲开发银行理事会决议第 B/ BG/ 2010/ 08 号，《授权第六次普通股本增资》，2010 年 5 月 27 日，第 6-4 段。在欧洲投资银行，如果成员没有履行其成员义务，包括支付所认缴资本的义务，则可以暂停给该成员提供贷款或保证。该项决议需要一定的多数决（28 个成员中需有 18 个，且代表 68%的股本）。《欧洲投资银行协定》第 24 条。

．〔37〕《国际复兴开发银行协定》第 2 条第 7 款。有关其他多边开发银行的初始资本条款，参见《非洲开发银行协定》第 6 条第 2 款（50%以黄金或可兑换货币支付，50%以成员的货币支付），以及《美洲开发银行协定》第 2 条第 4 款第（a）（i）项（50%以黄金或美元支付，50%以成员的货币支付）。对于非洲开发银行而言，初始的认缴完全以可兑换货币支付（《非洲开发银行协定》第 7 条第 2 款），而欧洲复兴开发银行的初始认缴以欧元、美元或日元支付（《欧洲复兴开发银行协定》第 6 条第 3 款）。

〔38〕参见 IBRD（2016），第 97 页（注释 A：重要财务政策和相关政策的总结）。

〔39〕参见国际复兴开发银行理事会决议第 613 号，《关于 2010 普通股本增资》，2011 年 3 月 16 日，第 3（c）段。美洲开发银行的第九次一般增资全部以美元支付。美洲开发银行理事会决议第 AG-1/12 号，《增加 700 亿美元普通股股本及认购》，2012 年 1 月 18 日，第 2（c）（iii）段。

6.17　为了平衡这些有关亚投行成员和亚投行的问题，只允许亚投行签署方中欠发达国家或地区可以选择以国家货币来支付认缴的股本。以下是《亚投行协定》中有关实缴股本的一般规则的两种替代方式。[40]

·**备选方案 A**　允许欠发达成员分十年支付（而不是五次分期支付），每次支付 10%（而不是每次支付 20%），完全以美元或其他可兑换货币。备选方案允许符合条件的成员以两倍的时间付款，每一次支付的金额是其他成员的一半。在备选方案 A 中，不允许以国家货币认缴付款。

·**备选方案 B**　要求欠发达成员按照与其他成员相同的时间表支付（五年，五次分期支付，每次支付 20%），但允许每次分期付款中不高于 50% 的部分以成员的国家货币支付，其余以美元或其他可兑换货币支付。[41]备选方案 B 为符合条件的成员降低了以可兑换货币支付的要求，但没有延长时间或减少每次付款的金额。[42]

6.18　根据《首席谈判代表报告》，两种备选方案仅针对欠发达成员：

　　第 6 条第 5 款：代表们同意本条款的欠发达国家或地区为有资格从国际开发协会借款的成员（但不是国际复兴开发银行的借款人）。[43]

---

〔40〕《亚投行协定》第 6 条第 5 款。巧合的是，在非洲开发银行中也有类似的安排。非洲开发银行允许其域内成员以国家货币支付部分股本，或者在更长的一段时间内以可兑换货币支付全部股本，以及 1979 年的增资中也允许域外成员这样的安排。非洲开发银行理事会决议第 06-79 号，《关于接受域外成员而进行的普通股本的增加》，1979 年 5 月 17 日，第 6 段。

〔41〕在认缴时，成员须要建议亚投行以该成员的货币来支付。《亚投行协定》第 6 条第 5 款第（b）项（i）。

〔42〕方案 B 也包括保值条款以及以本票形式支付的条款。《亚投行协定》第 6 条第 5 款第 3 至 5 项，以及第 6 条第 6 款。保值条款以及本票的使用并不适用于方案 A 或其他成员的常规分期付款。有关保值条款的规定与《非洲开发银行协定》第 28 条、《亚洲开发银行协定》第 25 条、《美洲开发银行协定》第 5 条第 3 款以及《国际复兴开发银行协定》第 2 条第 9 款的规定相似。

〔43〕8 个准创始成员是世界银行集团的 "IDA only" 借贷者：孟加拉国、柬埔寨、吉尔吉斯共和国、老挝人民民主共和国、马尔代夫、缅甸、尼泊尔和塔吉克斯坦。世界银行运营手册及运营政策，第 3.10 项，附录 3（2015 年 7 月）列出了国际复兴开发银行和国际开发协会贷款的成员资格。

但是，没有一个符合条件的成员选择以国家货币付款。[44]事实证明，在十年中以可兑换货币进行十次小额分期付款，比以国家货币支付，对成员们更有利。他们的选择也对亚投行有利，因为其所有认缴股本将会以美元或其他可兑换货币支付，无需特殊安排其他认缴货币。

（5）待缴股本

6.19 亚投行的待缴股本无需在认缴时支付，也不在实缴股本的分期付款计划中。相反，"仅在银行需要偿付债务时"才会催缴成员支付待缴股本。[45]为了使成员之间的义务平等，亚投行需要对所有成员的待缴股本实行相同的比例。

6.20 在此有几点需要注意。首先，重申一下，本书中讨论的多边开发银行都未曾需要催缴其待缴股本。尽管如此，待缴股本被认为是多边开发银行财务状况的重要根基，无论是因为其所代表的财政支持还是其所需的审慎财务管理要求。实际上，如第 6.10 段所述，某些多边开发银行的实缴股本比例下降，意味着它们在建立金融基础和业绩记录时相应地增加了待缴股本的百分比，但没有对其财务声誉产生负面影响。[46]

6.21 其次，亚投行必须满足一定的标准才能催缴待缴股本，该标准呈现出新的演变。亚投行的一般标准要求待缴股本资金满足银行的债务。国际复兴开发银行和其他成立于 20 世纪 40 年代至 70 年代的多边开发银行将待缴股本专用于多边开发银行的借贷负债，而这些借贷负债所得的资金用于银行的投资业务。[47]从本质上讲，待缴股本可被视为是一种对多边开发银行债券持有人的保护，无论发行债券的目的为何。因此，亚投行调用待缴股本的标准与欧洲复兴

---

[44] 《亚投行 2016 年财务报告》显示最不发达国家可以分 10 次分期付款（注释 5.7）以及所有实缴股本是以美元为单位的资本［注释 5.13（d）货币风险］。AIIB（2017），第 39 页和第 48 页。鉴于所有符合资格的国家都于 2016 年成为成员，其都确认选择 10 年的美元选择（方案 A）。

[45] 《亚投行协定》第 6 条第 3 款。

[46] 参见 Humphrey（2015a），第 10 页，"待缴股本可以帮助多边开发银行于债券评级中提升评价"，尽管该用途已减弱。

[47] 《国际复兴开发银行协定》第 2 条第 5 款第（ii）项："只有当银行需要偿付协定第 4 条第 1 节第（a）项第 2、3 段的义务时，才能催缴剩余的 80%。"其中协定第 4 条是关于国际复兴开发银行将借来的资金直接借贷出去，以及以通畅的投资方式为私营领域主体的借贷提供担保。《非洲开发银行协定》第 7 条第 4 款、《亚洲开发银行协定》第 6 条第 5 款、《加勒比开发银行协定》第 7 条第 6 款以及《美洲开发银行协定》第 2 条第 4 款第（a）项第 2 段也有相似的规定。

开发银行（和欧洲投资银行）更为一致，一般指的是当银行需偿付债务时，方予以催缴。[48]

6.22 最后，即使在成员退出后，在某些情况下成员仍有义务回应银行对其待缴股本的催缴。[49]这一规定直接与大多数多边开发银行的一些条款相对应，即结算其前成员账户。[50]

6.23 在催缴待缴股本之前，亚投行投资业务产生的损失将按顺序从以下项目中恢复，即坏账准备金、净利润、未分配利润、留存收益以及未受损的实缴股本。[51]即使发生制度上的灾难性事件以至于亚投行要终结，在偿还完所有债权人的索赔之前，成员将继续对所谓的认缴承担责任。[52]

6.24 此处的另一个考虑因素是，多边开发银行通常受益于优先债权人地位，即使借款人违约或延迟向其他债权人付款，借款人仍继续向多边开发银行偿还债务。[53]优先债权人地位是非正式的，这意味着它不是一个法律要求。相反，它可以反映出每个成员对作为多边开发银行股东的其他国家的尊重，以及若对多边开发银行迟延付款或违约将产生潜在性负面市场印象。正如其首次发

---

〔48〕《欧洲复兴开发银行协定》第6条第4款。《欧洲投资银行协定》规定认缴中还未缴纳的，董事会可以催缴以履行银行的义务（第5条第3款）。《安第斯开发协会协定》［第5条第2款第（c）项］对此要求的规定更加清晰："如果本机制无法用自己的资金履行偿付义务，则董事会决议催缴待缴股本的支付，以用来满足公司的金融财务义务。"其他协定没有具体规定由银行的哪个机构来做出决定。

〔49〕《亚投行协定》第39条第3款第4项规定："根据第6条第3款的规定，前任成员应继续对该国认缴股份中未缴付部分承担缴付责任，其应缴付款额，与银行决定股份回购价格时如出现资本亏损且要求所有成员缴付待缴股份情况下的款额相同。"

〔50〕《非洲开发银行协定》第45条第3款第（d）项；《亚洲开发银行协定》第43条第3款第（iv）项；《加勒比海开发银行协定》第42条第3款第（d）项；《欧洲复兴开发银行协定》第39条第3款第（iv）项；《美洲开发银行协定》第9条第3款第（d）（iii）项；《国际复兴开发银行协定》第4条第4款第（c）（iv）项。

〔51〕《亚投行协定》第20条。在其他协定中也有相似条款，即欧洲复兴开发银行中的条款与亚投行的相似。《非洲开发银行协定》第21条第1款；《亚洲开发银行协定》第18条；《欧洲复兴开发银行协定》第17条；《美洲开发银行协定》第7条第3款；《国际复兴开发银行协定》第4条第7款。

〔52〕《亚投行协定》第42条。与其他多边开发银行协定的结构相同，《亚投行协定》包括了暂停和终止运行的条款。参见《亚投行协定》第8章"银行业务中止与终止"，以及《非洲开发银行协定》第46~49条；《亚洲开发银行协定》第44~47条；《欧洲复兴开发银行协定》第40~43条；《美洲开发银行协定》第10条；《国际复兴开发银行协定》第6条第5款。

〔53〕Humphrey（2015b），第11~15页，详细描述了多边开发银行的债务等级中的优先债权人待遇。

行人评级所述，优先债权人的地位也将有利于亚投行。[54]

（6）股份条件

6.25 与其他多边开发银行一样，《亚投行协定》也规定了亚投行股份的某些关键条款。股份仅供成员认缴，[55] 并且只能转让给亚投行；股份不得质押或抵押。[56] 成员的责任仅限于其认缴中未付部分，[57] 至于亚投行的债务，成员们不会仅仅因为成员身份而承担。[58] 股份按面值发行，但在特殊情况下，理事会日后可以以特别多数投票来决定以其他条款发行股份。[59]

B. 增资

6.26 理事会可以增加亚投行的资本，"在适当时间按适当条件，包括实缴股本和待缴股本之间的比例。"[60] 增资必须经理事会的超级多数投票批准。其

---

〔54〕 参见评级机构穆迪公司于 2017 年 6 月 29 日发布的评级报告，"穆迪公司给予亚投行 AAA 的信用评级，评级展望为'稳定'"；评级机构惠誉公司于 2017 年 7 月 13 日发布的公告，"惠誉公司给予亚投行 AAA 的信用评级，评级展望为'稳定'"以及评级机构标准普尔公司于 2017 年 7 月 18 日发布的研究更新，"给予亚投行'AAA/A-1+'，评级展望为'稳定'"。

〔55〕 《亚投行协定》第 7 条第 2 款。《非洲开发银行协定》第 6 条第 6 款；《亚洲开发银行协定》第 5 条第 5 款；《欧洲复兴开发银行协定》第 5 条第 6 款；《美洲开发银行协定》第 2 条第 3 款第（e）项；《国际复兴开发银行协定》第 2 条第 10 款。

〔56〕 《亚投行协定》第 7 条第 2 款。《非洲开发银行协定》第 6 条第 6 款；《亚洲开发银行协定》第 5 条第 5 款；《欧洲复兴开发银行协定》第 5 条第 6 款；《美洲开发银行协定》第 2 条第 3 款第（e）项；《国际复兴开发银行协定》第 2 条第 10 款。

〔57〕 《亚投行协定》第 7 条第 3 款。《非洲开发银行协定》第 6 条第 5 款；《亚洲开发银行协定》第 5 条第 6 款；《欧洲复兴开发银行协定》第 5 条第 7 款；《美洲开发银行协定》第 2 条第 3 款第（d）项；《国际复兴开发银行协定》第 2 条第 6 款。

〔58〕 《亚投行协定》第 7 条第 4 款。《亚洲开发银行协定》第 5 条第 7 款；《欧洲复兴开发银行协定》第 5 条第 7 款。但有关进一步限制成员义务的规定，并没有出现在非洲开发银行、美洲开发银行、国际复兴开发银行的协定中。

〔59〕 《亚投行协定》第 7 条第 1 款。《非洲开发银行协定》第 6 条第 4 款；《亚洲开发银行协定》第 5 条第 4 款；《欧洲复兴开发银行协定》第 5 条第 5 款；《美洲开发银行协定》第 2 条第 3 款第（c）项；《国际复兴开发银行协定》第 2 条第 4 款。

〔60〕 《亚投行协定》第 4 条第 3 款。

他多边开发银行也规定需要类似的有效多数表决。[61]在亚投行和其他多边开发银行中，理事会专门保留关于增资的最终决定，不授权给董事会。[62]

6.27 对增资的一个间接约束是域内和域外的持股比例。《亚投行协定》要求成员认缴股份时，域内股权分配至少75%。但该要求并不直接适用于增资情形。[63]这种类似的约束条件也能在非洲开发银行、亚洲开发银行、欧洲开发银行和美洲开发银行中找到，尽管其法律结构各不相同。[64]

6.28 此外，每个亚投行成员保留在每次增资中认缴充足股份的权利，以维持其总持股比例。[65]所谓的"优先购买权"在多边开发银行中很常见。[66]优先购买权意味着任何成员的持股比例的减少，只能是由于该成员同意不认购增资的股份。此外，任何成员的持股比例增加（以及增加新成员的股权）只能是其他一些成员的退让。与其它银行一样，亚投行认同这种优先权的本质特征，

---

[61]《非洲开发银行协定》第5条第3款（三分之二的理事，且代表四分之三投票权，除了仅仅是一个成员的初始认缴）；《亚洲开发银行协定》第4条第3款（三分之二的理事，且代表四分之三投票权）；《欧洲复兴开发银行协定》第4条第3款（三分之二的理事，且代表四分之三投票权）；《美洲开发银行协定》第2条第2款第（e）项（三分之二的理事，包括三分之二的域内理事，且代表四分之三投票权）；《国际复兴开发银行协定》第2条第2款第（b）项（四分之三投票权）。然而欧洲投资银行要求一致同意。《欧洲投资银行协定》第4条第3款。

[62]《亚投行协定》第23条第2款第2项规定增加或减少法定资本是理事会的保留权力，这与其他多边开发银行一样，尽管减资并没有在协定的其他地方提到。参见《非洲开发银行协定》第29条第2款第（a）项（仅规定减少资本的权力保留在理事会）；《亚洲开发银行协定》第28条第2款第（ii）项；《欧洲复兴开发银行协定》第24条第2款第（ii）项；《美洲开发银行协定》第8条第2款第（b）（ii）项；《国际复兴开发银行协定》第5条第2款第（ii）项。

[63] 参见本章中第6.30段的有关《亚投行协定》第5条第2款和第4款的域内与域外持股的讨论。

[64]《亚洲开发银行协定》第5条第1款和第3款（域内持股至少占60%）以及《欧洲复兴开发银行协定》第5条第2款和第4款（欧共体成员、欧共体以及欧洲投资银行的总持股需占多数）与《亚投行协定》第5条第2款和第4款相似。《非洲开发银行协定》第5条第3款规定，增加资本需要符合其第5条第4款中有关域内与域外持股比例为60/40的要求。在美洲开发银行中，其第2条第2节第（e）款规定的增加资本的权力须受限于其第8条第4节第（b）项规定的投票权限制（域内发展中成员至少持50.005%的总投票权，最大的成员不低于30%的总投票权，加拿大不低于4%的总投票权）。

[65]《亚投行协定》第5条第4款。

[66]《非洲开发银行协定》第6条第2款；《亚洲开发银行协定》第5条第2款（除了在新成员认缴或现有成员认缴的增资中）；《欧洲复兴开发银行协定》第5条第3款；《美洲开发银行协定》第2条第3款第（b）项；《国际复兴开发银行协定》第2条第3款第（c）项。

并作为其三个"协定条款"之一，而协定条款的修改需要所有成员一致同意。[67]同时，《亚投行协定》也规定，成员没有义务认缴增资的任何部分。[68]

C. 股份分配

6.29　对于拥有股权结构的多边开发银行，股份分配协议至关重要。当每个成员的投票权在很大程度上取决于其认购股份的规模，[69]那么股份分配确定了各个成员在机构治理中的作用。对于一个金融机构而言，其稳健性在很大程度上取决于其实缴股本的可支配性及其待缴股本的支持，而理想情况下，分配机制会考虑其股东的财务实力。正如第6.32段所述，其他多边开发银行的历史也突显了分配机制面临的挑战，即需要根据成员在几十年内相对力量的变化而做出调整。

（1）域内与域外持股

6.30　《亚投行协定》遵循其他区域多边开发银行的做法，为其域内成员的持股确定最低比例。如第6.27段所述，将亚投行股份分配给新成员，或者将额外股份分配给现有成员，都不可以导致域内成员持股比例低于总认购股本的75%。[70]亚洲开发银行域内持股最低要求为60%。欧洲复兴开发银行为欧洲经济共同体（现为欧盟）提供资金，欧洲经济共同体成员（欧盟）和欧洲投资银行成员合在一起，需要维持多数股份（超过半数）。[71]非洲开发银行域内和域外持股比例定为60/40。[72]在美洲开发银行，一个成员的增资权力取决于其投票

---

〔67〕《亚投行协定》第53条第2款。《非洲开发银行协定》第60条第3款第（a）项；《亚洲开发银行协定》第59条第2款第3项；《欧洲复兴开发银行协定》第56条第2款第（i）（b）项；《美洲开发银行协定》第12条第（b）（ii）项；《国际复兴开发银行协定》第8条第（b）（ii）项。

〔68〕《亚投行协定》第5条第4款。《非洲开发银行协定》第6条第2款；《亚洲开发银行协定》第5条第2款；《欧洲复兴开发银行协定》第5条第3款；《美洲开发银行协定》第2条第3款第（b）项；《国际复兴开发银行协定》第2条第3款第（c）项。

〔69〕亚投行的投票权有三种：基本投票权、创始成员投票权以及股份投票权。参见第7章中第7.49~7.54段的讨论。

〔70〕《亚投行协定》第5条第2款（新成员）和第5条第3款（现有成员，要求理事会的绝对多数决）。参见第5章第5.23、5.24~5.29段中的有关域内和域外成员的定义以及综合域内持股的讨论。

〔71〕《亚洲开发银行协定》第5条第1款和第3款，以及《欧洲复兴开发银行协定》第5条第2款和第4款。

〔72〕《非洲开发银行协定》第5条第4款。

权占总投票权的比重：域内发展中成员必须至少持有 50.005%，最大成员（美国）不低于 30%，加拿大不低于 4%。[73]

6.31 多边开发银行协定中的这些限制仅仅是为地区性持股设定了底线，但没有设定上限。然而，就《亚投行协定》而言，还有额外的灵活性，即理事会可以通过超级多数投票"同意"将域内持股减少到 75% 以下。[74] 但首席谈判代表的相关声明报告在一定程度上限制了这种灵活性：

> 虽然代表们认识到理事会未来可能需要一些灵活性，将第 2 段和第 3 段中的地区性持股比例降低到 75% 以下，但代表们同意至少 70% 的域内持股比例对于维护本行的地区性特征至关重要。

如果每个组充分认缴，《亚投行协定》附件 1 中的初始分配将导致 75% 的域内持股。2017 年 12 月，亚投行域内持股比例为 77.6%。

（2）分配标准

6.32 除了关于域内成员和域外成员持股的总体规定外，《亚投行协定》没有具体提及分配标准。上述其他多边开发银行也没有。[75] 国际复兴开发银行的成员构成和覆盖面是全球化的，并且没有区域性或其他投票限制。十多年来，更新持股标准一直是世界银行集团广泛辩论的主题；在 2016 年一致同意一个新

---

[73]《美洲开发银行协定》第 2 条第 2 款第（e）项和第 8 条第 4 款第（b）项。

[74]《亚投行协定》第 5 条第 2 款（新成员）和第 5 条第 3 款（现有成员）。

[75] Rigo Sureda（2004），第 56~61 页，调查了一些其他多边开发银行的初始分配标准。对于美洲开发银行而言，起点是美国的资本投入，其资本分配使得美国可能成为大股东而无需控制该机构。对于非洲开发银行而言，分配是基于每个成员的经济能力（在非洲开发银行的成员都是域内成员的阶段）。对于亚洲开发银行而言，域内成员适用几个公式，反映了各自的经济能力，类似非洲开发银行。对于从一开始就属于亚洲开发银行的域外成员，最低出资额为 500 万美元。

的动态公式。[76]

6.33　或许注意到世界银行集团的这些讨论，亚投行首席谈判代表确实记录了用于就附件 1 中的初始认购达成协议所应用的分配标准。该标准并没有被载入《亚投行协定》，因为有朝一日可能会过时，首席谈判代表在其报告中发表了一项声明：

> 代表们指出，向成员分配股份的基本参数将是各域内和域外集团成员在全球经济中所占的相对份额。成员在全球经济中的份额将参考国内生产总值（GDP）来衡量，而对于域外成员，国内生产总值份额仅供参考。[77]

还有人指出，首席谈判代表会议中使用的国内生产总值衡量标准是按市场汇率衡量的国内生产总值（60%）和购买力平价（PPP）基础上的国内生产总值（40%）的混合。[78]同样的 60/40 GDP 混合也是 2008 年国际货币基金组织采用的配额公式中的一个因素，也被用于衡量国际复兴开发银行 2010 年股权调整中的经济权重。[79]

6.34　当新成员加入时，由理事会对股份的初始分配做出决定，作为成员

---

〔76〕　自 2003 年以来，世界银行的理事机构，特别是发展委员会（正式称谓是世界银行理事会和向发展中国家转移实际资源的基金的联合部长委员会），一再讨论国际复兴开发银行的持股原则。从历史上看，国际复兴开发银行适用了一项基本原则，即成员的认缴应反映其在世界经济中的相对地位，受限于每个成员的优先购买权，主要但不是唯一地通过使用国际货币基金组织的配额实施，直到 2010 年。发展委员会（2007），第 12~13 段。

2010 年，国际复兴开发银行理事们同意采用独特的国际复兴开发银行持股原则，并建立一个动态公式，主要反映各国不断变化的经济影响力和世界银行的发展使命。关于这些原则的应用和进一步讨论制定和维持资本份额分配标准所面临的挑战，发展委员会（2010），发展委员会（2016）和《发展委员会报告》2016 年 10 月 8 日，第 13 段。《发展委员会报告》2017 年 4 月 22 日，第 9 段，回顾了所承诺的原则即 "我们在利马（2016 年 10 月）支持的原则，反映了全球经济的演变和对世界银行集团使命的贡献"。

〔77〕　《首席谈判代表报告》并没有指定计算国内生产总值的来源。一个共同的来源是世界货币基金组织世界经济展望数据集，每年 4 月和 9 月或 10 月更新。

〔78〕　《史耀斌副部长就〈亚投行协定〉相关问题答记者问》，中国财政部，2015 年 6 月 29 日，载 http：//www.mof.gov.cn/zhengwuxinxi/caizhengxinwen/201506/t20150629_1262934.html（最后访问时间：2017 年 12 月 8 日）。

〔79〕　发展委员会（2010），第 11 段。

条件的一部分。[80]他们的决定会反映域内持股比例以及首席谈判代表报告中的分配标准，尤其是报告中提到的相对国内生产总值的比重。如果现有成员要求增股，该分配标准也具有相关性，并且任何情况下都需要理事会的超级多数决定。[81]在任何一种情况下，如果法定股份和未分配的股份不足，理事会还必须决定增资以增加可用的股份数量，但必须符合增资规则，包括第6.28段所述的优先购买权。

（3）资本复审

6.35　域内持股比例和继续适用成员国家或地区内生产总值权重，也将与未来的股权审查相关。《亚投行协定》规定理事会至少每隔五年审查一次亚投行的股份，但理事会没有义务在每次审查时考虑增加资本——在适当情况下，本节也不排除先前的审查。[82]虽然亚洲开发银行和欧洲复兴开发银行协定有定期审查的条款，但其他银行并没有。[83]在国际复兴开发银行中，根据《国际复兴开发银行协定》，不需要定期进行股权审查。2010年世界银行集团改革中，其中一项改革措施是，由理事会决定定期股权审查。[84]亚投行关于定期审查的规定所提供的机制，以及明确同意由国内生产总值作为基本参数，使得其可以继续与未来的经济发展保持一致。

（4）分配

6.36　亚投行股份的初始分配是在《亚投行协定》的附件1中做出的。57个PFM的资本分配根据75∶25比例的区域组和非区域组单独列出。在附件1中，区域组分配到的股份是73.4%，非区域组分配到的股份是24.7%。少量法定股本未在区域组（16 150股）和非区域组（2336股）分配。《首席谈判代表

---

〔80〕《亚投行协定》第3条第2款和第5条第2款。

〔81〕《亚投行协定》第5条第3款。

〔82〕《亚投行协定》第5条第4款。有关这段，《首席谈判代表报告》中确认道："代表们进一步注意到理事会对资本存量的审查并不需要导致增资，任何此类增资都需要其根据第4条第3款中规定的理事会批准同意。"

〔83〕《亚洲开发银行协定》第5条第2款和《欧洲复兴开发银行协定》第5条第3款。

〔84〕参见国际复兴开发银行理事会决议第612号，《关于2010有选择增加额定股本，以增强发展中及转型期国家的话语权和参与感》，2011年3月16日通过。国际货币基金组织结构（《国际货币基金组织协定》第3条第2节）要求至少每五年定期进行一次配额审查，值得注意的是，直到20世纪80年代，国际货币基金组织的配额一直是国际复兴开发银行股权的主要依据。

报告》讨论了这些未分配股份的未来分配，并注意到：

> 代表们注意到，在附件 1 中，分别有域内成员（A 部分）的未分配股份和域外成员（B 部分）的未分配股份，以备日后各部分增加成员。

由于意向创始成员成为签署者和后来的成员，这些分配为每个成员设定了最大认缴数量；亚投行的协定并没有规定最低认缴数量。[85] 每个成员的实际认缴可以是较小的总股数，以相同的 20∶80 比例确定实缴和待缴股份。截至 2017 年 12 月，已成为亚投行成员的签署方的认缴数额正是附件 1 中的数额。[86]

6.37　附件 1 中未分配的股份以及其余签署方未认购的股份，可由亚投行理事会在通过成员资格时决定分配给新成员。[87] 亚投行于 2017 年批准了 27 个新的潜在成员的会员申请，向新的域内成员分配 10 455 股股票，向新的域外成员分配 22 579 股股票（共计 33 034 股，相当于 33.034 亿美元）。[88]

6.38　需要注意的是，亚投行的股权与投票权不同。股权投票（等同于持股）是每个成员的亚投行投票权的一个组成部分，不过也是最大的组成部分；每个成员都有基本投票权，每个创始成员有 600 个创始成员票。[89] 因此，亚投行成员的持股比例与成员的亚投行投票权百分比是不一样的。一般而言，投票权少于大股东的股权，而大于小股东的股权。例如，截至 2017 年 12 月，域内总持股比例为 77.6%，域内总投票权为 75.8%，域外持股比例为 22.4%，域外总投票权为 24.2%。[90] 在非洲开发银行、亚洲开发银行、美洲开发银行和国际复

---

〔85〕　《欧洲复兴开发银行协定》规定初始认缴至少为 100 股。《欧洲复兴开发银行协定》第 5 条第 1 款。

〔86〕　亚投行网站中有关成员持股的情况可以与《亚投行协定》附件 1 中所分配的股份进行比较。巴西（其成员资格和认缴待定）于 2017 年 5 月宣布，它将仅认购 50 股，而不是在附件 1 中分配的 31 810 股。Brian Spegele, "Brazil Cuts Stake in China-led Infrastructure Bank", *Wall Street Journal*, May 12, 2017. 此举将增加未分配的股份 31 760 股，以分配给新成员。

〔87〕　参见第 5 章第 5.34~5.36 段。

〔88〕　参见第 5 章第 5.37 段。给每个新成员的分配股份在亚投行理事会的有关通过成员资格的决议中（在第 5 章注 74 中）列出，并且在表 5.3 中总结。

〔89〕　《亚投行协定》第 28 条第 1 款。参见第 7 章第 7.49~7.54 段的有关投票权的讨论。

〔90〕　参见亚投行网站上有关成员列表。表 7.5 显示 2017 年 12 月的认缴和投票权情况。

兴开发银行中也有投票权和持股之间的差异。[91]

D. 财政资源

6.39　亚投行的财政资源分为普通资源和特别基金资源，前者主要来自亚投行股本。[92]之所以有该区分是因为亚投行有权设立特别基金，接受捐助方的捐款，用于满足亚投行的目的和职能；一旦捐款，这些资源就成为亚投行的资源。这种区分分离可以确保普通资源和相关资金不受特别基金及其相关业务的影响。因为特别基金有特定目的并受捐助者优先事项的影响。这种区别也存在于其他多边开发银行协定中，即多边开发银行被授权建立特别基金，其资源通常由外部各方（包括成员）捐助或以优惠的条件资助。（特别基金将在本章的 F 节进一步讨论。）

6.40　为实现这种分离，亚投行的投资业务分为普通业务（由普通资源提供资金）和特别业务（由特别基金资源提供资金）。此外，《亚投行协定》要求普通资源和特别基金资源必须单独分开管理，在亚投行的财务报表中单独列出，并单独计算费用。普通资源不能用于弥补特殊业务产生的损失。

（1）增加额外资源

6.41　作为其财政运营的一部分，亚投行有权进行多种类型的交易。具体而言，《亚投行协定》授权亚投行：

- ·根据相关法律规定，通过借款或其他方式在成员或其他地方筹集资金；
- ·买卖亚投行已发行或担保或已投资的证券；

---

〔91〕《非洲开发银行协定》第 35 条第 1 款；《亚洲开发银行协定》第 33 条第 1 款；《美洲开发银行协定》第 8 条第 4 款第（a）项；《国际复兴开发银行协定》第 5 条第 3 款。欧洲复兴开发银行只有股份投票权，没有基础投票权，因此其投票权和持股比例是一样的（如果认缴的股本是充分缴纳的）。《欧洲复兴开发银行协定》第 29 条第 1 款。

〔92〕普通资源包括：①实缴和待缴股份；②筹集的资金；③贷款或担保的还款和收入以及股权投资和其他融资的回报，其中贷款、担保、投资或融资是使用①或②项下的资金进行的；④收到的非特别基金资源的任何其他资金或收入。《亚投行协定》第 8 条。特别基金资源是指任何特别基金的资源，包括：①任何特别基金接受的资金；②收到的有关贷款或担保的资金，以及任何特别基金资源资助的股权投资所得；③特别基金资源的投资收入；④任何特别基金可以使用的任何其他资源。《亚投行协定》第 17 条第 4 款。

·担保其投资的证券，以促进其出售；

·为与亚投行目的相符的目的承销或参与承销任何实体或企业发行的证券；

·将其运营中不需要的资金投资或存款。[93]

此外，《亚投行协定》授权亚投行根据《亚投行协定》的其他规定适时适当地行使其他权力，以促进其目的和功能。[94]

6.42　这些权力与其他多边开发银行的权力相当，具有一些简化的特征：

·同意。对于借款和类似的金融市场交易，许多其他多边开发银行的协定要求其获得以下成员的同意，即在某成员的市场上筹资和交易所用的某成员货币。[95]但亚投行不是。成员境内金融法规不再具体要求获得这些同意，因此无需保留这样一个过时的要求。[96]如果需要政府批准，亚投行将有义务获得政府

---

[93]　《亚投行协定》第 16 条。

[94]　《亚投行协定》第 16 条第 9 款。这些附带权力在其他多边开发银行中很常见。《非洲开发银行协定》第 23 条第（g）款；《亚洲开发银行协定》第 21 条第（vii）款；《欧洲复兴开发银行协定》第 20 条第 1 款第（vii）项；《美洲开发银行协定》第 5 条第 1 款第（v）项。虽然《国际复兴开发银行协定》在这一点上保持沉默，但这些权力长期以来被视为国际复兴开发银行的隐形权力。参见 Shihata（2000），第 852~854 页。

[95]　一些条款也要求成员们同意以其他成员的货币交易，比如《国际复兴开发银行协定》第 4 条第 1 款第（b）项。参见《非洲开发银行协定》第 23 条第（a）项；《亚洲开发银行协定》第 21 条第 1 款；《美洲开发银行协定》第 7 条第 1 款第（i）项。欧洲复兴开发银行条款并没有此项货币要求。《欧洲复兴开发银行协定》第 20 条第 1 款第（i）项。

[96]　《国际复兴开发银行协定》中的成员同意条款被视为各国在 1944 年的金融世界里保护其金融市场的重要力量。正如美国财政部在布雷顿森林会议之前关于国际复兴开发银行的问题和答案中所解释的那样。会议："拟议银行的规定旨在防止成员市场因该银行的运作而受到干扰。每个成员都有一项防止不良行为的保障措施，即只有经该银行董事会上该国家的代表的同意，证券才能在其市场上出售。"US Department of Treasury（1944），第 22 页（问题 16）。布雷顿森林会议商定的最终文本提到了，在成员市场上进行借贷，国际复兴开发银行需要取得该成员（而不是该成员在银行的董事会代表）的同意，以及贷款所用货币的国家的同意，如果贷款的货币与贷款市场所在国家的货币不同的话。比特曼解释说，后一项要求可以防止在国际货币组织协定下的货币可能变得稀缺的意外情况，该要求也受到外汇限制。Bitterman（1971），第 76~77 页。然而到了 20 世纪 90 年代，市场发生了变化。Mistry（1995），第 55 页指出，国际复兴开发银行和其他银行的这一要求（在成员市场借贷，需要获得该成员的同意，以及如果借贷的货币不一样，需要该货币国家的同意）不再有用。他还指出，由于政治和其他原因，成员可以利用这一要求来限制多边开发银行借款。例如，美国在 20 世纪 60 年代限制了国际复兴开发银行的借款。参见 Mason 和 Asher（1973），第 136~137 页。

批准，因为《亚投行协定》要求以"根据相关法律规定"筹集资金。[97]

·目的。亚投行的借款和其他交易在法律上并未按具体用途分类，例如贷款和担保。相比之下，在一些较旧的多边开发银行协定中，借款的目的用途不同，则要求可能不同。[98]在实践中，这种灵活性意味着亚投行可以为其一般目的借款，而不用区别出用于特定目的的特定借款。反过来，这可以提高其财务管理的效率。

·筹集资金的权力。基本筹资权力的范围广泛，不仅仅是指借款。亚投行有权"通过借款或其他方式在成员或其他地方筹集资金"。虽然许多交易属于借款的法律定义，但"借款"一词可能过于狭窄，现在或将来可能还有其他交易。亚投行的附带权力也可以让其在任何情况下开展这样的交易，但将该灵活性建立在基本筹资权力中，可以简化机制。

与其他多边开发银行一样，在这些法律规定的范围内，随着时间的推移，亚投行的财务管理可以为适应市场和金融业实务的变化而做出调整。

E. 财务管理

6.43 《亚投行协定》遵循多边开发银行的先例，明确要求亚投行的资源（和设施）必须专门用来实现其目的和功能。[99]该要求也是亚投行遵循健全银行实践的一般要求。[100]

---

〔97〕《亚投行协定》第16条第1款。亚投行的此规定类似于欧洲投资银行"根据适用于这些市场的法律规定在成员的资本市场上借款"。《欧洲投资银行协定》第20条第2款。与许多其他多边开发银行一样，亚投行也可能在非成员的资本市场筹集资金。例如，在国际复兴开发银行的早期阶段，资金是在瑞士筹集的，而瑞士当时并不是其成员。即使美国不是亚投行的成员，但亚投行的资本基础是美元，因此亚投行预期可以以美元借入资金。

〔98〕《非洲开发银行协定》第15条第3款；《亚洲开发银行协定》第12条第2款；《美洲开发银行协定》第3条第5款第（b）项；《国际复兴开发银行协定》第4条第1款第（b）项。在《亚洲开发银行协定》中，银行的授权运营是指把从资本市场上融资而来的资金进行贷款。《亚洲开发银行协定》第11条第1款和第2款。

〔99〕《非洲开发银行协定》第12条；《亚洲开发银行协定》第8条；《欧洲复兴开发银行协定》第8条；《美洲开发银行协定》第3条第1款。《国际复兴开发银行协定》第2条第1款第（a）项要求使用资源必须为成员谋利。

〔100〕《亚投行协定》第9条。

（1）财务比率

6.44　《亚投行协定》规定了两种财务比率。首先是其贷款限额（对普通业务的限制）。该比率要求亚投行总投资融资不超过其未受损的资本、储备和留存收益。这种 1∶1 比率的设计与其他多边开发银行类似，尽管具体措辞和计算有所不同。[101] 在《亚投行协定》中，比率详情如下：

> 银行依照本协定第 11 条第 2 款第（i）、（ii）、（iii）和（iv）项从事的贷款、股权投资、担保和其他形式融资等普通业务中的未收清款项，任何时候都不得超过普通资本中未动用认缴股本、储备资金和留存收益的总额。[102]

然而，《亚投行协定》中还有一项附加条款，其授权理事会"根据银行的财务状况"，可以将未受损认购资本、储备金和留存收益的 100% 限额提高到最多 250%。但要求获得理事会的超级多数投票支持。[103] 在多边开发银行中，大多数都有 1∶1 比例，而欧洲投资银行和北欧投资银行的贷款限额设定为 250%，而黑海贸易发展银行的贷款限额为 150%。[104]

6.45　《亚投行协定》中的其他财务比率决定了亚投行股权投资的范围。该比率要求亚投行已支付的股权投资金额不超过未受损的实缴股本和一般准备金的总额。其他多边开发银行协定的股权投资存在限制，但计算方式各不相同。[105]

---

〔101〕《非洲开发银行协定》第 15 条第 1 款；《亚洲开发银行协定》第 12 条第 1 款；《欧洲复兴开发银行协定》第 12 条第 1 款；《美洲开发银行协定》第 3 条第 5 款第（a）项；《国际复兴开发银行协定》第 3 条第 3 款。

〔102〕《亚投行协定》第 12 条第 1 款。

〔103〕《亚投行协定》第 12 条第 1 款。

〔104〕《欧洲投资银行协定》第 16 条第 5 款；《北欧投资银行协定》第 7 节；《黑海贸易发展银行协定》第 15 条第 1 款。在布雷顿森林讨论中，美国建议对于银行适用 200% 至 300% 的限制；其他的提案从 75% 到 500% 不等。最后，大家同意当时的金融市场很可能只有美国的认缴能够依赖。Bitterman（1971），第 75 页。

〔105〕《非洲开发银行协定》第 15 条第 4 款第（a）项；《亚洲开发银行协定》第 12 条第 3 款；《欧洲复兴开发银行协定》第 12 条第 3 款；《欧洲投资银行协定》第 16 条第 5 款。

（2）其他财务管理考虑因素

6.46   《亚投行协定》还包括其投资运营经营原则中的财务考虑。[106] 此外，亚投行通过了《亚投行风险管理框架》，其中包含九种风险，比如金融风险。该框架强调将风险管理纳入亚投行的文化中，预期很快会成立风险管理委员会。[107]

（3）收入和储备

6.47   《亚投行协定》规定了理事会分配亚投行净收入并确定储备金的权力；这些是理事会的保留权力。[108]特别是，理事会至少每年有权决定任何储备金、分配净收入为留存收益或用于其他目的或向成员分配。[109]其他多边开发银行也授予理事会类似的权力。[110]此外，亚投行理事会决定将净收入用于除留存收益外的其他目的时，需要超级多数投票决定，此与《欧洲复兴开发银行协定》的规定类似。[111] 在多边开发银行中，分配净收入需要特别授权，但很少见，因为净收入更可能分配给多边开发银行的当前需求和目的。[112]对于亚投行而言，收入分配将与每个成员持有的股份数量成比例，如同其他多边开发银行一样。[113]

（4）货币

6.48   与许多较老的多边开发银行的协定相比，《亚投行协定》对货币使用

---

[106]   第 4 章第 4.26 段。

[107]   《亚投行风险管理框架》（2016 年 11 月）覆盖了信用风险、股权投资风险、资产责任风险、市场风险、破产风险、操作风险、整合风险、环境和社会风险以及声誉风险（第 18~27 段）。

[108]   《亚投行协定》第 23 条第 2 款第 8 项。

[109]   《亚投行协定》第 18 条第 1 款。

[110]   《非洲开发银行协定》第 42 条；《亚洲开发银行协定》第 40 条；《欧洲复兴开发银行协定》第 36 条；《国际复兴开发银行协定》第 5 条第 14 款。《美洲开发银行协定》第 7 条第 4 款提到了该问题，指向了净收益的分配，包括特殊运营所需的资金。

[111]   《亚投行协定》第 18 条第 1 款。《欧洲复兴开发银行协定》第 36 条第 1 款要求由理事会——以三分之二理事代表不少于三分之二的总投票权——通过关于其他目的的分配。

[112]   通常，净收入会转移到机构自己的优惠贷款部门，无论其是否是独立的实体或独立的资金机构。到目前为止，亚投行没有优惠贷款职能，虽然特别基金机制最终可以用于此目的，如同亚洲开发银行。

[113]   《亚投行协定》第 18 条第 2 款。

的要求已经实质性简化。[114] 在过去的几十年里，货币的使用和可兑换性以及货币市场的变化使得这种简化成为可能。鉴于更简化的限制和义务，亚投行及其成员将来会更容易处理新型货币，例如电子货币。

6.49　有关亚投行使用货币的一般规定有两点。首先，《亚投行协定》要求成员不得对在任何国家或地区用于支付的货币进行限制，包括亚投行或亚投行的任何收款人接收、持有、使用或转让的货币。[115] 其次，根据《亚投行协定》规定，由亚投行决定货币的估值和可兑换性。[116]

6.50　正如本章 A 节所述，《亚投行协定》确实规定了股份认购的支付货币。除非如上所述，对于实缴股本的分期付款，成员必须以美元或其他可兑换货币支付，并且亚投行可以将其他货币兑换成美元。[117] 成员应银行的催缴而支付待缴股本，可以选择以美元支付，或者支付的货币是可以用来偿付亚投行的负债。[118]

6.51　在其投资业务中，亚投行可根据最大限度降低货币风险的政策，以有关国家的货币提供融资。[119]

（5）账户和审计

6.52　《亚投行协定》延续了多边开发银行的传统，为亚投行的财务账目和审计设定了基本参数。其特别要求董事会提交每个财政年度的审计账户，以供理事会批准。[120] 理事会的保留权力包括在审核审计报告后批准资产负债表和亚投行的损益表。[121] 关于账户，《亚投行协定》进一步详细规定了基本要求：

---

〔114〕　参见《非洲开发银行协定》第 16 条、第 26 条、第 27 条；《亚洲开发银行协定》第 5 章；《欧洲复兴开发银行协定》第 5 章；《美洲开发银行协定》第 5 条以及《国际复兴开发银行协定》第 4 条第 2 款。

〔115〕　《亚投行协定》第 19 条第 1 款。

〔116〕　《亚投行协定》第 19 条第 2 款。

〔117〕　《亚投行协定》第 6 条第 2 款。参见本章第 6.17~6.18 段落的有关方案 A 和方案 B 以国家货币认缴支付的讨论。

〔118〕　《亚投行协定》第 6 条第 3 款。

〔119〕　《亚投行协定》第 14 条第 4 款。

〔120〕　《亚投行协定》第 26 条第 7 款。

〔121〕　《亚投行协定》第 23 条第 2 款第 7 项。

本行的账户应按照公认会计原则至少每年编制一次，由董事会根据主席提案选择具有国际声誉的独立外部审计师，按照公认的审计标准进行审计。在此审计的基础上，董事会应及时向理事会提交一份财务报表，包括一般资产负债表和损益表。[122]

《亚投行细则》还要求亚投行的财政年度从 1 月 1 日开始，到每年 12 月 31 日结束。[123]《亚投行细则》要求亚投行转发给成员年度报告并发布，包含经审计的财务报表；成员还会收到季度摘要。[124]

6.53　亚投行董事会于 2017 年 1 月成立了审计与风险委员会，由四名董事和两名外部委员组成。正如第 7 章表 7.2 所示，审计与风险委员会的职能包括：审查亚投行的财务报表和会计、审计和财务报告实践、程序和问题；外部审计师的选择和报告；审查内部审计职能；并审查风险管理和信息技术安全。亚投行的外部审计师于 2016 年任命。[125]

6.54　总体而言，2017 年 7 月首次发行人评级中可以衡量出亚投行的财务管理和实践的预期稳健性，该评估是由主要的几家金融评级机构做出：均为 AAA 级或同等级。[126] 2017 年 10 月，巴塞尔银行监管委员会，作为全球金融监管机构的标准设定者，同意监管机构可允许银行对亚投行负债适用零风险权重。此举使亚投行未来的证券发行量与其他多边开发银行持平，这有望促进亚投行在国际市场上的融资。[127]

---

[122]　《亚投行细则》第 5 节第（b）项。

[123]　《亚投行细则》第 5 节第（a）项。

[124]　《亚投行协定》第 34 条第 3 款。参见 AIIB（2017）有关亚投行第一次年度报告和财务报告。

[125]　参见第 7 章第 7.45 段。

[126]　参见评级机构穆迪公司于 2017 年 6 月 29 日发布的评级报告，"穆迪公司给予亚投行 AAA 的信用评级，评级展望为'稳定'"；评级机构惠誉公司于 2017 年 7 月 13 日发布的公告，"惠誉公司给予亚投行 AAA 的信用评级，评级展望为'稳定'"以及评级机构标准普尔公司于 2017 年 7 月 18 日发布的研究更新，"给予亚投行'AAA/A-1+'，评级展望为'稳定'"。

[127]　"巴塞尔银行监管委员会给予亚投行合格债券零风险权重"，《亚投行新闻》2017 年 10 月 11 日。

F.　其他工具

（1）特别基金

6.55　如前所述，亚投行的目标是通过建立特别基金来增加其资源，其中包括其成员在内的其他各方提供的资源。任何特别基金必须服务于亚投行的目的，符合其职能范围，并且其使用条款和条件须与亚投行的目的和功能相符。[128]特别基金是亚投行的资源，从特别基金中扣除行政费用。[129]亚投行通过的关于每个特别基金的设立、管理和使用的规则和条例都必须符合《亚投行协定》的规定。[130]

6.56　在其他多边开发银行中，已经建立了类似的特别基金，通常提供优惠型资源，用于类似于多边开发银行的非优惠融资（如亚洲开发银行中的亚洲开发基金）或特定目标。[131]在亚投行中，值得注意的是，亚投行项目投资业务的无限制采购要求，明确适用于普通和特殊业务。[132]

6.57　亚投行的第一个特别基金，即项目准备特别基金，是作为多方捐助者基金成立的。其初期捐款 5000 万美元来自中华人民共和国。该特别基金将向低收入和中等收入的亚投行成员提供补助金，用于筹备活动，包括环境、社会、

---

〔128〕《亚投行协定》第 17 条第 1 款和第 2 款。

〔129〕《亚投行协定》第 17 条第 1 款。亚投行现在收取的管理费相当于所有资助的 1%，特别基金承担所有与特别基金资源资助的业务直接相关的费用。《亚投行 2016 年财务报表》，附注 5.15，AIIB（2017），第 50 页。

〔130〕《亚投行协定》第 17 条第 3 款。

〔131〕《非洲开发银行协定》第 8、9、10、11、13 条；《亚洲开发银行协定》第 9、10、19、20 条；《欧洲复兴开发银行协定》第 9、10、18、19 条以及《美洲开发银行协定》第 3 条第 2 款和第 3 款（特殊运作的资金）。《国际复兴开发银行协定》没有类似规定。例如，在亚洲开发银行，8 个基金被列为特别基金：亚行研究所特别基金、亚太灾害应对基金、亚洲发展基金、气候变化基金、金融部门发展伙伴关系特别基金、日本特别基金、区域合作和一体化基金及技术援助特别基金。https：//www.adb.org/site/funds/funds#special（最后访问时间：2017 年 12 月 8 日）。截至 2016 年 12 月 31 日，欧洲复兴开发银行管理着 17 个特别基金，总承诺捐款为 15 亿欧元。2016 年《欧洲复兴开发银行财务报告》，第 75 页。

〔132〕《亚投行协定》第 13 条第 8 款来自于《欧洲复兴开发银行协定》第 13 条第 12 款。

法律、采购和技术评估与分析以及咨询服务。[133] 一般来说，若一个项目将有利于属于国际开发协会融资接受者的亚投行成员，则该项目将获得补助金；但是，有利于其他成员的项目也可能在特殊情况下有资格获得补助金，例如创新、复杂项目以及具有重大区域影响的区域或跨境项目。[134] 有关项目准备专项基金的规则和条例发布在亚投行官网上，其年度审计报告在亚投行的年度报告中。[135]

（2）信托基金

6.58 许多多边开发银行还设立信托基金，由多边开发银行管理，以便将外部资金用于其目的。亚投行的特殊之处在于其协定明确认可该实践。[136] 亚投行可以设立基金，但必须是在理事会批准的信托基金框架下设立的、旨在服务于亚投行目的和职能的信托基金。[137] 信托基金资源由亚投行管理，但不成为亚投行的资产（除非在他们的设立中另有规定）。

（3）子公司

6.59 《亚投行协定》明确提及亚投行有权建立子公司实体，这一点也不同寻常。[138] 特别基金和信托基金等子公司必须旨在服务于亚投行的职能。子公司的设立需要得到理事会的特别多数票决批准通过。[139] 其他多边开发银行也考虑过子公司和类似工具，且有时也以多种方式建立了子公司和类似工具，但其协定未明确授权或规定批准程序。

---

〔133〕《亚投行的董事会建立项目准备特别基金：中国提供初始 5000 万美元的启动资金》，《亚投行新闻》2016 年 6 月 25 日。英国同意于 2017 年 12 月向该基金捐款 5000 万美元；大韩民国宣布打算在 2017 年 6 月捐款 800 万美元。《英国政府承诺向亚投行项目准备特别基金提供 5000 万美元》，《亚投行新闻》2017 年 12 月 16 日；《韩国同意向亚投行的特别基金投资 800 万美元》，新华社，2016 年 6 月 16 日。

〔134〕《亚投行 2016 年财务报告》，AIIB（2017），第 50 页注 5.15。

〔135〕《亚投行项目特别基金规则和条例》（2016 年 6 月 24 日）。参见 AIIB（2017）。

〔136〕 伊斯兰开发银行的协定中有关于信托的具体规定。《伊斯兰开发银行协定》第 11、13、14 条。

〔137〕《亚投行协定》第 16 条第 7 款。

〔138〕 例如，对于亚投行而言，设立分支机构的权力是默示权力。参见 Shihata（2000），第 851~854 页。

〔139〕《亚投行协定》第 16 条第 8 款。第 24 条第 4 款进一步规定，理事会和董事会在授权范围内可以设立必要或适当的分支机构，以开展亚投行业务。《首席谈判代表报告》进一步澄清，第 16 条第 8 款和第 24 条第 4 款应放在一起解读为经理事会批准设立附属实体的框架。

第 7 章

治　理

7.01　创建新的多边开发银行，治理安排在多方面都至关重要。治理安排确定了机构如何运作 ——哪些机构将做出哪些决定以及这些机构的组成。这些因素能够增加日后成员的信心，相信该组织会运作良好并能对其股东做出及时回应。与此同时，治理安排还规范了机构内部的权力结构 ——如何确定投票权以及不同决策需要怎样的多数决。在这些方面，每个日后的潜在成员，无论是作为大股东还是小股东，都希望了解如何维护其权利和影响力。多边开发银行圈子中对治理的改革需求进行了一段时间的争论，而亚投行正在此讨论期间设计其治理安排。亚投行的最终安排，吸收了一些改革建议，但总体框架还是跟其他多边开发银行大致相当。

7.02　《亚投行协定》规定了三个层次的治理结构。理事会是银行的最高权力机构，由每名成员任命一名理事，每年召开一次会议。董事会负责银行业务的运作方向，由代表特定成员的一名或多名理事选出的董事组成，至少每季度召开一次会议。理事会选出的行长，在董事会的指导下，开展亚投行的当下业务。

7.03　本章首先讲述各个层级的结构和权力，以及亚投行治理结构中的一些其他治理功能。其次讲述亚投行的决策规则和投票权规则。第 8 章将从内部视角详细介绍这些机构是如何建立的，包括亚投行从其谈判过渡到其建立和运营。

A. 理事会

（1）构成

7.04　每个成员任命一名理事和候补理事。在理事会中，成员由其理事代表，或在理事缺席时，由副理事代表该成员。[1] 理事会的规模由银行成员数决定；如果所有成员在 2017 年批准加入，理事会将有 84 名理事。每个成员在理事会中由其理事代表，因此，当其他成员加入时，理事的数量将会相应增加。理事会在每次年度会议上选举行长和副行长，并可以设立委员会。[2] 总体而言，《亚投行协定》中关于理事会组成的规定类似于非洲开发银行、亚洲开发银行、欧洲复兴开发银行、美洲开发银行和国际复兴开发银行的协定。[3]

（2）会议

7.05　理事会每年召开一次会议，并应理事会或董事会的召集而随时召开会议，包括应五名成员的请求而召开。[4] 实际上，多边开发银行的理事会很少召开非年度会议。在非会议时间，董事会可以在理事会没有召开会议的情况下让理事会投票，[5] 这是理事会决策的最常见方式。《亚投行协定》还授权在特殊情况下举行理事会电子会议，对于多边开发银行而言，这是一项比较新颖的规定。[6] 理事会的任何会议要求参加的法定理事人数超过半数且代表不少于总投

---

〔1〕《亚投行协定》第 22 条第 1 款。

〔2〕《亚投行协定》第 22 条第 2 款和亚投行理事会程序规则第 6 节第（b）款和第 9 节。2017 年 12 月，亚投行理事会根据其程序规则（第 7 节）增加了一个咨询小组，由现任和历任行长以及现任副行长组成。咨询小组可就与会议有关的紧急程序问题向行长提出建议。

〔3〕一般参见《非洲开发银行协定》第 30 条和第 31 条；《亚洲开发银行协定》第 27 条和第 29 条；《欧洲复兴开发银行协定》第 23 条和第 25 条；《美洲开发银行协定》第 8 条第 2 款；以及《国际复兴开发银行协定》第 5 条第 2 款。

〔4〕《亚投行协定》第 24 条第 1 款。理事和副理事可以从本行报销合理的参加会议的费用，但无权从本行获得报酬。《亚投行协定》第 22 条第 3 款。

〔5〕《亚投行协定》第 24 条第 3 款。

〔6〕《亚投行协定》第 24 条第 3 款。《亚投行理事会程序规则》第 2 节第（c）款。另一个近期的例子，对于董事会而言，可以在《欧洲稳定机制细则》（2014 年 12 月 8 日）第 3 节第 8 款中找到。另参见国际清算银行协定第 31 条第 2 款："董事会的决定可以通过电话会议、视频会议或通信方式进行，除非至少有 5 位董事要求将决定提交给董事会会议。"

票权的三分之二。[7]

7.06 亚投行的理事会迄今为止召开了三次会议：第一次会议（2016 年 1 月）和第一次年会在中国北京举行，第二次年会（2017 年 6 月）在韩国济州举行。[8]在撰写本书时，第三次年会定于 2018 年 6 月在印度孟买举行。[9]其他多边开发银行定期在其总部以外的各成员举行年会。例如，世界银行和国际货币基金组织的年度会议实行每三年轮换的模式，即两年在华盛顿特区总部，第三年在另一个国家。[10]在不同国家或地区举行会议，为不同的成员提供了一个展示他们进步和发展的机会。而主办会议的成本和行政负担则在成员们之间分担。

（3）权力

7.07 根据《亚投行协定》，亚投行的所有权力归董事会。这点与其他多边开发银行一样。[11]理事会有权将其任何或全部权力授权给董事会，但《亚投行协定》中规定的不能授予的权力除外。[12]

7.08 这些不可转让的权力通常被称为保留权力，代表其最高组织的核心决策。亚投行的具体保留权力与其他多边开发银行理事会的保留权力一致，甚至在某些情况下几乎相同。[13]《亚投行协定》还在其保留权力的清单中规定

---

〔7〕《亚投行协定》第 24 条第 2 款。在亚洲开发银行、欧洲复兴开发银行和国际复兴开发银行、非洲开发银行中，法定人数要求是相同的，即要求超过半数的理事，且拥有总投票权的 70%。《非洲开发银行协定》第 31 条第 2 款；《亚洲开发银行协定》第 29 条第 2 款；《欧洲复兴开发银行协定》第 25 条第 2 款；《国际复兴开发银行协定》第 5 条第 2 款第（d）项。在《美洲开发银行协定》中，法定人数要求超过半数的理事，包括超过半数的地区性理事，且总投票权不少于四分之三。《美洲开发银行协定》第 8 条第 2 款第（e）项。自从《美洲开发银行协定》第 8 条第 4 款第（b）项规定，美国在美洲开发银行中的投票权不得低于 30%，因此任何理事会的投票都需要美国参与才能生效。

〔8〕每次会议的摘要会议记录可在亚投行官网理事会项下找到。前八次会议的参会代表情况见第 8 章中的表 8.1。

〔9〕参见理事会决议第 45 号，《关于 2018 年年会召开的时间与地点》，2017 年 6 月 16 日批准。

〔10〕《非洲开发银行协定》第 31 条第 1 款规定，非洲开发银行理事会的年会应在成员国举行，包括地区性和非地区性成员国。

〔11〕《亚投行协定》第 23 条第 1 款。《非洲开发银行协定》第 29 条第 1 款；《亚洲开发银行协定》第 28 条第 1 款；《欧洲复兴开发银行协定》第 24 条第 1 款；《美洲开发银行协定》第 8 条第 2 款第（a）项；以及《国际复兴开发银行协定》第 5 条第 2 款第（a）项。

〔12〕《亚投行协定》第 23 条第 2 款。

〔13〕《亚投行协定》第 23 条第 2 款。《非洲开发银行协定》第 29 条第 2 款；《亚洲开发银行协定》第 28 条第 2 款；《欧洲复兴开发银行协定》第 24 条第 2 款；《美洲开发银行协定》第 8 条第 2 款第（b）项；以及《国际复兴开发银行协定》第 5 条第 2 款第（b）项。

"其他权力是指在《亚投行协定》其他条款中明确授权给理事会的其他权力"。在亚洲开发银行和欧洲复兴开发银行的协定中也有这样的表述。因此，《亚投行协定》中特别规定一些决策由理事会做出，这些也是"保留权力"而不能被授权下放。下表7.1列出了不能授权给董事会的理事会的具体保留权力和所享有的权力。

表 7.1   理事会：不可转让的权力

具体的保留权力[a]	具体享有的权力[b]
机构治理方面	
· 成员的入会和成员增加认股[*] · 暂停成员资格[**] · 董事的选举和有关董事费用的决策，或者代理董事的费用或者薪酬 · 行长的选举、暂停职务、离职；[**]酬薪起止日期以及其他服务条款 · 《亚投行协定》的修改[*] · 董事会对《亚投行协定》解释决议的上诉决定 · 决定终止亚投行运行并分配资产[**]	· 亚洲和地区的定义 · 改变董事会的规模及构成 · 董事会非常驻状态的改变 · 第二代理董事所需要的成员数量 · 延长签署方加入的截止日期
财政方面	
· 法定资本的增减[**] · 准备金和净收益的配置和分配决定 · 审核审计员报告后批准一般资产负债表和亚投行的盈亏声明	· 75%地区性持股要求的例外[**] · 为其他目的分配净收益[**] · 提高借贷限额（高达250%）[**] · 设立子公司[*] · 批准信托基金框架 · 发行非票面价值股份
营运	
	· 给非成员的融资[*] · 新型融资方式[*]

　*＝特殊多数决定，要求超过半数的理事，且代表不少于成员总投票权的二分之一。
　**＝超级多数决定，要求超过半数的理事，且代表不少于成员总投票权的四分之三。

a 具体保留权力：《亚投行协定》第 23 条第 2 款。

b 具体享有的权力：亚洲定义（《亚投行协定》第 1 条第 2 款）；75% 的区域股权例外情况（《亚投行协定》第 5 条第 2 款和第 5 条第 3 款）；非票面价值股份（《亚投行协定》第 7 条第 1 款）；非成员接受者 [《亚投行协定》第 11 条第 1 款第（b）项；新型融资（《亚投行协定》第 11 条第 2 款第 6 项）；增加贷款限额（《亚投行协定》第 12 条第 1 款）；信托基金框架（《亚投行协定》第 16 条第 7 款）；子公司（《亚投行协定》第 16 条第 8 款）；净收入用于其他目的（《亚投行协定》第 18 条第 1 款）；董事会的规模或组成（《亚投行协定》第 25 条第 2 款）；第二副董事的选区成员数量（《亚投行协定》第 25 条第 3 款）；改变董事会的非常驻状况（《亚投行协定》第 27 条第 1 款）；延长签署国批准的最后日期（《亚投行协定》第 58 条第 1 款）。

7.09　在 2016 年 1 月的首届会议上，亚投行理事会根据《亚投行细则》的规定，将其非保留权力授予董事会。《亚投行细则》规定，董事会行使理事会授予的权力时，不得与理事会的行为不一致。[14] 此外，《亚投行协定》规定，对于已经委派授权的事项，理事会仍保留全权行使的权力。[15]

7.10　其他多边开发银行理事会通常会保留的一项权力在亚投行中却被授予给了董事会：即批准与其他国际组织合作安排的权力。[16]《亚投行协定》一般性地指示亚投行与其他国家组织密切合作，包括国际金融机构、关注该地区或亚投行运行地域的经济发展的国际组织 。经董事会批准，亚投行有权与这些组织达成协议。[17] 将该权力从理事会转移到董事会反映了其他一些多边开发银行的经验。当国际复兴开发银行成立时，最值得关注的是持久且重要的制度承

〔14〕《亚投行细则》第 6 条规定："董事会经理事会授权行使本行的所有权力，但协定第 23 条第 2 款以及其他条款明确保留给理事会的除外，并受协定的约束……董事会不得采取与理事会授予的权力不一致的任何行动。"《美洲开发银行细则》第 4 条第 1 款也列入了对董事会的非保留权力的授权；《亚洲开发银行细则》第 8 节；《欧洲复兴开发银行细则》第 8 条第（a）款；《美洲开发银行细则》第 4 节；《国际复兴开发银行细则》第 14 节。

〔15〕《亚投行协定》第 23 条第 3 款。参见《非洲开发银行协定》第 29 条第 3 款；《亚洲开发银行协定》第 28 条第 3 款；《欧洲复兴开发银行协定》第 24 条第 3 款；和《美洲开发银行协定》第 8 条第 2 款第（c）项。

〔16〕批准与其他国际组织达成一般协定的权力是非洲开发银行、亚洲开发银行、欧洲复兴开发银行、美洲开发银行和国际复兴开发银行理事会的保留权力。见《非洲开发银行协定》第 29 条第 2 款；《亚洲开发银行协定》第 28 条第 2 款；《欧洲复兴开发银行协定》第 24 条第 2 款；《美洲开发银行协定》第 8 条第 2 款第（b）项；《国际复兴开发银行协定》第 5 条第 2 款第（b）项。

〔17〕《亚投行协定》第 35 条。

诺。但现如今是越来越少了。相反，现在多边开发银行与其他国际组织之间存在多种交易合作，合作更具有常规化，且包含很多技术和行政细节方面的合作，因此，董事会层面的决策更适合来分配这一整体权力。在某些情况下，由多边开发银行的管理层在其董事会批准的范围内，批准与其他国际组织合作安排，可能更合适。[18]

B. 董事会

（1）构成

7.11 《亚投行协定》规定，董事应由"在经济与金融事务方面具有较强专业能力的人士"当选，任期2年，并有可能连任。[19]亚投行董事会由12名董事组成：由代表域内成员的理事选出9名董事（域内董事），由代表域外成员的理事选出的3名董事（域外董事）。[20] 每位董事代表一名或多名成员，因此，在董事会中有12名成员代表。《亚投行协定》中规定的域内董事与域外董事的比例为9：3对应于75%的域内股权。[21]这些关于亚投行董事会组成的基本规定，在大多数方面与其他多边开发银行相似，其中的差异如下。[22]

7.12 亚投行的理事会决定可以通过超级多数决定来改变亚投行董事会的规模和组成。[23]其他多边开发银行也规定理事会可以改变董事会的规模和组成。

---

〔18〕 亚洲开发银行在与其他国际组织合作中，管理层与多个多边开发银行签订了无约束力的备忘录。见第3章第3.15段。

〔19〕《亚投行协定》第25条第1款和第5款。《亚投行协定》附件2规定了一年选举董事两次的一般规定。在附件2进一步规定理事会应按照这些规定制定细则，规范每次董事的选举。

〔20〕《亚投行协定》第25条第1款。董事可能不是理事会的成员。

〔21〕《亚投行协定》第5条第2款和第3款。

〔22〕《非洲开发银行协定》第33条和第34条；《亚洲开发银行协定》第30条和第32条；《欧洲复兴开发银行协定》第26条和第28条；《美洲开发银行协定》第8条第3款；以及《国际复兴开发银行协定》第5条第4款。

〔23〕《亚投行协定》第25条第2款。

这项权力经常被行使。[24] 多边开发银行的董事会规模各不相同：

·国际复兴开发银行有 189 名成员，最初由 12 位执行董事，现如今有 25 名执行董事

·欧洲复兴开发银行从成立到现在有 66 个国家股东，再加上欧盟和欧洲投资银行，其有 23 名董事，分组为不同的地区（4 名董事代表域外成员）。[25]

·美洲开发银行董事会有 14 名执行董事（10 名代表域内成员）代表 48 名成员。[26]

·亚洲开发银行董事会目前有 12 名董事，代表 67 名成员（8 名域内董事和4 名域外董事，对应于其 60% 的域内股权）；它最开始有 10 位董事。[27]

·非洲开发银行董事会目前有 20 位董事，代表 81 位成员：13 名域内董事（54 个域内成员）和 7 个域外董事（27 个域外成员），大致对应于其 60% 的域内股权。[28]

任期的长短也各不相同，亚投行、亚洲开发银行和国际复兴开发银行规定 2年任期，而非洲开发银行、欧洲复兴开发银行和美洲开发银行规定任期 3 年。[29]

7.13 每位亚投行董事任命一名副董事。副董事在董事缺席时，代表董事

---

[24] 《国际复兴开发银行协定》第 5 条第 4 款第（b）项授权理事会以 80% 的多数票通过进行干预。在亚洲开发银行，协定规定了一个由 10 名成员组成的董事会，该董事会可以在第二届年会上根据《亚洲开发银行协定》第 30 条第 1 款第（ii）项扩大，以增加较小的欠发达国家的代表性，上述规定由超过半数的理事且投票权占总投票权的三分之二通过。参见《欧洲复兴开发银行协定》第 26 条第 3 款，《非洲开发银行协定》第 33 条第 1 款，《美洲开发银行协定》第 8 条第 3 款第（b）（ii）项的类似规定。

[25] 根据《欧洲复兴开发银行协定》第 26 条第 1 款，23 名董事分为以下几种：11 名董事代表为比利时、丹麦、法国、德意志联邦共和国、希腊、爱尔兰、意大利、卢森堡、荷兰、葡萄牙、西班牙、英国、欧洲经济共同体（现为欧盟）和欧洲投资银行；12 个代表其他成员，其中 4 个代表中欧和东欧国家中有资格获得世行援助的国家，4 个代表其他欧洲国家，4 个代表非欧洲国家。

[26] 《美洲开发银行协定》第 8 条第 3 款第（b）（ii）项 [一名董事由最大股东（美国）任命，至少 3 名董事由非地区性成员选出，至少 10 名董事由剩余的地区性成员选出]。

[27] 印刷版的《亚洲开发银行协定》封面引用了经第 37 号决议修订的亚洲开发银行理事会第 27 号决议，并指出："从理事会第四届年会开始，董事会规模增加到 12 名成员，8 名成员由代表区域成员的理事选出，4 名成员由代表非区域成员的理事选出。"

[28] 《非洲开发银行协定》第 33 条第 1 款。

[29] 《亚洲开发银行协定》第 30 条第 3 款和《国际复兴开发银行协定》第 5 条第 4 款第（b）项规定了两年期限。《非洲开发银行协定》第 33 条第 3 款，《欧洲复兴开发银行协定》第 26 条第 5 款和《美洲开发银行协定》第 8 条第 3 款第（iii）项规定了 3 年期限。

行使全部权力。[30] 董事和副董事必须是成员的国民，但不要求来自其所代表的成员。[31] 通常，董事会中的一个选区由几个成员组成，由一名董事来代表。但大股东可能单独成为一个选区。[32] 同个选区中的成员们一致同意选出董事和候补董事，以及接任条款，有时是轮流。相对的投票权意味着该选区内较大的股东最终更有地位优势。

7.14 在亚投行中，代表超过一定数量成员的董事，可以任命一名额外的副董事（最初，这些董事们各自代表 5 个或更多成员）。[33] 为大选区提供额外副董事职位，可以增强成员代表性和发言权。这是因为更多成员有机会更频繁地参与轮流。此外，增加董事职位数量将有助于创始成员在固定性或轮流的基础上，指定董事或副董事。这是《亚投行协定》所规定的特权。[34] 在所有获批准的成员（及未来成员）加入后，亚投行的大部分董事会选区都可能会有额外的副董事；目前有六个选区有第二名副董事。[35]

7.15 第二名副执行董事职位首次出现在国际货币基金组织的 2008 年治理改革中，并在其 2010 年的一揽子改革中进一步扩展。在国际货币基金组织中，

---

〔30〕 《亚投行协定》第 25 条第 3 款。

〔31〕 《亚投行协定》第 25 条第 4 款。

〔32〕 截至 2017 年 12 月，只有印度在亚投行董事会中拥有单一成员选区，因为亚投行的最大成员中国包括了中国香港。为了比较，2017 年其他多边开发银行的董事会配置为：

在非洲开发银行中，在 20 人的董事会中有 1 个单一成员选区（美国）。在亚洲开发银行中，12 个人的董事会中有 3 个单一成员选区：中国、日本和美国。

在欧洲复兴开发银行中，在 23 个人的董事会中有 6 个单一成员选区：美国、法国、意大利、英国、日本和德国，以及欧盟和欧洲投资银行组成的单一成员选区，这 2 个也是股东。

在美洲开发银行中，在 14 个人的董事会中有 2 个单一成员选区（加拿大和美国）。

在国际复兴开发银行中，五大股东各自根据《国际复兴开发银行协定》任命自己的董事［第 5 条第 4 款第（b）(i) 项］。2017 年，在 25 个人的董事会中有 8 个单一成员选区：美国、日本、中国和德国各自任命 1 个，英国和法国各自任命 1 个，因为这两个股东并列为第五大股东。此外，沙特阿拉伯和俄罗斯各自选举产生 1 个董事。

值得注意的是，美国在每个董事会中都是 1 个单一成员选区。

〔33〕 《亚投行协定》第 25 条第 3 款。关于副董事任命的理事会第 8 号决议（2015 年 1 月 16 日通过），规定无论是通过选举还是投票分配，代表 5 个或 5 个以上成员进行投票的董事，均有权任命 1 名额外的副董事。该决定现已载入《亚投行细则》第 10 条第（b）款。

〔34〕 在第 5 章第 5.20~5.21 段中讨论有关《亚投行协定》附件 2，第 10 段。

〔35〕 参见第 8 章表 8.3 随着新成员的涌入，根据《亚投行协定》，扩大董事人数也是一种选择，其考虑因素包括维持区域/非区域平衡以及扩大之后的规模是否能够进行有效的董事会互动和管理。

由 7 名或更多成员选出的执行董事是有权任命两名副执行董事。[36]为了比较，国际货币基金组织的执行董事会中有 24 名执行董事，代表 189 名国际货币基金组织成员。

（2）服务条款

7.16　董事和副董事必须"根据银行的利益需要，在银行的事务上投入一定的时间和精力"，并参加会议和电子会议。[37]董事和副董事没有报酬（与兼职的非常驻职位一样），而银行可以支付他们因参加会议所产生的合理费用。[38]理事会在 2016 年 1 月的首届会议上通过了《董事会官员行为守则》，约束董事和副董事的行为。[39]除了有一名或多名副董事，每位董事最多可指定 3 名顾问作为董事会实际会议的观察员，但观察员没有任何投票或发言权。[40]

（3）非常驻董事

7.17　亚投行董事会是兼职、非常驻的董事会。其根据银行的业务需要在

---

〔36〕《国际货币基金组织协定》第 12 条第 3 款第（e）项。2008 年国际货币基金组织理事会第 63-2 号决议，《国际货币基金份额和声音改革》（自 2008 年 4 月 28 日起生效），规定由至少 19 名成员选出的执行董事有权任命 2 名副执行董事。2010 年国际货币基金组织理事会第 62-2 号决议"执行董事会份额和改革的第 14 次评议"（自 2010 年 12 月 15 日起生效），规定该门槛从 19 个调整为 7 个。一旦第 63-2 号决议的修正案生效，该调整在 2016 年第一次常务执行董事会选举后生效。

〔37〕《亚投行细则》第 10（a）节。

〔38〕《亚投行协定》第 25 条第 6 款。有关董事和候补董事的薪酬和费用的决定属于理事会的保留权力。《亚投行协定》第 23 条第 2 款第 5 项。其他多边开发银行常驻董事会的董事和副董事通常会有工资和福利，从多边开发银行的预算支出。

〔39〕《亚投行细则》第 8 节和第 10 节第（k）项。《董事会官员行为守则》由以下文件通过，即 2016 年 1 月 16 日通过的理事第 9 号《有关行为守则决议》。该守则（第 14 节）包括董事会职业伦理委员会的决定有关强制辞职（通常在指定期限内）的制裁；董事和副董事必须遵守《亚投行细则》第 10 节第（k）项规定的制裁，这些制裁是以守则为基础。这些条款合在一起，解决了其他多边开发银行有时会出现的问题，即当选出的董事违反职业伦理或合同规则时，在法律上无法强制要求其辞职。

〔40〕《亚投行董事会程序规则》第 3 节第（h）项。本节于 2017 年 10 月 9 日修订，允许代表 7 名或 7 名以上成员的董事指定 3 名以上顾问，前提是董事、候补和顾问的总人数不超过该选区的成员人数。这些顾问职位为董事提供额外支持以及使得成员进一步参与董事会工作，特别是当有选区成员没有其国民担任董事或候补董事时。《董事会程序规则》进一步规定，亚投行不向顾问提供差旅费（与董事和副董事不同）；但是，顾问受《亚投行细则》和《董事会程序规则》的约束，并且比照适用《董事会官员行为守则》。

一年中召开定期会议。[41] 理事会可以超级多数的决定来弥补非常驻董事会的缺陷。[42] 每季度定期举行会议；会议由主席（亚投行行长）或三位董事提出要求召集。[43] 董事会也可召开电子会议或进行没有会议的投票。[44] 对于董事会的任何会议，出席的法定人数要求董事人数超过半数，且代表不少于三分之二的总投票权。[45]

7.18 在亚投行成立过程中，其非常驻董事会的模式引起了很多关注。许多评论将之与非洲开发银行、亚洲开发银行、欧洲复兴开发银行、美洲开发银行和国际复兴开发银行的常驻董事会进行对比。[46] 但长期以来，非常驻董事会在国际金融机构的治理中占有一席之地，并且是私企的惯常做法。[47] 1944 年在布雷顿森林会议上，在讨论国际复兴开发银行和国际货币基金组织协定中，有关常驻问题讨论激烈。直到 1946 年的首次理事会会议，才确定为常驻董事会。争论包括有关董事会功能、成本：

> 凯恩斯重启了在大西洋城会议和布雷顿森林会议所讨论的观点，即董

---

〔41〕《亚投行协定》第 27 条第 1 款。

〔42〕《亚投行协定》第 27 条第 1 款。该条款与《新开发银行协定》第 12 条第（g）款相似。对于亚投行而言，超级多数需要三分之二的理事批准，且代表不少于总投票权的四分之三。

〔43〕《亚投行细则》第 10（a）节（季度会议）和《亚投行协定》第 27 条第 1 款（召集会议）。

〔44〕《亚投行协定》第 27 条第 4 款。亚投行董事会举行了几次视频会议。例如，参见 2016 年 12 月 21 日、2017 年 5 月 2 日、2017 年 7 月 4 日、2017 年 9 月 4 日的董事会会议记录。

〔45〕《亚投行协定》第 27 条第 2 款。亚投行法定人数与亚洲开发银行（《亚洲开发银行协定》第 32 条第 2 款）和欧洲开发银行（《欧洲开发银行协定》第 28 条第 2 段）相同。其他略有不同：参见《非洲开发银行协定》第 34 条第 2 款（超过半数的董事且代表不低于总投票权的 70%）、《美洲开发银行协定》第 8 条第 3 款第（f）项（超过半数的董事包括超过半数的区域性董事，且代表不少于总投票权的三分之二）和《国际复兴开发银行协定》第 5 条第 4 款第（f）项（超过半数的董事且代表不低于总投票权的一半）。

〔46〕《亚投行协定》在第 27 条第 1 款中不仅明确规定董事会"在非常驻基础上"运作，而且还省略了其他一些多边开发银行协定中会提到的条款，即董事在银行的主要办事机构处工作。参见《非洲开发银行协定》第 34 条第 1 款、《亚洲开发银行协定》第 32 条第 1 款、《欧洲复兴开发银行协定》第 28 条第 1 款、《美洲开发银行协定》第 8 条第 3 款第（e）项、《国际复兴开发银行协定》第 5 条第 4 款第（e）项。《关于建立欧洲复兴开发银行协定的主席报告》进一步指出："代表们同意董事及其副董事应常驻银行的总部。"

〔47〕关于政府间组织中的董事会的不同作用，包括常驻问题的讨论，参见 Martinez-Diaz（2009），特别是第 106～107 页中表 3（比较国际基金组织、国际复兴开发银行、亚洲开发银行、非洲开发银行、美洲开发银行和欧洲复兴开发银行的董事会的选定指标）和第 109 页中表 4〔比较欧洲经济合作组织、经济合作与发展组织（经合组织）和国际清算银行〕。

事应该是在自己的政府中担任职务的人。他们只需要偶尔来决定问题，因为主要工作由总经理和行长及其员工承担。美国代表再次敦促董事和候补董事，需要随时可以来做快速决策，并且他们可以通过董事会的讨论获取相关信息并进行业务判断。凯恩斯认为 48 个人的工资会是一个过重的负担，而这 48 个人在其自己的国家就业的话会更好。这是因为公司并不一直需要执行董事和候补人董事，他们可以将他们的工作与工资分开（即在公司任职工作，但不接受工资）。[48]

美国的观点占了上风。因此，世界银行和国际货币基金组织建立了全职常驻董事会。[49]几十年后，在《非洲开发银行协定》（1963 年）、《亚洲开发银行协定》（1963 年）以及《欧洲复兴开发银行协定》（1990 年）的谈判中，再次激烈讨论董事会常驻问题，直到最后同意常驻董事会。[50]

7.19 其他已运作数十年的、有非常驻董事会机制的国际金融机构，包括欧洲投资银行、欧洲开发银行委员会、安第斯开发协会、加勒比海开发银行、北欧投资银行、伊斯兰开发银行、黑海贸易开发银行和国际农业发展基金，以及最近的欧洲稳定机制和新开发银行。[51]世界银行的治理改革讨论也涵盖了非

---

〔48〕 Bitterman（1971），第 87 页。对于国际复兴开发银行和国际货币基金组织协定，大西洋城会议指 1944 年 6 月的谈判前会议，布雷顿森林会议指 1944 年 7 月的谈判。约翰·梅纳德·凯恩斯率领代表团访问了英国。

〔49〕 参见 Callaghan 和 Hubbard（2016），第 131 页，其阐述了在布雷顿森林机构开始时，哈利·德克斯特·怀特和约翰·梅纳德·凯恩斯之间的辩论。"凯恩斯希望高级别、兼职的、非执行董事会专注于该机构的战略方向。但怀特（和美国）占了上风，世界银行和国际货币基金组织成立了全职常驻执行董事会，对每项决定进行政治审查。"

〔50〕 非洲开发银行的准备工作中，也讨论过董事会驻留问题。其中一些认为非常驻董事"将有助于政府选出具备必要技能的人员并节省大量支出"。董事实际上直到 1970 年才开始常驻。Gardiner 和 Pickett，第 23 页。对于《亚洲开发银行协定》谈判期间，成本意识导致了至少一项有关兼职董事会的提案。Wilson（1987 年），第 27 页。对于欧洲复兴开发银行而言，大多数欧洲共同体国家最初都赞成非常驻董事会以此节省成本，如欧洲投资银行一样。Menkveld（1991），第 78 页。显然，美国主张欧洲复兴开发银行的常驻董事会在日常职能中发挥强有力的作用，以确保在谈判中模糊的妥协结果能够得到执行。Weber（1994），第 19 页。

〔51〕 Martinez-Diaz（2009）分析了不同的董事会职能，同时也考察了常驻问题。2017 年，一家评级机构将亚投行评为 AAA 级，并对其非常驻董事会评论道："我们认为无论如何这不会影响其监督职能或做出决策。"标准普尔的研究更新，2017 年 7 月 18 日，"亚洲基础设施投资银行评级为 AAA/A-1+级：前景稳定。"

常驻董事会的提案，虽然这一领域的改革没有被采纳。[52]

（4）权力

7.20 为了分析需要，亚投行董事会的权力可分为三种：一般权力、授予权力和特定权力。

7.21 董事会的"一般权力"负责指导银行的一般业务。[53]

7.22 董事会的"授予权力"均属于理事会的非保留权力，即理事会授予董事会的权力，如第7.09段所述。该授予权力包括理事会授权董事会根据银行的业务需要而制定规则规范。[54]

7.23 董事会的"特定权力"是指由《亚投行协定》中规定的指定给董事会的权力，以及《亚投行协定》第26条列举的七项权力。这些权力分类类似于《非洲开发银行协定》《亚洲开发银行协定》和《欧洲复兴开发银行协定》中的规定，尽管亚投行中列举的具体权力有所不同。[55] 特定权力包括任命副行长、与国际组织的合作安排（参见第7.10段有关的讨论）以及解释《亚投行协定》的权力。该解释可以被上诉至理事会。[56] 列举的权力主要如下所述。

（a）支持理事会

7.24 董事会有义务为理事会准备工作。[57] 具体表现为审查各项决定并通

---

〔52〕 世界银行集团治理现代化高级委员会报告，Zedillo（2009）在建议2中提出了一项改变世界银行董事会的常驻全职状态的提案。Dollar（2015），第3页注意到Zedillo的批评观点，即世界银行集团常驻董事会"是银行的巨额财务成本（每年7000万美元）和额外的管理层，这导致项目准备进程缓慢和银行效率低下"。他还评论说，项目准备进程缓慢是客户对多边开发银行的主要批评。

〔53〕 《亚投行协定》第26条。《亚投行协定》中"银行业务"是指本行的所有活动，而不仅仅是其投资业务。这个术语在其他协定中很常见。

〔54〕 《亚投行细则》第6节指的是根据《亚投行细则》第24条第4款制定规则和条例的权力。

〔55〕 美洲开发银行和国际复兴开发银行没有以同样的方式——列举权力。本节中提及其他多边开发银行协定中关于董事会权力的规定，参见《非洲开发银行协定》第32条、《亚洲开发银行协定》第31条、《欧洲复兴开发银行协定》第27条、《美洲开发银行协定》第8条第3款第（a）项、《国际复兴开发银行协定》第5条第4款第（a）项。

〔56〕 《亚投行协定》中规定的董事会具体决策包括：在一个实体中注资投资比例的政策制定（《亚投行协定》第14条第3款）；任命副行长（《亚投行协定》第30条）；与国际组织的安排合作（《亚投行协定》第35条）；以及，或许最重要的是，有权发布对《亚投行协定》的解释，并向理事会提起终诉（《亚投行协定》第54条第1款）。关于解释，另见第9章中第9.08~9.10段。

〔57〕 《亚投行协定》第26条第1款。

过决定，以供理事会批准通过。[58]在其他多边开发银行中，这项职能由董事会定期执行。虽然只有非洲开发银行、亚洲开发银行和欧洲复兴开发银行在其协定中有这样的具体规定。

（b）政策

7.25　董事会有权制定本行的政策。[59]主要的运营和财务政策需要得到董事会的不少于总投票权的四分之三的多数决通过。《首席谈判代表报告》扩大了主要运营和财务方面的含义。报告指出，"董事会根据第 26 条第 2 款制定的主要政策，包括环境政策、社会影响政策、采购政策（第 13 条）和披露政策（第 34 条）"。根据本行的政策，董事会可以将权力授权给行长，此授权需要董事会中不少于总投票权的四分之三的多数决通过。对于政策决定，需要董事会的超级多数决定，这一点类似于《欧洲复兴开发银行协定》中规定的"一般政策决定"需要不少于成员总投票权的三分之二。[60]

（c）业务决策

7.26　董事会有权对亚投行的融资业务做出决策。[61]这些业务包括：直接贷款、共同融资或参与直接贷款、股权投资、担保、使用特别基金资源、技术援助以及由理事会决定的其他类型的融资。[62]《亚投行协定》明确规定董事会可以授权这些业务给行长，无论是否批准。授权的决定需要不少于总投票权数的四分之三的多数决通过。（与董事会授权政策制定权所需要的多数决一样。）

7.27　其他一些多边开发银行，比如非洲开发银行、亚洲开发银行和欧洲

---

　　〔58〕　在没有召开会议的情况下而理事会需要就某一具体问题进行表决时，由董事会决定，并且该表决的基本提案将首先由董事会讨论和决定。《亚投行协定》第 24 条第 3 款和《亚投行理事会程序规则》第 11 节。

　　〔59〕　《亚投行协定》第 26 条第 2 款。

　　〔60〕　《欧洲复兴开发银行协定》第 29 条第 3 款；另见《黑海国家贸易开发银行协定》第 28 条第 3 款。在欧洲复兴开发银行建立协定的行长报告中，《欧洲复兴开发银行协定》谈判结束时该条款的含义是指："代表们打算，若关于某个问题是否涉及'一般政策'有不同的意见，则董事会将根据法律顾问的建议做出决定。一般而言，具体业务的决策不会涉及此类问题，但'一般政策问题'会涉及，包括但不限于，预算、年度行动计划、借款政策，包括借款限额、利率政策、交换风险管理政策、票据的承兑、承保政策和银行的组织结构。"

　　〔61〕　《亚投行协定》第 26 条第 3 款。

　　〔62〕　《亚投行协定》第 11 条第 2 款。

复兴开发银行在其协定中规定了类似的权限，即董事会有权决定投资运营。但在这些协定中没有具体提及授权事宜。[63]一些多边开发银行董事会，并没有进行会议讨论，而是通过无异议或其他精简的程序来决定许多业务——但这些程序不是实际授权，因为董事会是法律上的批准机构。

在其他一些多边开发银行中，董事会可以正式授权。欧洲投资银行的非常驻董事会有权授权其部分职能给管理委员会，包括有关财务给予的决定；此类授权的决定需要合格多数决。[64]北欧投资银行的非常驻董事会通常有权将其权力适当地委托。[65]

7.28　《亚投行协定》规定可以将运营决策的权力授权给行长，为董事会和行长之间的责任提供了更明确分工的可能性。将权力授权给行长，董事会可以根据授权条款让行长对其决策负责。如果董事会自己做出最终决策，难以明确问责。[66]该授权需要更多的多数决通过，因此，该授权的重要性显而易见。

（d）监管和监督

7.29　亚投行的董事会有义务定期监督亚投行的管理和运作。[67]尽管其他多边开发银行的董事会也履行此职能，但《亚投行协定》明确规定了该义务责任，这一点不同寻常。[68]这条规定加强了董事会的角色。因为非常驻的话，并

---

〔63〕《亚投行协定》不包括《亚洲开发银行协定》和《欧洲复兴开发银行协定》中规定的条款（《亚洲开发银行协定》第14条第4款）（《欧洲复兴开发银行协定》第13条第5款），即每项业务，行长向董事会提交一份关于申请人的提议和行长的建议。此类书面报告包含在其他协定中，未提及行长，如《美洲开发银行协定》第3条第7款第（a）（i）项和《国际复兴开发银行协定》第3条第4款第（iii）项。

〔64〕《欧洲投资银行协定》第9条第1款规定，董事会应确定权力以及任何授权的条件，并监督其执行。在欧洲投资银行董事会中，合格多数决需要18个成员（在22个总数中——约占62%）和68%的资本。《欧洲投资银行协定》第8条。《欧洲投资银行程序规则》第18条第3款进一步规定，董事会可以合格多数决，将其部分职能委托给管理委员会，如果这么做，则需要确定此授权的条款和条件，并监督其执行。

〔65〕《北欧投资银行协定》第15节。

〔66〕Zedillo报告建议国际复兴开发银行董事会将所有业务的审批权力授权给管理层，以取消共同管理角色，避免利益冲突，并加强问责制。Zedillo（2009），第128段。建议的另一个好处是为董事会制定战略和政策腾出更多时间。

〔67〕《亚投行协定》第26条第4款。

〔68〕《欧洲投资银行程序规则》第18条第2款规定，董事会（非常驻）应确保欧洲投资银行按照其协定和其他规则正确运行。

不要求实际在场进行监督这一要素。实际上,《亚投行协定》进一步要求董事会为此目的建立"符合透明、开放、独立和问责的原则"的监督机制。《首席谈判代表报告》详细记载了关于谈判者对于监管机制的想法:

> 代表们一致认为,根据第 26 条第 4 款的规定,由董事会设计建立的监督机制,将符合透明、公开、独立和问责原则,并将涉及有关审计、评估、欺诈和腐败、项目投诉和职员纠纷等领域。并反映出本行的特点:一个专注于基础设施建设的多边金融机构。

考虑到《亚投行协定》中的原则以及《首席谈判代表报告》中的一些细节,亚投行有机会在实现其使命时,在一定范围内进行创新,完成与其他多边开发银行相似的功能,但又体现其特征。其他多边开发银行的监督机构——比如评估、问责、诚信和内部纠纷解决方案——随着时间的推移逐渐改进和重新规划,但必然是以零碎的方式。而亚投行有机会一开始就整合这些职能,虽然这也是一项挑战。[69]

(e)战略、年度计划和预算

7.30 董事会有权批准亚投行的战略、年度计划和预算。战略和年度计划的内容将如何演变,主要是由董事会和管理层决定。[70]其他多边开发银行有类似的计划文件,但其协定并没有这样要求。在非洲开发银行、亚洲开发银行、欧洲复兴开发银行、美洲开发银行和国际复兴开发银行中,通常是董事会通过预算,并报告给理事会。[71]亚投行的 2016 年和 2017 年的年度业务计划和预算,由董事会通过,其总结发布在亚投行官网上。本书第 4 章中总结了亚投行的

---

〔69〕 其中许多职能在第 D 节"与治理相关的职能"中进行讨论。董事会批准了《亚投行禁止行为政策》(2016 年 5 月),并于 2016 年 12 月批准了修订版(发布在亚投行网站上)。这种反腐败政策和机制对应于监督机制下的欺诈和腐败领域。有关本政策的摘要,请参见第 4 章第 4.44 至 4.46 段。

〔70〕 《亚投行协定》第 26 条第 5 款。

〔71〕 《亚洲开发银行协定》第 31 条第 4 款;《欧洲复兴开发银行协定》第 27 条第 4 款;《美洲开发银行协定》第 8 条第 3 款第 1 项。《亚投行细则》第 5 节第(c)项要求将董事会批准的年度预算提交理事以供参考。《国际复兴开发银行细则》[第 18 节第(b)项]和《非洲开发银行规章》(第 8 节第 1 款)中有批准和报告要求。

2017 年能源战略的咨询过程，以及其获得董事会支持的终极战略。[72]

（f）委员会

7.31　跟其他多边开发银行一样，亚投行的董事会也有权任命一些委员会。[73]委员会成员无需是董事会成员。[74]亚投行董事会设立了三个委员会：预算和人力资源；政策与战略；审计。有关这些委员会的具体情况如表 7.2 所述。

表 7.2　亚投行董事会下设委员会[a]

预算和人力资源委员会由 6 名董事组成。其职权范围包括： ·审查拟议的年度预算 ·审查和评估薪酬和福利政策及相关的实施情况 ·履行《董事会官员行为守则》中规定的委员会职能（与其他多边开发银行董事会的职业伦理委员会相当） ·可能应董事会要求，有关预算或本行的人力资源方面 政策与战略委员会由 6 名董事组成。其职权范围包括： ·审查银行的财务和运营政策，包括环境、社会和采购政策 ·就银行战略的制定提供咨询 ·其他应董事会要求且符合其职权范围的有关活动 审计与风险委员会由 3 名董事和两名外部成员组成（见 D 部分"与治理相关的职能"）。其职权范围包括： ·审查银行的财务报表和会计账目、审计报告以及相关的程序和问题

〔72〕《亚投行支持成员履行其在巴黎协定下的承诺》，《亚投行新闻》2017 年 6 月 16 日。参见第 4 章第 4.39~4.41 段。

〔73〕《亚投行协定》第 26 条第 5 款。

〔74〕董事会任命委员会的权力，参见《美洲开发银行协定》［第 8 条第 3 款第（i）项］和《国际复兴开发银行协定》［第 5 条第 4 款第（i）项］。在《非洲开发银行协定》《亚洲开发银行协定》《欧洲复兴开发银行协定》中没有找到相似条款；相反，《亚洲开发银行细则》第 12 节和《欧洲复兴开发银行董事会程序规则》第 11 条包含类似的权力。非洲开发银行董事会也有一个类似的委员会结构。

·审查外部审计师的选择程序、资格和业绩；审查外部审计师的年度报告，并确保其就所确定的主要待改进领域采取适当行动

·审查工作范围和内部审计计划，并审查与财务报告流程相关的内部审计职能和内部控制系统的有效性

·审查风险管理流程和政策、信息技术安全和控制的有效性和完整性。

a 来源：亚投行官网，董事会，委员会。

（g）会计账目

7.32　批准亚投行的资产负债表和损益表是理事会的保留权力。董事会负责在每个财务年提交已审计的账目给理事会批准通过。其他多边开发银行中也有这样的责任分配，要么在协定中，如非洲开发银行、亚洲开发银行和欧洲复兴开发银行，或者在细则中，如国际复兴开发银行和美洲开发银行。[75]

C. 行长

（1）选举

7.33　亚投行行长由理事会选举产生。[76] 行长的选举需要理事会的超级多数决定；一些其他多边开发银行也要求行长选举需要多数决，尽管比例要求较低。[77] 超级多数决定，包括总投票权的75%，能够确保当选行长得到绝大多数

---

[75]《非洲开发银行协定》第29条第2款第（g）项和第32条第4款；《亚洲开发银行协定》第28条第2款第8项和第31条第3款；《欧洲复兴开发银行协定》第24条第2款第8项和第27条第3款；《美洲开发银行细则》第10节；《国际复兴开发银行细则》第18节。另见第 D 节"与治理相关的职能"中关于审计的讨论。

[76]《亚投行协定》第29条第1款。

[77]《亚投行协定》第29条第1款。超级多数投票要求三分之二的理事拥有总投票权的四分之三。这高于非洲开发银行、亚洲开发银行、欧洲复兴开发银行、美洲开发银行和国际复兴开发银行选举行长所需的多数票。《非洲开发银行协定》第36条第1款和《美洲开发银行协定》第8条第5款第（a）项（超过半数的投票权，包括超过半数的区域总投票权）；《亚洲开发银行协定》第34条第1款和《欧洲复兴开发银行协定》第30条第1款（超过半数的理事且超过半数的投票权）。在国际复兴开发银行中，由执行董事（董事会）选举决定行长，而不是理事会，并以简单多数决定。《国际复兴开发银行协定》第5条第5款第（a）项。2012年之前，选择结果总是被宣布为经过一致同意决定。2012年，公告指出，该流程已产生多个候选人，最后被提名者得到了不同成员的支持。《世界银行执行董事选举 Jim Yong Kim 博士为世界银行集团第 12 任总裁》，世界银行新闻稿，2012 年 4 月 16 日。

股东们的支持，虽然一个或少数股东可以行使否决权。据说，掌舵人的国籍传统由来已久，选举国际复兴开发银行（美国），国际货币基金组织（欧洲）和亚洲开发银行（日本）的负责人，只需要简单的多数决通过，且没有否决权。[78]

7.34 《亚投行协定》正式规定了一个开放、透明和择优的择选程序。这点在其他多边开发银行中有提到，但并没有列入协定。[79]亚投行理事会选举行长，与非洲开发银行、亚洲开发银行、欧洲开发和复兴银行以及美洲开发银行的实践类似。[80]相比之下，在世界银行和国际货币基金组织的模式下，董事会选举行长。[81]

7.35 《亚投行协定》规定，基于开放、透明和择优的程序，由理事会根据行长的建议，任命一名或多名副行长。[82]虽然该程序要求比较新颖，但《亚投行协定》中其他有关副行长的选举条款，是大家比较熟知的。亚投行的副行长由董事会根据行长的建议任命。这一点是追随亚洲开发银行、欧洲复兴开发银

---

〔78〕 参见 Cogan （2009），第 227~229、241~244 页，详细说明了实践并暗示国际复兴开发银行和国际货币基金组织的交易结束。事实上，自 2009 年以来，结果并没有改变（美国公民在国际复兴开发银行；欧洲公民在国际货币基金组织），但每次都有其他国籍的候选人被宣传为正式的竞选者〔例如，墨西哥前财政部长奥古斯丁·卡斯滕斯（Agustin Carstens）在国际货币基金组织参选，以及尼日利亚前任财政部长恩戈齐·奥孔约·伊维拉（Ngozi Okonjo-Iweala）在国际复兴开发银行参选等〕。

〔79〕《亚投行协定》第 29 条第 1 款。针对发展委员会公报呼吁开放、择优和透明的遴选程序，国际复兴开发银行执行董事通过 The Report on the Selection Process of the President （2011），参见 Committee （2011）。发展委员会在其 2011 年 4 月 16 日的公报中表示，很高兴本报告涉及一个公开、择优和透明的择选程序，且国际复兴开发银行执行董事宣布其在 2012 年采用了新的程序。《世界银行执行董事选择 Jim Yong Kim 博士为世界银行集团第 12 任总裁》，世界银行新闻稿 2012 年 4 月 16 日。同样，自 2007 年改革后，国际货币基金组织选举总经理的程序也变成开放的、择优的和透明的择选程序。参见，比如 Communique of the International Monetary and Financial Committee of the Board of Governors of the International Monetary Fund，2009 年 10 月 4 日，第 5 段。

〔80〕《非洲开发银行协定》第 36 条第 1 款；《亚洲开发银行协定》第 34 条第 1 款；《欧洲复兴开发银行协定》第 30 条第 1 款；《美洲开发银行协定》第 8 条第 5 款 （a） 项；《国际复兴开发银行协定》第 5 条第 5 款 （a） 项。最初，非洲开发银行行长由董事会选举产生；但 1979 年修订《非洲开发银行协定》，将其改为由理事会选举产生。非洲开发银行理事会决议第 05-79 号，《关于修订〈非洲开发银行协定〉以使非非洲国家有资格成为其成员》，1979 年 5 月 17 日批准，1982 年 5 月 7 日生效，附录第 12、16 段。

〔81〕《国际复兴开发银行协定》第 5 条第 5 款 （a） 项（执行董事选任行长）和国际货币基金组织第 12 条第 4 款第 （a） 项（执行理事会选任常务管理董事）。

〔82〕《亚投行协定》第 30 条第 1 款。截至 2017 年 6 月，亚投行有 5 位副行长（公司秘书、首席财务官、首席投资官、政策与战略官、首席行政官）。亚投行高级管理层还包括由行长任命的总法律顾问和首席风险官。参见 AIIB （2017），第 11 页。

行和美洲开发银行的实践。而在世界银行和非洲开发银行中，这些任命由行长做出。[83]在大多数的多边开发银行中，副行长层级的任命会考虑到国籍。[84]

（2）资质和条件

7.36 亚投行行长必须是区域成员的公民，比如在非洲开发银行和亚洲开发银行，以及在一些先例中，行长可能不能同时担任理事、候选理事、董事或副董事。[85]任期是 5 年，有可能再次当选。[86]亚洲开发银行实行两任制限制，非洲开发银行也是如此，在美洲开发银行中曾讨论过两任制限制。[87]理事会的超级多数决定可以暂停或免去亚投行行长的职务。[88]这一点与其他地方的实践

---

[83] 《亚洲开发银行协定》第 35 条第 1 款和《欧洲复兴开发银行协定》第 31 条第 1 款。对于美洲开发银行而言，执行副行长和其他副行长也由董事会根据行长的建议任命。《美洲开发银行协定》第 8 条第 5 款第（b）、（c）项。《国际复兴开发银行协定》第 5 条第 5 款并未提及副行长，而仅涉及由行长任命的官员和工作人员。《非洲开发银行协定》第 37 条第 2 款授权行长任命副行长，"前提是他应与董事会协商，行使其任命和解聘副行长的权力"。最初，非洲开发银行副行长也是由董事会根据行长的建议任命；上文所引用的句子是《非洲开发银行协定》修订后的，协定修改的决定在以下文件中，AfDB Board of Governors' Resolution B/BG/97/05, Concerning Measures to Enhance Governance of the African Development Bank and Amending the Agreement Establishing the Bank, 1997 年 5 月 29 日通过，1998 年 5 月 2 日生效，第 5 段。

[84] 参见 Cogan（2009），第 227~229 页。

[85] 《亚投行协定》第 29 条第 1 款。《非洲开发银行协定》第 36 条第 1 款和《亚洲开发银行协定》第 34 条第 1 款。

[86] 《亚投行协定》第 29 条第 2 款。非洲开发银行、亚洲开发银行、美洲开发银行的行长任期为 5 年［《非洲开发银行协定》第 36 条第 1 款、《亚洲开发银行协定》第 34 条第 2 款和《美洲开发银行协定》第 8 条第 5 款第（a）项］，欧洲复兴开发银行的行长任期为 4 年（《欧洲复兴开发银行协定》第 30 条第 1 款）。国际复兴开发银行行长的最初任期也是 5 年，连任任期可长达 5 年。《国际复兴开发银行细则》第 13 节第（c）项。

[87] 《非洲开发银行协定》第 36 条第 1 款。有关美洲开发银行，参见 Section 2（c）of the Regulations for the Election of the President at IDB："理事们强烈表示，行长最多连续两任，且任期 5 年。"新多边开发银行行长和副行长不可连任。《新多边开发银行协定》第 13 条第（d）项。

[88] 《亚投行协定》第 29 条第 2 款。本条还规定，如果行长职位因任何原因在任期内出现空缺，理事会应任命代理行长担任临时一段时间或选举新行长。《非洲开发银行协定》中也有临时代理行长，是在行长被理事会暂停职务时。《非洲开发银行协定》第 36 条。在美洲开发银行中，执行副行长将在行长缺席或无行为能力的情况下行事。《美洲开发银行协定》第 8 条第 5 款第（b）项。《亚洲开发银行协定》、《欧洲复兴开发银行协定》和《国际复兴开发银行协定》并未提及任命代理行长。

一致。[89]亚投行理事会决定行长的服务条款和薪酬，这是其保留权力之一。[90]

7.37　亚投行行长在推荐副行长人选时，有义务高度关注候选人的工作效率高和技术能力强，并尽可能招聘具有广泛域内地理基础的人选。[91]由董事会决定副行长的薪酬和服务条款。[92]行长和副行长受理事会通过的《银行职员行为守则》的约束。[93]

（3）权力

7.38　《亚投行协定》规定的行长权力来自双重角色，即作为亚投行的首席执行官和董事会行长。作为银行的首席执行官，行长是"银行职员的首领"，并在董事会的指导下经营亚投行的当前业务。[94]协定条款并没有对这一广泛的角色进行过多的限制。行长的其他具体权力包括根据董事会通过的规定，负责组织、任命和解雇官员和员工，[95]准备行政预算并提交董事会批准。[96]如上所述，董事会也可以根据本行的政策，授权给行长运行决策权。[97]

7.39　作为董事会行长，可自行召集会议或者应至少三位董事的书面请求

---

　　〔89〕《非洲开发银行协定》第36条第1款（超过半数投票权，包括超过半数的区域总投票权）；《亚洲开发银行协定》第34条第2款（三分之二的理事行使总投票权的三分之二）；《欧洲复兴开发银行协定》第30条第2款（三分之二的理事行使总投票权的三分之二）；《美洲开发银行协定》第8条第5款第（a）项（超过半数的总投票权，包括超过半数的区域总投票权）。在国际复兴开发银行中，执行董事无需特别多数决即可以解聘或选举行长。《国际复兴开发银行协定》第5条第5款第（a）项。

　　〔90〕《亚投行协定》第23条第2款第6项。《非洲开发银行协定》第29条第2款第（d）项也有类似的规定；《亚洲开发银行协定》第28条第2款第7项；《欧洲复兴开发银行协定》第24条第2款第7项；《美洲开发银行协定》第8条第2款（b）（iii）项；《国际复兴开发银行协定》第5条第2款第（h）项。

　　〔91〕《亚投行协定》第30条第3款。

　　〔92〕《亚投行协定》第30条第1款。《亚投行细则》第12条进一步规定："副行长的薪金和任何其他薪酬条款和任何津贴，以及任期、职权和职能，应由董事会决定并包含在相关合同中。副行长可以参加可能为本行职员制定的医疗、养老金、退休和其他计划。"

　　〔93〕《亚投行细则》第8节。根据理事会2016年1月16日通过的第9号《有关行为守则决议》，《银行职员行为守则》通过。

　　〔94〕《亚投行协定》第29条第4款的规定，根据该条款，行长也是亚投行的法定代表人。

　　〔95〕《亚投行协定》第30条第2款。

　　〔96〕《亚投行细则》第5条第（c）项。

　　〔97〕《亚投行协定》第26条。见本章第7.25~7.28段。

召集会议，包括至少每季度一次的定期会议。[98] 会议议程由行长筹备并分发，或者由行长指示。并且任何董事都有权在开会前增加会议议程，只要该议程的事项在董事会全职范围内；在会议期间，除非其他董事或者董事会行长反对，也可以增加会议事项。[99] 当行长认为特定问题的决定不应该被推迟到下次董事会的例会时，他可以要求董事会在会议之间（两次会议之间）进行表决；如果决定适合在无异议的基础上做出，他可以改为请求无异议通过。[100] 行长作为董事会行长没有投票权，除非在投票出现平局时，行长可以行使关键的决定性投票权。[101]

7.40 对于理事会会议，行长也发挥着类似的作用，但其并不担任会议行长，也没有投票权。[102] 行长在董事会的指导下负责筹备和分发理事会会议议程。其和理事会行长一起，负责这些会议的全部安排。[103]

D. 与治理相关的职能

7.41 亚投行组织性安排的其他几个要素，辅助补充《亚投行协定》中规定的正式治理结构。其包括：合规、效率和廉洁部门；职业伦理；审计；员工争议解决和国际咨询小组。除国际顾问小组以外，其余部分在多方面涉及第7.29 段中讨论的监督机制。

（1）合规、效率和廉洁部门

7.42 该部门的任务包括评估、反腐败和项目投诉。该部门由经理董事管理，该经理董事向董事会报告。该部门监督"禁止行为政策"下的制裁程序；

---

[98] 《亚投行协定》第 29 条第 3 款（董事会主席）和第 27 条第 1 款（召集会议）。根据《亚投行董事会程序规则》，行长可在其缺席时指定一名副行长担任行长；如果两者都缺席，董事会选择董事担任董事会主席。但是，如果与该会议议程项目有关的利益冲突，行长、副行长和董事不得主持会议。《亚投行董事会程序规则》第 3 节。

[99] 《亚投行董事会程序规则》第 4 节。

[100] 《亚投行董事会程序规则》第 5 条第（d）项（未经会议表决）和第 5 条第（e）项（无异议批准）。

[101] 《亚投行协定》第 29 条第 3 款。

[102] 《亚投行协定》第 29 条第 3 款。

[103] 《亚投行理事会程序规则》第 2 节第（g）项和第 4 节。

制裁小组包括两名外部成员和一名内部成员。[104]亚投行投诉处理机制也在该部门下设立。[105]

（2）职业伦理准则

7.43 亚投行有两个职业伦理准则，一个适用于董事会成员，另一个适用于所有员工和管理层人员。如前所述，《董事会官员行为守则》和《银行职员行为守则》都是经亚投行的最高权力机构理事会在其成立大会上批准通过。[106]《董事会官员行为守则》涵盖行为标准、信息披露、利益冲突等领域，并规定如何执行和制裁。《银行职员行为守则》（也适用于行长和副行长）涵盖核心价值观、行为标准、外部活动、利益冲突、财务事项和信息使用以及反对报复。两个准则都涉及年度财务披露。[107]

7.44 为了实施这两个准则，从亚投行的组织结构图中可以看出，亚投行的职业伦理规范工作人员起着关键作用，并向行长报告。对于《董事会官员行为守则》，预算和人力资源委员会被指定为实施委员会，在职业伦理事务官的协助下，根据"守则"来审议、执行、监督年度财务披露情况并处理不当行为指控。对于《银行职员行为守则》，董事会负责通过实施条例，行长则负责发布必要的指令。

（3）审计

7.45 亚投行董事会于2017年1月成立了审计与风险委员会，由三名董事和两名外部成员组成。如表7.2所示，审计和风险委员会的职能包括：审查财务报表和财务行为；审核外部审计师的选择、绩效和报告；审查内部审计计划和其有效性；审查风险管理和信息技术的安全和控制。首位审计与风险委员会的外部

---

〔104〕 参见第4章第4.44~4.46段。

〔105〕 投诉处理机制程序的第一阶段包括2017年4月的公众意见征询和2017年6月的公众咨询。2017年11月开始关于投诉处理机制草案文件的第二阶段磋商。《关于拟议的亚洲基础设施投资银行的投诉处理机制现征求公众意见》，《亚投行新闻》2017年4月27日；《拟议的亚洲基础设施投资银行的投诉处理机制咨询流程的视频/音频通知》，《亚投行新闻》2017年6月9日。2017年8月初发布投诉处理机制的说明；预计2018年初将制定第二阶段草案。

〔106〕 《董事会官员行为守则》和《银行职员行为守则》，由以下文件通过，即理事会第9号《有关行为守则决议》，2016年1月16日通过。该文本可在亚投行官网上查阅。

〔107〕 对于银行人员而言，管理层及以上需要披露年度财务状况。《银行职员行为守则》，第31段。

成员于 2017 年 4 月被任命，其有宽广的会计和审计方面背景。[108] 此外，亚投行的外部审计师于 2016 年被任命。[109] 亚投行的组织结构图显示，内部审计办公室向行长报告。亚投行的第一年度（2016 年）的经审计的财务报表可在亚投行年度报告和财务账户中找到。[110]

（4）员工争端解决

7.46　董事会于 2016 年 11 月通过亚投行的《员工条例》，其包括有关解决职员纠纷的条款。[111] 亚投行的《员工条例》为工作人员建立了内部程序和上诉程序，即当员工认为有关聘任的决定对他们产生直接的不利影响时，可以诉诸该内部程序，之后可以向一个独立的行政仲裁庭上诉。[112]《员工条例》还强调了《银行职员行为守则》中所提供的保护，即不得对诉诸亚投行的争端解决程序的员工进行报复。[113]

（5）国际顾问专家组

7.47　亚投行的国际顾问小组由行长设立，在该行的战略、政策和一般业务方面，为行长和高级管理层提供支持。[114] 在该专家组于 2016 年 10 月的第一次会议之后，亚投行进一步解释了该专家组的角色定位："专家组为行长提供公正、客观、独立的建议，使银行受益于专家组成员的国际经验和专业知识。"[115]

---

〔108〕　《Jan Engstrom 和 Chaly Mah 先生已被任命为亚投行审计委员会的外部成员》，《亚投行新闻》2017 年 4 月 28 日。

〔109〕　董事会批准任命普华永道为亚投行的外部审计师，任期 10 年，并进行中期（5 年）审查。参见 "Report from Australia, New Zealand, Singapore and Vietnam constituency, AIIB Program gathers momentum" (October 12, 2016) at http:// aiib – ansv. org/ 2016/ 11/ 22/ aiib – program/（last accessed December 10, 2017）.〔《来自澳大利亚、新西兰、新加坡和越南选区的报告，AIIB 动力满满》（2016 年 10 月 12 日），http:// aiib-ansv. org/ 2016/11/22 / aiib-program /（最后访问时间：2017 年 12 月 10 日）。〕

〔110〕　AIIB（2017）。

〔111〕　《亚洲基础设施投资银行工作人员条例》，2016 年 11 月批准，第 13 条。

〔112〕　参见第 9 章第 9.32~9.33 段有关事务官和雇员的讨论。

〔113〕　亚投行《董事会官员行为守则》，第 5（c）段，以及亚投行《银行职员行为守则》，第 39 段。

〔114〕　亚投行官网。有趣的是，《国际复兴开发银行协定》规定咨询委员会就一般政策事宜提出建议，每年举行一次会议；咨询委员早期召开了两次会议，但从此之后再没开会。Bitterman（1971），第 66、79 页，指出该咨询委员会"令人讨厌"，并被放弃了。《国际复兴开发银行协定》第 5 条第 6 款规定由理事会选出的至少 7 人的委员会，包括银行、商业、工业、劳工和农业部门的利益代表，以及并尽可能的广泛国家代表。

〔115〕　《国际顾问小组举行成立大会》，《亚投行新闻》2016 年 10 月 19 日。

大概 12 个专家组成员每年或应行长的要求举行会议。这些专家组成员的任期为 2 年，通常来自不同背景的公认的高级专家，也有来自非成员国家或地区的。[116]

（6）公开信息政策

7.48 亚投行的公共信息政策也可以视为其治理安排的一个要素，因为它提供了一个公众审查亚投行运行的机制。董事会在其成立大会上意识到协定中（第 34 条第 4 款）规定的透明度的重要性，批准通过《公开信息临时政策》。虽然亚投行的机构运营和财务政策及指令的总体框架还没有完全完成，但该政策的临时性确保了亚投行在建立之初开始营业时，就能承诺信息披露政策。该临时政策明确规定每年进行审查，"以便根据亚投行的早期经验，制定采纳一个综合性的政策。"[117] 在实践中，治理文件，如董事会会议记录、理事会会议简要程序和理事会决议，都在亚投行的网站可见。

E. 投票权

7.49 亚投行的投票权分为三种：股份投票权、基本投票和创始成员投票权。每个成员的投票权总数是基本投票权、股份投票权以及创始成员享有的创始成员投票权的总和。[118]

（1）股份投票权

7.50 股份投票权是指一股份数享有一投票权。因此，大股东有更多股份投票权。当资本增加时，成员的股份投票权将随着实际认缴的股票票数而增加。股份投票权以及其相应的加权投票机制，在多边开发银行中很常见。这使其与

---

〔116〕 亚投行官网列出了该专家组的成员。截至 2017 年 12 月，共有 11 名专家组成员：巴基斯坦前总理肖卡特·阿齐兹（Shaukat Aziz）先生；马来西亚中央银行前行长丹斯里洁蒂·阿兹（Zeti Akhtar Aziz）博士；瑞典前财政部长安德斯·博格（Anders Borg）先生；日本前首相鸠山由纪夫先生；全球基金会秘书长史蒂夫·霍华德（Steve Howard）先生；韩国国家外交学院首席教授、韩国前副总理兼战略与财政部长吴世贤博士；高级顾问恩戈齐·奥孔约·伊维拉（Ngozi Okonjo-Iweala）博士；尼日利亚前财政部长拉扎德（Lazard）；世界银行前任常务董事、美国前任大使、全球战略协会行长兼首席执行官保罗·斯贝尔茨（Paul Speltz）先生；伦敦经济学院教授、世界银行前首席经济学家尼古拉斯·斯特恩（Nicholas Stern）勋爵；中国香港特别行政区前行政长官董建华先生；布拉瓦特尼克政府学院首席院长和全球经济治理教授恩盖尔·伍兹（Ngaire Woods）教授。

〔117〕 《公开信息临时政策》第 2 段。第 9 章第 9.36~9.40 段将进一步讨论临时政策。

〔118〕 《亚投行协定》第 28 条第 1 款。

众多其他国际组织有所不同。在亚投行中，其协定的附件 1 中的原始股份分配，所对应的股份投票权权重占总投票权的 85%；随着新成员的加入和其实际认购的股份，实践中，该比例也会有所不同。

7.51 亚投行成员认购待缴股本和实缴股本。这两种股份都有股份投票权。原始的实缴股份可以分期付款，但分期付款如有延迟支付，则暂时相应地减少该成员的股份投票权数量。[119]因此，有分期付款延迟支付时，在迟延期间，该成员享有的股份投票权数量也相应地减少。[120]该安排可以促进成员及时支付分期付款，并保证了对其他已经及时支付的成员对等公正。

（2）基本投票权

7.52 每个成员都享有相同数额的基本投票权。具体数额根据每次的总投票数来重新确定。这是因为《亚投行协定》并没有规定分配给每个成员的基本投票权票数；相反，它规定分配给所有成员的基本投票权票数等于总投票权票数的 12%。总投票权票数等于总基本投票权票数、总股份投票权票数和总创始成员投票权票数这三者的总和。因此，分配给每个成员的基本投票权票数也随着股份投票权票数和创始成员投票权票数的变化以及成员数量的变化而变化。基本投票能增加小股东的相对投票权力（高于其持股比例），同时减少大股东的相对投票权力（低于其持股比例）。

7.53 为什么要用一个百分比而不是固定数量的投票权？1945 年，国际复兴开发银行引入了基本选票权，每个成员有 250 票（基本投票权）加上每股股

---

〔119〕《亚投行协定》第 6 条第 2 款规定，若实缴股本和相关的待缴股本的支付截止日期届满但银行还未收到成员相应的付款，则有权暂停该成员享有的权利，包括投票权，直到收到全部应收款项。《亚投行协定》第 28 条第 1 款规定了投票权的减少。如第 6 章关于资本（第 6.14 段）所述，类似的规定可以在《欧洲复兴开发银行协定》和《黑海国家贸易发展银行协定》中找到，也可以在国际复兴开发银行和非洲开发银行的资本增加条款中找到。

〔120〕《亚投行协定》第 28 条第 1 款规定："如果成员未能履行第 6 条规定有关实缴股本的义务，则该成员行使的股份投票权将按比例作相应减少，该比例为未付金额占该成员所认购的实缴股本总面值的百分比。"该成员的股票投票权的减少也相应地减少了所有成员的总股票数，从而影响所有成员的基本投票权和投票权的计算。

票的一票（股份投票权）。[121] 在那时，国际复兴开发银行的基本投票权占总投票权的 11%（基本投票权数和股份投票权数）。[122] 此后，虽然总股份投票数随着成员持有的股份、国际复兴开发银行的资本数的增加而增加，每个成员的基本投票权数量保留在一个固定值。因此，当国际复兴开发银行的基本投票权仅占总投票权的 2.86% 时，改革的讨论在 2000 年中期呼之欲出。作为改革的一部分，《国际复兴开发银行协定》修改了基本投票权占总投票权的百分比，相当于总投票权的 5.55%，以期当股份增加时，该比例仍能保持住。[123] 国际货币基金组织也在当时的改革中，修改了协定中的基本投票权数为总投票权数的 5.502%，而不是原来的每位成员享有 250 张基本投票权数。[124] 在亚洲开发银行中，一开始就设定基本投票权数为总投票权的 20%。而非洲开发银行和美洲开发银行的原始协定中设定了固定的基本投票权数，但现在各自都低于总投票权的 1%。[125]

（3）创始成员投票权

7.54　每个创始成员享有 600 票的固定的创始成员投票权。创始成员投票权

---

〔121〕　在 2012 年修正案之前，《国际复兴开发银行协定》第 5 条第 3 款第（a）项规定每个成员持有 250 票，另外每持有一股股份则增加一票。基本投票权的概念似乎源于 1940 年美洲银行提出的方案。其规定每个成员政府有 20 票投票权，对应其最低持股数，而超过最低持股数额的股份则每一股享有一票。US Department of State Bulletin（1940），第 518 页中的《美洲开发银行细则》第 2 节第 H 项。

〔122〕　Development Committee（2008），第 17 段。

〔123〕　《国际复兴开发银行协定》第 5 条第 3 款，于 2012 年 6 月 27 日修订生效。这一百分比（5.55%）基本上是基本选票权重的两倍。

〔124〕　国际金融公司理事会决议第 63-2 号，2008 年 4 月 28 日生效，其对《国际货币基金组织协定》第 12 条第 5 款第（a）项作出修正；修正案需要成员同意接受，并于 2011 年 3 月 3 日生效。最初，《国际复兴开发银行协定》中的基本投票条款是以国际货币基金组织协定为基础；《国际复兴开发银行协定》中的修订条款也反映了国际货币基金组织条款的规定。

〔125〕　《亚洲开发银行协定》第 33 条第 1 款。《美洲开发银行协定》第 8 条第 4 款第（a）项规定每个成员除了股份投票权外，各有 135 票。《非洲开发银行协定》第 35 条第 1 款规定每个成员除了股份投票权外，各有 625 票。欧洲复兴开发银行只有股份投票权，没有基础投票权。《欧洲复兴开发银行协定》第 29 条第 1 款。在谈判《亚洲开发银行协定》时，非洲开发银行的基础投票权大概占 50% 的总投票权，而美洲开发银行的基础投票权占 5%。世界银行大概有 10% 的基础投票权，在与资助者的非正式谈判中，将基础投票权定为 20%，与董事会中非区域性成员代表占 30% 相关。Wilson（1987），第 26 页。由于非洲开发银行和美洲开发银行的每个成员的基本投票权票数没有变化，而其股份投票权随着增资而增加，因此基本投票权票数现在仅占总票数的一小部分（不到 1%）。

分配给在《亚投行协定》中规定的截止日期之前，完成成员资格要求的签署国。[126] 如果所有签署国认购《亚投行协定》附件 1 中所分配的股份，并且没有其他成员认购，则所有创始成员投票权大概占总投票权的 3%。结合总基本投票权（12%）的权重，这意味着不与股份挂钩的投票权约占 15%，即股份投票权占约 85%，如上所述。相比之下，亚洲开发银行的股份投票权占 80%，国际复兴开发银行的股份投票权占 94.5%。鉴于当前亚投行有认购股份的新成员，且至少一个可能的创始成员将无法完全认购附件 1 中的配额，[127] 这只反映了《亚投行协定》谈判时的机械影响。

F. 决策

（1）投票

7.55　理事会和董事会的决策通常要求多数决。[128] 考虑到会议要求法定出席人数，因此在计算出席人数时，弃权也算。[129] 但在确定所投票数时，只计算同意票和反对票。在理事会中，每位理事为其所代表的成员投票。[130]

7.56　在董事会中，每名董事为以下成员投票：该成员的理事选举其为董事，或者该成员的理事没有参加选举但将其投票权给了该董事。[131] 每位董事可以分别行使每位成员的投票权。在选区内分开投票的安排，可见于亚洲开发银行和欧洲复兴开发银行。而非洲开发银行、美洲开发银行和国际复兴开发银行的董事们必须将他们各自所有的全部投票权，作为一个整体单位，进行

---

〔126〕《亚投行协定》第 3 条第 1 款第（b）项。截至 2017 年 12 月，亚投行有 54 个创始成员，其余 3 个签署国根据第 58 条第 1 款完成成员资格要求的截止日期已延长至 2018 年 12 月 31 日。

〔127〕巴西宣布将仅认购 50 股，而不是在附件 1 中分配的 31 810 股。"Brazil Cuts Stake in China-led Infrastructure Bank", *Wall Street Journal*, May 12, 2017.

〔128〕《亚投行协定》第 28 条第 2 款第 1 项和第 28 条第 3 款第 2 项。

〔129〕理事会决定的法定人数要求是超过半数的理事，且代表不少于成员总投票权数的三分之二（《亚投行协定》第 24 条第 2 款）。董事会会议的法定人数为超过半数的董事，且代表不少于成员总投票权数的三分之二（《亚投行协定》第 27 条第 2 款）。

〔130〕《亚投行协定》第 28 条第 2 款。

〔131〕《亚投行协定》第 28 条第 3 款、第 25 条第 1 款、附件 2 第 9 段。

投票。[132]

7.57　欧洲复兴开发银行有关投票权分配的规定,[133] 提供了一种机制,即使理事不参加选举,成员也能由一名董事代表。这对于在选举之间的两年期间内新加入的成员特别有用。对于其理事由于其他原因无法参加一年两次选举的成员也特别有用。如果没有这样的投票权分派,直到下一次选举,这些成员在董事会中将没有正式代表。在这期间,他们的投票权也不被纳入董事会决定。

（2）合格多数决

7.58　对于理事会而言,《亚投行协定》规定了简单多数决规则的例外情况,即要求两种类型的更高多数票。理事会的超级多数决定需要三分之二理事的赞成票,代表不少于成员总投票权的四分之三。[134] 理事会的特殊多数决定不少于二分之一的理事的赞成票,代表不少于成员总投票权的二分之一。[135] 下表7.3 列出了理事会多数决的具体决定。

表 7.3　理事会：合格多数决

《亚投行协定》条款	决　　定
超级多数决定	
4-3	增加资本
5-3	增加成员的认缴
5-2，5-3	修改区域成员持有的股份百分比
11-1（b）	向非成员提供援助
12-1	增加贷款限额
18-1	将净收入用于其他用途

---

　　〔132〕《亚投行协定》第 28 条第 3 款第 1 项。《非洲开发银行协定》第 35 条第 3 款；《亚洲开发银行协定》第 33 条第 3 款；《欧洲复兴开发银行协定》第 29 条第 3 款；《美洲开发银行协定》第 8 条第 4 款第（d）项；《国际复兴开发银行协定》第 5 条第 4 款第（g）项。
　　〔133〕《欧洲复兴开发银行协定》第 26 条第 1 款以及附件 2 第 D 部分。
　　〔134〕《亚投行协定》第 28 条第 2 款第 2 项。
　　〔135〕《亚投行协定》第 28 条第 2 款第 3 项。

《亚投行协定》条款	决 定
25-2	董事会规模或组成的变化
27-1	修改董事会的非常驻状态
29-1；29-2	选举行长；行长的撤职或停职
38	暂停或恢复成员资格
41	终止运营
43-1（ii）	资产分配
53-1	修正"协定"
特殊多数决定	
3-2	成员加入
7-1	发行非票面价值股票
11-2（vi）	批准其他类型的融资
16-8	建立子公司
58-1	延长批准书交存的截止日期

7.59 除例外的三个核心修改案需要一致同意外，修改《亚投行协定》要求超级多数票。[136] 以下修改事项需要理事会的一致同意：①每个成员从银行中退出的权利；②成员的责任限制；③与购买资本股本有关的优先购买权。[137]

7.60 对于董事会而言，规定了三种多数决，这在上文有关董事会权力的章节中有所讨论。以下董事会事项决策需要总投票权的四分之三：①批准主要的运营政策和财务政策；②根据亚投行的政策授予行长权力；③授权运营决策。[138] 更高的多数决仅仅指投票权的多数决；但很难确定在董事会中投票的董事人数的多数决，因为每位董事都可以为每个选区成员们单独分开投票，可能

---

[136] 其他多边开发银行也有类似的一致同意要求。参见第 9 章第 9.07 段。

[137] 《亚投行协定》第 53 条第 2 款。

[138] 《亚投行协定》第 26 条第 2 款和第 3 款。

对于同一项提案，他既投反对票，又投赞成票。相比之下，很容易计算理事会投票中的双重多数决，即数量和投票权的双重多数决，因为每位理事只为一个成员投票。[139] 因此，《亚投行协定》中的双重多数决的条款只适用于理事会（超级多数决定和特殊多数决定）。

7.61　值得注意的是，在其他多边开发银行的董事会中，尽管通过投票可以对某项事项做出决定，但董事会的运作通常并不通过正式投票表决。[140] 亚投行也跟随先例，其《亚投行董事会程序规则》中规定了这样的机制：

> 主席通常应确定并向会议宣布会议的任何事项。董事会被视为已根据行长的公告行事而没有必要进行正式的投票表决。董事有权根据《亚投行董事会程序规则》第 8 条第（c）款的规定而要求将他的意见记录在案。任何董事均可根据协定第 28 条第 3 款的规定而要求正式投票表决。主席没有任何投票权，但在投票结果平局时，有决定性的一票。[141]

虽然实际投票表决很少发生，但在确定会议的事项和决策是否得到多数投票权的支持时，会考虑每位董事所代表的投票权。另外，《亚投行董事会程序规则》正式规定了关于无异议通过决策，其适用的议案是在没有会议的情况下提交给董事做出决定的议案。[142] 这种做法在其他地方很常见，但正式规则往往并不认可该实践。

7.62　总体而言，亚投行的决策多数决和结构符合多边开发银行的设计。表 7.4 说明了这一点。特别值得注意的是，在接受调查的其他多边开发银行中，最高要求的多数决通常是 75% 的总投票权。但有两个例外，在国际复兴开发银

---

〔139〕《亚投行协定》第 28 条第 2 款。

〔140〕　Rigo Sureda（2004），第 64 段。

〔141〕《亚投行董事会程序规则》第 5 节第（a）项。参见《非洲开发银行董事会程序规则》第 8 节第 1 款；《亚洲开发银行董事会程序规则》第 5 节第（a）款；《欧洲复兴开发银行董事会程序规则》第 5 节第（a）款；《美洲开发银行执行董事会规则》第 3 部分第 3 节第（a）项；《国际复兴开发银行执行董事会程序规则》第 4 节。

〔142〕《亚投行董事会程序规则》，2017 年 10 月 9 日修订，第 5 节第（e）项。如果任何董事反对使用该程序或提案的内容，该项目将在会议上讨论或无需开会而有正式投票决定。

行，改变执行董事人数（80%）和修改协定（85%）需要更高的多数决；[143] 在欧洲复兴开发银行，修改协定要求 80% 的多数决，而某些有关国家获取其资源的决策需要 85% 的多数决。[144]

表 7.4 多边开发银行中的合格多数要求：与亚投行进行比较

说明：

该表比较了亚投行和五个主要多边开发银行（亚洲开发银行、非洲开发银行、欧洲复兴开发银行、美洲开发银行、国际复兴开发银行）的合格多数决。

理事会和董事会决策的**一般规则**要求：

亚投行：超半数的票（《亚投行协定》第 28 条第 2 款第 1 项和第 3 款第 2 项）

亚洲开发银行：会议上的超半数的票（《亚洲开发银行协定》第 33 条第 2 款和第 33 条第 3 款）

欧洲复兴开发银行：超半数的票（《欧洲复兴开发银行协定》第 29 条第 2 款和第 29 第 3 款）

非洲开发银行：在会议上的成员代表的投票权中的 66% 和三分之二，除非一个成员认为一个问题非常重要且触及该成员的实质利益，应该成员的要求，决定这一重要问题需要占总投票权的 70% 通过（《非洲开发银行协定》第 35 条第 2 款和第 35 条第 3 款）

美洲开发银行：超过半数的票 [《美洲开发银行协定》第 8 条第 4 款第（c）项和第（d）（iii）项]

国际复兴开发银行：超过半数的票 [《国际复兴开发银行协定》第 5 条第 3 款第（b）项]

---

[143] 《国际复兴开发银行协定》第 5 条第 4 款第（b）项（增加执行董事总数的决定，需要代表总投票数的五分之四的理事通过）和第 8 条第（a）款（修改协定需要五分之三的成员且拥有 85% 的总投票数）。国际复兴开发银行这两项决议的原始门槛为 80%；《国际复兴开发银行协定》于 1989 年修订，改为 85%，与美国投票权下降至 20% 以下有关（其中，日本增加其投票权，成为第二大股东）。在拟建立的美洲开发银行中，大部分重要的决策也都要求 80% 的投票数。《美国国务院公报》（1940），第 519 页，《美洲开发银行细则》第 3 节第 J 项。

[144] 参见《欧洲复兴开发银行协定》第 56 条 1 款关于协定修正案（四分之三的成员，包括至少两个中欧和东欧国家，占总投票权的五分之四）。欧洲复兴开发银行的成员加入决定，需要获得的多数达理事的四分之三，占总投票权的 85%。《欧洲复兴开发银行协定》第 8 条第 4 条第 3 项。谈判记录将此视为美国的提案限制苏联进入；预计美国将拥有 10% 的投票权，因此可能会预测日本（9%）或其同盟国家会加入这些决定。Weber（1994），第 22 页。

此表显示了该一般规则的例外情况,即需要合格的多数决。

为了简化表示,表格显示了每个决定:

·需要投票的理事(G)或董事(D)的数量或比例

·所需总投票权的百分比(%TVP)

·引用协定条款[条款编号]

为了简单地比较,投票多数决翻译为如下的方式:

四分之三的 TVP = 75%

三分之二的 TVP = 67%

五分之四的 TVP = 80%

TVP 的大多数 => 50%

在非洲开发银行和美洲开发银行,某些决定需要域内理事(REG-G)或域内投票权(REG-TVP)或域外的各种理事(NR-G)或域外投票权(NR-TVP)的多数决。在某些情况下,多数决适用于其中一种,具体取决于变化是否会影响域内成员(在第一种情况下)或域外成员(在第二种情况下)

决 策	亚投行	亚洲开发银行	欧洲复兴开发银行	非洲开发银行	美洲开发银行	国际开发银行
1. 理事会:与亚投行的超级多数决定进行比较						
增 资	2/3 G 75%TVP [4-3]	2/3 G 75% TVP [4-3]	2/3 G 75% TVP [4-3]	2/3 G 75%TVP [5-3]	3/4G 包括 2/3REG-G 75% TVP [2-2(e)]	—— 75%TVP [2-2(b)]
增加成员的认购	2/3 G 75%TVP [5-3]	一般规定 [5-3]	一般规定 [5-4]	一般规定 [5-3]	没有类似条款	没有类似条款
地区性持股改变	2/3 G 75%TVP [5-3]	没有类似条款	没有类似条款	没有类似条款	没有类似条款	不适用
对非成员的资助	2/3 G 75% TVP [11-1(b)]	没有类似条款	没有类似条款[a]	没有类似条款	没有类似条款	没有类似条款

决　策	亚投行	亚洲开发银行	欧洲复兴开发银行	非洲开发银行	美洲开发银行	国际开发银行
运行限额的增加	2/3 G 75% TVP [12-1]	没有类似条款	没有类似条款	没有类似条款	没有类似条款	没有类似条款
净收益用于其他目的	2/3 G 75% TVP [18-1]	没有类似条款	2/3 G 67% TVP [36-1]	没有类似条款	没有类似条款	没有类似条款
董事会大小和组成的改变	2/3 G 75% TVP [25-2]	超半数 G 67% TVP [30-1(ii)]	2/3 G 75% TVP [26-3]	2/3 REG-G 或者 2/3 NR-G 75% TVP [33-1]	2/3 REG-G 或者 2/3 NR-G 75% TVP [8-3(b)(ii)]	—— 80% TVP [5-4(b)]
非常驻董事的改变	2/3 G 75% TVP [27-1]	不适用	不适用	不适用	不适用	不适用
选举行长	2/3G 75%TVP [29-1]	超半数 G >50% TVP [34-1]	超半数 G >50% TVP [30-1]	—— >50% TVP 包括>50% REG-TVP [36-1]	超半数 REG-G >50% TVP [8-5(a)]	是董事, 不是理事 一般规定 [5-5(a)]
暂停/恢复成员资格	2/3 G+ 75%TVP [38]	2/3 G 75%TVP [42]	2/3 G 75%TVP [38-1]	—— 75%TVP [44-1]	2/3 NR- G 或者 2/3 REG-G 75%TVP [9-2]	超半数 G^b >50%TVP [6-2]
终止运营	2/3 G 75% TVP [41-1]	2/3 G 75% TVP [44-1]	2/3 G 75% TVP [41]	—— 75% TVP [47-1]	2/3 REG-G 75% TVP [10-2]	超半数 G >50% TVP [6-5(b)]

决　策	亚投行	亚洲开发银行	欧洲复兴开发银行	非洲开发银行	美洲开发银行	国际开发银行
资产分配	2/3 G 75% TVP [43-1(ii)]	2/3 G 75% TVP [47-1]	2/3 G 75% TVP [43-1(ii)]	超半数成员 >50% REG-TVP [49-1(b)]	2/3 REG-G 75% TVP [10-4(a)]	超半数 G >50%TVP [6-5(e)(ii)]
修改协定	2/3 G 75% TVP [53-1]	2/3 G 75% TVP [59-1]	理事会：一般规定成员：3/4(包括 2 中东欧成员) + 80%TVP [56-1]	理事会：一般规定成员：2/3+75% TVP，包括 2/3 REG+75% REG-TVP [60-1]	超半数 G 包括 2/3 REG-G 75%TVP [12(a)]	理事会：一般规定成员：3/5 + 85% TVP [8(a)]
2. 理事会：与亚投行的特殊多数决定进行比较						
新成员加入	超半数 G >50% TVP [3-2]	2/3 G 75% TVP [3-2]ᶜ	2/3 G 75% TVP [3-2]	一般规则（NR 规则修改需要 2/3G 包括 2/3 NR-G 75%TVP）[NR 3-3] [REG 64-2]	一般规则（NR 规则修改需要 2/3G 包括 2/3NR-G75%TVP）[2-1(b)]	一般规则 [2-1(b)]
发行非面值股份	超半数 G >50% TVP [7-1]	超半数 G >50% TVP [5-4]	2/3 G 67% TVP [5-5]	一般规定 [6-4]	一般规定 [2-3(c)]	— >50% TVP [2-4]
通过其他融资方式	超半数 G >50% TVP [11-2(vi)]	没有类似条款	没有类似条款	没有类似条款	没有类似条款	没有类似条款

续表

决　策	亚投行	亚洲开发银行	欧洲复兴开发银行	非洲开发银行	美洲开发银行	国际开发银行
成立子公司[d]	超半数 G >50% TVP [16-8]	没有类似条款	没有类似条款	没有类似条款	没有类似条款	没有类似条款
延长批准书的截止日期	超半数 G >50% TVP [58-1]	没有类似条款	超半数 G >50% TVP [61-2]	没有类似条款	没有类似条款	没有类似条款
3. 董事会：与亚投行合格多数决进行比较						
一般规定的例外	·主要运营和金融政策 75% TVP [26-2] ·在政策下授权给行长 75% TVP [26-2] ·有关业务决策授权给行长 75% TVP [26(3)]	·在非成员国家或地区采购 67% TVP [14(9)]	·一般政策决定：[e] 67% TVP 的成员投票。[29-3] ·国家战略审查决策：2/3 董事+ 75% TVP [11-2(1)]	没有类似条款	·没有员工报告下的提议借贷：> 50% TVP [3-7(a)(1)] 75% TVP 适用于以下情况： ·减少特殊委员会 [3-12] ·有关特殊运作基金的决策 [9-9(b)] ·投资资金 [7-1(2)] ·购买货币 [5-1(e)]	·特别准备金的投资：75%TVP [4-8(4)] ·指定贷款中的货币 75% TVP [4-4(b)(1)]

a 在欧洲复兴开发银行，有关获取某些资源的决定需要 3/4 G 和 85% TVP。《欧洲复兴开发银行协定》第 8 条第 4 款第 3 项。

b 国际复兴开发银行成员资格在国际货币基金成员资格结束后 3 个月失效，但可以通过 75% 的 TVP 恢复。《国际复兴开发银行协定》第 6 条第 3 款。

c 对于亚洲开发银行成员中哪些成员被视为发达或发展中国家或地区，由理事会表决通过，需要三分之二的理事且代表不低于总投票权的 75%。《亚洲开发银行协定》第 28 条第 4 款。

d 不同但相关的规定可能是《非洲开发银行协定》第 31 条第 4 款；《亚洲开发银行协定》第 29 条第 4 款；《欧洲复兴开发银行协定》第 25 条第 4 款。无需合格多数决。

e《欧洲复兴开发银行协定》的解释性说明中："一般而言，关于具体业务的决定不涉及此类问题，但'一般政策问题'包括但不限于预算、年度行动计划；借款政策包括借款限额、利率政策、交换风险管理政策、票据的承兑、承保政策和银行的组织结构。"

（3）否决权

7.63　有关多边开发银行治理的讨论，往往聚焦于否决权。在多边开发银行中，否决权权力来自于多数决所需的总投票权的百分比（如表 7.4 所示），而不是来自协定中特定指向的某个或某几个成员。多边开发银行的投票权随着资本认购而波动，原则上，不同的股东或股东群体可以使用他们的投票权随时阻止决策的通过。相比之下，联合国安理会中五个常任理事国就非程序性的事项一致同意，才能通过该事项，否则任何五个常任理事国都能一票否决。[145]

7.64　例如，在国际复兴开发银行中，最初有两项决定需要 80% 的总投票权通过（修改协定和增加执行董事的人数），一项关键决定需要 75% 的总投票权（增加资本）；修正协定要求的百分比在 1989 年增加到 85%。[146] 最初的《国际复兴开发银行协定》中规定，美国可以拥有超过 30% 的总投票权，使得其可对上述三项决策行使否决权；自 1989 年以来，美国一直保持其股份得以维持其超过 15% 的总投票权，并继续保有对协定修正决策的否决权，但对其他决策没有否决权。其他国际复兴开发银行成员可以联合来否决协定修正案；例如，金砖国家共同拥有近 13% 的总投票权，法国、德国和英国持有近 12% 的总投票权。[147]

---

〔145〕《联合国宪章》第 23 条第 1 款将中国、法国、俄罗斯、英国和美国列为安理会常任理事国，第 27 条第 3 款要求除了关于程序事项外决议，其他所有决议都需要常任理事国一致同意。

〔146〕《国际复兴开发银行协定》第 8 条第（a）款（修正案）、第 5 条第 4 款第（b）项（执行董事人数的增加）和第 2 条第 2 款第（b）项（增资）。

〔147〕 同样地，美国在美洲开发银行的投票权不得低于 30%，此前为 34.5%〔《美洲开发银行协定》第 8 条第 4 款第（b）项〕能够对表 7.4 中列出的许多美洲开发银行决策进行否决，因为这些决策要求 75% 的总投票数通过。在亚洲开发银行中，美国和日本合计占总投票权的 25% 以上，足以阻止亚洲开发银行的最高多数决，即这些决策需要 75% 的投票数通过。

7.65　对于亚投行而言，表 7.4 所列主要决策所需的最高百分比为 75% 的总投票权。如果亚投行的初始认购与附件 1 完全相符，中国的投票权将超过 26%——很明显的否决权。2017 年 12 月，中国的实际投票权约为 27%。因此，中国可以单独阻止所有需要超级多数决定的理事会决策，以及需要 75% 多数决的董事会授权决策和重大政策决策。接下来五个最大的亚投行域内股东（印度、俄罗斯、韩国、印度尼西亚、沙特阿拉伯）可以合计占 23% 左右的总投票权。在域外股东中，法国、德国和英国的投票权总计超 10%。详情请参见表 7.5。

表 7.5　亚投行成员、股本总额和投票权（2017 年 12 月）[a]

成　员	成为成员的时间	认缴的股本（占总数的%）	投票权（占总数的%）
域内成员			
阿富汗	2017 年 10 月 13 日	0.0912	0.2743
澳大利亚	2015 年 12 月 25 日	3.8854	3.5569
阿塞拜疆	2016 年 6 月 24 日	0.2675	0.4781
孟加拉国	2016 年 3 月 22 日	0.6953	0.8421
文莱	2015 年 12 月 25 日	0.0552	0.2974
柬埔寨	2015 年 5 月 17 日	0.0656	0.3063
中国	2015 年 12 月 25 日	31.3474	26.9266
格鲁吉亚	2015 年 12 月 25 日	0.0567	0.2987
斐济	2017 年 12 月 11 日	0.0132	0.2079
中国香港	2017 年 6 月 7 日	0.9054	0.8821
印度	2016 年 1 月 11 日	8.8076	7.7456
印度尼西亚	2016 年 1 月 14 日	3.5375	3.2608
伊朗	2017 年 1 月 16 日	1.6640	1.6665
以色列	2016 年 1 月 15 日	0.7894	0.9222
约旦	2015 年 12 月 25 日	0.1255	0.3572
哈萨克斯坦	2016 年 4 月 18 日	0.7677	0.9037
韩国	2015 年 12 月 25 日	3.3954	3.5994

续表

成　员	成为成员的时间	认缴的股本（占总数的%）	投票权（占总数的%）
吉尔吉斯斯坦	2016 年 4 月 11 日	0.0282	0.2745
老挝	2016 年 1 月 15 日	0.0453	0.2890
马来西亚	2017 年 3 月 27 日	0.1153	0.3485
马尔代夫	2016 年 1 月 4 日	0.0076	0.2569
蒙古	2015 年 12 月 25 日	0.0433	0.2873
缅甸	2015 年 12 月 25 日	0.2874	0.4874
尼泊尔	2016 年 1 月 13 日	0.0852	0.3229
新西兰	2015 年 12 月 25 日	0.4858	0.6638
阿曼	2016 年 6 月 21 日	0.2728	0.4826
巴基斯坦	2015 年 12 月 25 日	1.0885	1.1768
菲律宾	2016 年 12 月 28 日	1.0306	1.1275
卡塔尔	2015 年 6 月 24 日	0.6362	0.7919
俄罗斯	2015 年 12 月 28 日	6.8801	6.1053
沙特阿拉伯	2016 年 2 月 19 日	2.6785	2.5298
新加坡	2015 年 12 月 25 日	0.2632	0.4744
斯里兰卡	2016 年 6 月 22 日	0.2832	0.4914
塔吉克斯坦	2016 年 1 月 16 日	0.0325	0.2781
泰国	2016 年 6 月 20 日	1.5026	1.5292
东帝汶	2017 年 11 月 22 日	0.0168	0.2110
土耳其	2016 年 1 月 15 日	2.7472	2.5883
阿拉伯联合酋长国	2016 年 1 月 15 日	1.2481	1.3126
乌兹别克斯坦	2016 年 11 月 30 日	0.2314	0.4473
越南	2016 年 4 月 11 日	0.6982	0.8446
域内合计		77.6087	75.8470
域外成员			
奥地利	2015 年 12 月 25 日	0.5272	0.6991
丹麦	2016 年 1 月 15 日	0.3889	0.5814

成　员	成为成员的时间	认缴的股本（占总数的%）	投票权（占总数的%）
埃及	2016 年 8 月 4 日	0.6847	0.8831
埃塞俄比亚	2017 年 5 月 13 日	0.0482	0.2377
芬兰	2016 年 1 月 7 日	0.3266	0.5284
法国	2016 年 6 月 16 日	3.5532	3.2742
德国	2015 年 12 月 25 日	4.7202	4.2672
匈牙利	2017 年 6 月 16 日	0.1053	0.2863
冰岛	2016 年 3 月 4 日	0.0185	0.2662
爱尔兰	2017 年 10 月 23 日	0.1382	0.3143
意大利	2016 年 7 月 13 日	2.7071	2.5542
卢森堡	2015 年 12 月 25 日	0.0734	0.3129
马耳他	2016 年 1 月 7 日	0.0143	0.2626
荷兰	2015 年 12 月 25 日	1.0856	1.1743
挪威	2015 年 12 月 25 日	0.5796	0.7437
波兰	2016 年 6 月 15 日	0.8756	0.9956
葡萄牙	2017 年 2 月 8 日	0.0684	0.3087
西班牙	2017 年 12 月 19 日	1.8542	1.8283
瑞典	2016 年 6 月 23 日	0.6632	0.8184
瑞士	2016 年 4 月 25 日	0.7436	0.8832
英国	2015 年 12 月 25 日	3.2154	2.9867
域外总计		22.3913	24.1530
总　计		100	100

a. 亚投行官网，成员列表。

7.66　在多边开发银行中保留否决权，反映了巨大的财务经济成本，因为享有高比例投票权的成员通常都认购相当高比例的资本。他们有很强的经济原因，来确保多边开发银行做出合理的财务决策，来保护他们的待缴资本承诺。对于该机构来说，重大决策需要高比例的投票权支持，确保了重大变革能够得到成员相当程度的支持，而否决权被潜在控制可能导致治理担忧。

第 8 章

过　渡

8.01　《亚投行协定》生效且亚投行合法成立后，第 7 章中所描述的亚投行的治理机制就开始运作。在此之前，所有更详细的基本文件和《亚投行协定》中所设想的政策，必须已准备就绪，以待在理事会首届大会上启动。鉴于这些正式的治理机构、管理层和员工只有在亚投行成立后才能开始工作，过渡期机制就至关重要，包括工作人员的准备和意向创始成员代表的审查。

8.02　在此临时过渡时期内，亚投行成立所需的各个步骤的时间安排很关键。对于意向创始成员来说，正式的亚投行成员资格取决于国内审批程序的复杂性和速度。反之，意向创始成员资格的进程，决定了《亚投行协定》的生效时间；在其生效之后，亚投行在首届大会上正式成立。每个意向创始成员资格在时间上的不确定性，也意味着不能确定具体哪个意向创始成员将会在亚投行的成立大会上代表亚投行成员，哪个不能。为了解决这些因素的相互作用，首席谈判代表们同意了一系列过渡期的治理安排，过渡期指从结束协定谈判到亚投行开始运作和拥有全部成员。

8.03　本章讲述过渡性安排的背景和考虑因素，包括成立要求、基本文件和政策的制定、亚投行治理机构（候任行长、理事会和董事会）的过渡性安排、理事会和董事会的首届大会。

A. 成立前

（1）概述

8.04　时间安排很紧。2015 年 5 月 22 日，《亚投行协定》最终文本敲定，并于 2015 年 6 月 29 日开放供签署。预计 6 个月后在首届会议上亚投行正式成立。无论如何，要成为创始成员，意向创始成员必须在 2015 年 12 月 31 日之前签署《亚投行协定》。

8.05　对于意向创始成员而言，较短的时间线，与通常预期较长的获得国内批准的时间段，形成对比。在许多国家，这一过程将涉及两个程序：一个是签署国际条约，另一个是随后的批准和成为亚投行成员（包括资本认缴和支付）。2015 年 5 月，许多意向创始成员预期其加入多边开发银行的国内批准程序，将推迟其直到 2016 年才能成为亚投行的成员。这一情况使得意向创始成员们都想要在成为亚投行成员前，在亚投行早期政策制定和活动中发挥作用。即使是那些有望成为第一批成员的意向创始成员，也希望其他成员能在这个过渡时间内参与其中，使得亚投行成为所有意向创始成员的合作结果。

8.06　亚投行作为一个机构也有过渡期。亚投行只有在其正式成立后才能招聘常规的工作人员，并作为一个组织开始运作。为筹备亚投行而设立的多边临时秘书处（以下简称秘书处）在这段时期内继续运作。其职责并不仅限于协定的谈判。秘书处的职责包括，为建立亚投行提供一般性的技术准备（包括协定谈判）并为首席谈判代表会议提供技术支持和服务。因此，秘书处作为亚投行管理层和员工的先驱，也是过渡时期治理安排的重要组成部分。

（2）成立要求

8.07　《亚投行协定》规定了成立所需的法律步骤——签署、成员资格、生效、成立大会和宣告开始运营。由于每个步骤的时间取决于许多不同的参与者，因此不确定性一直存在。下面总结了这些步骤和时间考量因素。

（a）签署

8.08　6 月底在北京举行的仪式上，《亚投行协定》开放签署。在新加坡达成最终协定后，意向创始成员们仅用了 5 周时间就完成了签字仪式所需的所有法律步骤和程序。实际上，大约 50 个意向创始成员于 2015 年 6 月 29 日派代表在签字仪式上签署了《亚投行协定》——鉴于预期的困难，出席率之高显得出乎意料。剩余的 7 名意向创始成员在年底到期前完成了《亚投行协定》的签署。[1]

（b）签署方的成员资格

8.09　签署方须要交存批准书、接受书或批准（批准文件）[2]，并认购亚

---

〔1〕《亚投行协定》第 57 条第 1 款规定了意向创始成员的签署截止日期。2015 年 6 月 29 日之后签署的意向创始成员分别是丹麦、科威特、马来西亚、菲律宾、波兰、南非和泰国。对于亚投行而言，所有谈判参与者都签署了"协定"。对于一些多边开发银行，有时，一个国家参与其协定的谈判并被分配相应的股份，但却没有进而成为其成员（例如，列入《国际复兴开发银行协定》附录 1 中的苏维埃社会主义共和国联盟，以及在《亚洲开发银行协定》附录 1 中的伊朗）。

〔2〕《亚投行协定》第 58 条第 1 款。如同许多其他类型的条约，多边开发银行协定签署国要想成为其成员，通常需要批准书、接受书或通过文件。至于该文件具体是批准书、接受书还是通过文件，取决于该国国家法律体系的法律要求。见第 93 页注 23。

投行的股本，包括支付实缴股本的第一期分期付款。[3]在许多国家或地区，条约批准的相关国家法律程序包括议会审议和预算拨款。在批准截止日期之前完成这些成员资格要求，是成为创始成员的一个条件。[4]

（c）生效

8.10　亚投行的成立并不要求所有意向创始成员签署或成为成员。但是，《亚投行协定》的生效需要满足已商定的有关意向创始成员资格的门槛目标：至少10个签署国交存批准书，且其认购的股本总数不低于《亚投行协定》附件1中的总认购股本数。[5]在2015年下半年，随着交存的批准文书数量和认购的股本数量增加，距离该门槛目标也越来越近。2015年12月25日，当17个签署国交存批准书，且其认购总股本占《亚投行协定》附表A中的总股本的50.1%时，该门槛目标被满足——《亚投行协定》生效。[6]

（d）成立大会和开始业务

8.11　《亚投行协定》规定了在理事会的成立大会上，由理事会决定亚投行作为一个机构开始运营的时间。[7]也规定了在成立大会上，由理事会选举银行行长、选举董事会，并做出其他有关准备银行运行的决策安排。[8]鉴于成立大会只能在《亚投行协定》生效后召开，而《亚投行协定》于12月25日生效，[9]因此，理事会的成立大会于2016年1月16日至17日召开。董事会的成立大会预计在理事会选举出董事会后立即召开。

8.12　鉴于这些考虑因素和背景，2015年5月，首席谈判代表们启动了一个透明程序，适用于以下情况，即亚投行的建立和意向创始成员在其履行国内批准程序时要继续密切参与亚洲投资银行的治理。这种过渡性程序促进了意向创始成员参与三项主要工作：①准备亚投行初步建立的基本文件和政策；②选

---

〔3〕《亚投行协定》第6条第1款和第2款。

〔4〕根据《亚投行协定》第3条第1款第2项，2016年12月31日是创始成员通过批准的截止日期；2016年11月，理事会决定将该截止日期延长至2017年12月31日，且在2017年12月时，又决定延长至2018年12月31日。参见2016年11月28日通过的亚投行理事会第20号决议《延长创始成员批准亚投行协定截止日期》；2017年12月19日通过的亚投行理事会第55号决议《延长签署方批准亚投行协定截止日期》。

〔5〕《亚投行协定》第59条。

〔6〕《〈亚投行协定〉于2015年12月25日生效》，《亚投行新闻》2015年12月25日。参见第195页注4的有关17个签署国待通过名单。

〔7〕《亚投行协定》第60条第2款第3项。

〔8〕《亚投行协定》第60条第2款。

〔9〕《亚投行协定》第60条第1款。

出一个候任行长来领导和管理成立前的创设活动；③成立第一届理事会和董事会以及各自的工作。这个流程在理事会和董事会首届大会上一步步进行。

B. 基本文件和政策

8.13 在亚投行召开成立大会时，许多文件和政策需要准备就绪，从而确保亚投行尽快开始其活动。基本机构文件包括细则、理事会程序规则、董事会程序规则、董事会官员及银行职员行为守则。亚投行的招聘并管理其财务和行政的机构性政策包括业务计划和预算、薪酬和福利政策、财务政策、公司采购政策和公开信息政策。亚投行正式成立时，临时和永久办公设施须安排妥当。[10] 为了准备其投资业务，亚投行还需要运营融资政策、环境和社会政策、采购政策和定价政策。

8.14 尽管协定的谈判还在进行中，首席谈判代表会议开始讨论部分相关文件和政策。对协定草案达成一致后，首席谈判代表会议在其后续会议中，继续讨论和考虑草案：2015 年 8 月在格鲁吉亚第比利斯举行的第六届首席谈判代表会议；2015 年 9 月在德国法兰克福举行的第七届首席谈判代表会议；2016 年 11 月在印度尼西亚雅加达举行的第八届首席谈判代表会议，同时审议了 2015 年 12 月至 2016 年 1 月初举行成立会议时所需的最终文件。

8.15 首席谈判代表会议所扮演的角色，保持了一贯的包容性、参与性，这是《亚投行协定》谈判的特点。的确，在 5 月份谈判结束时，《首席谈判代表报告》中也对此进行肯定：

> 代表们一致同意，在协定条款生效之前，意向创始成员们将继续召集首席谈判代表会议，为设立亚投行提供更广泛的咨询机制。

通过首席谈判代表会议，所有意向创始成员们，无论其何时签署《亚投行协定》或是否满足成员资格要求，都参与讨论了在成立大会上将通过的文件和政策。首席谈判代表会议的这个功能类似于其他条约缔约国的签署后会议。[11]

---

[10] 《亚投行协定》第 32 条第 1 款规定亚投行的总部在中国北京。

[11] 就欧洲复兴开发银行而言，在签署"协定"和成立会议之间的 11 个月间，有 4 次后续会议审查基本文件并为建立做准备。Menkveld（1991），第 82~84 页。

C. 候任行长

8.16　亚投行的成立时间表要求 2015 年下半年开展工作，准备该机构及其初步运作，并与其他机构、政府、投资人、公众建立关系。该早期工作的成功在很大程度上取决于亚投行的领导力，以及对亚投行正式成立后的信心。2014 年 10 月的特别部长级会议启动了关于《亚投行协定》的谈判。而就在那时，临时性的领导开始。秘书长被选中担任秘书处的负责人。[12] 2015 年 6 月《亚投行协定》签署仪式后，在下一次特别部长级会议上，意向创始成员们的部长们就遴选候任行长的程序达成了一致意见。这种做法类似于欧洲复兴开发银行成立过程中候任行长候选人的程序。[13]

8.17　2015 年 6 月 29 日意向创始成员们的特别部长级会议做出决定，强调必须尽早选出行长候选人，"保持亚投行从成立过程到其设立初期的连续性领导，并使该银行能够尽快成立并在成立后开始运营"。特别部长级会议批准了候任行长的遴选程序，随后发布在亚投行秘书处的网站上。[14] 该特别部长级会议由意向创始成员们的部长级代表组成，包括尚未签署《亚投行协定》的国家——这是所有意向创始成员们持续参与的另一个例子。

（1）遴选过程

8.18　亚投行的候任行长遴选程序（择选程序）[15] 规定了提名期，即 30 天后（于 2015 年 7 月 31 日）截止，并预计在 2015 年 8 月第六届首席谈判代表会议上公布决定。同时也规定了资质、提名程序和候选人姓名公开等。首席谈判代表在首席谈判代表会议上会见候选人，并在其各自的现任部长授权下就遴选事宜达成协议。根据《亚投行协定》的规定，该择选过程很早就开始，且仅适用于遴选候任行长，而该候选行长将在理事会成立大会上被选为行长。[16]

---

〔12〕　2014 年 10 月，金立群被选为行长。在 Jin（2015），第 54 页详细描述了准备过程。

〔13〕　对于欧洲复兴开发银行而言，谈判代表们在最后一次谈判会议上选择雅克·阿塔利为行长候选人；阿塔利先生曾主持会议，并担任法国总统密特朗的首席个人顾问。据报道，阿塔利先生获得的投票数为 32 票，荷兰的财政部长奥托·鲁丁获得的投票数为 8 票，有 2 票弃权。在该次会议上，伦敦被选为欧洲复兴开发银行的总部。参见 "Frenchman head of new aid bank", *New York Times*, May 21, 1990.

〔14〕　《亚投行候任行长遴选》，2015 年 7 月 1 日。

〔15〕　《亚投行候任行长遴选程序》，2015 年 7 月 1 日。

〔16〕　《亚投行协定》第 60 条第 2 款第 1 项。

8.19 虽然该遴选程序中的步骤类似于其他多边开发银行的选举行长的实践，[17]但该择选程序必须做适当调整，以适应亚投行当时还没有正式治理机构和工作人员的状况。特别部长级会议承担了理事会的职责，特别部长级会议主席的职责类似于理事会主席。首席谈判代表扮演类似于董事会的角色。因为亚投行秘书处秘书长本人被迅速提名为候选人，因此亚投行秘书处的首席法律顾问承担的角色相当于多边开发银行的公司秘书和一般法律顾问的程序性角色。为了与亚投行的决策规则保持一致，首席谈判代表被授权在可能的情况下，通过协商达成一致；如果不能达成一致，须取得三分之二的意向创始成员的同意。此与遴选亚投行行长需要超级多数的理事数量相似，即需要三分之二的理事且代表占总投票权的四分之三。[18]在此成立前阶段，鉴于意向创始成员们还没有完成认购并成为银行成员，故没有实际的投票权，因此这里没有要求相应的总投票权的比例。

（2）遴选决定

8.20 在 2015 年 7 月，两名候选人获得提名，并在亚投行秘书处网站上公布了他们的姓名：由俄罗斯提名的 Andrei Bugrov 先生和由中国提名的金立群先生。在格鲁吉亚第比利斯举行的第六届首席谈判代表会议上，意向创始成员们的代表协商一致选择金立群先生为候任行长。[19] 2015 年 8 月 24 日，首席谈判代表会议的有关遴选候任行长的决定进一步指出：

> 候任行长将接管设立银行的多边临时秘书处秘书长的职责。此外，候任行长将负责采取所需行动使银行开始有效运作直至成立前，包括提前的临时招聘和准备亚投行的办公室。

金先生自 2015 年 9 月 1 日起担任候任行长，直至其在 2016 年 1 月 16 日举行的理事会首届会议当选并接任亚投行行长职位。

---

〔17〕 有关非洲开发银行，参见《非洲开发银行行长选举程序规则》，2015 年 12 月 3 日公布。关于美洲开发银行，参见《银行行长选举条例》。关于国际复兴开发银行，参见《关于选举行长程序的报告》，国际复兴开发银行执行董事会发展委员会审议通过，2011 年。·

〔18〕 《亚投行协定》第 29 条第 1 款。此与选举要求——每个候选人是一个区域性意向创始成员的国民——相呼应。

〔19〕 参见 "Jin Liqun selected President - designate of the Asian Infrastructure Investment Bank", *AIIB Secretariat Press Release*, August 24, 2015.

D. 临时安排

8.21 《亚投行协定》明确规定成员任命理事和选举董事的正式程序。已签署《亚投行协定》但尚未完成亚投行成员资格要求的意向创始成员，在理事会和董事会上都不能有正式代表。《首席谈判代表报告》显示，为了维持协商进程，所有意向创始成员都能够根据"临时安排"参与理事会和董事会的工作：

> 根据第58条第1款规定，一旦协定生效，直至最后日期，"临时安排"将为意向创始成员提供继续参与亚投行治理的机会，等待他们完成成员资格的步骤。在此时期，为了确保主要决策将得到所有签署方的充分协商和支持，且尽可能以协商一致方式达成，理事会和董事会容纳非投票代表如下。[20]
>
> ......
>
> 一旦签署方完成成员资格的截止期届满，且签署方根据第58条成为成员，创始成员时代结束。届时，所有创始成员都将根据亚投行的常规治理安排参与亚投行治理，而这些临时安排即刻终止。

这些临时安排对于非正式参与很有必要，因为亚投行的法律要求任何形式的代表都需要以成员资格作为先决条件。

（1）理事会

8.22 每个亚投行成员任命一名理事和一名候补理事在理事会中代表该成员。[21]因此，理事会的首届会议将仅由亚投行成员任命的理事组成。一旦各个意向创始成员签署协定并完成其成员资格要求后，新成员就可以任命其理事和候补理事，并在理事会中代表该成员。

8.23 对于理事会而言，临时安排相对简单。尚未成为成员的每个签署国都可以派代表以观察员身份出席理事会会议。其他多边开发银行的理事会会议上通常都允许观察员出席，特别是潜在成员。为了正式确定和认可作为临时安排的签署方观察员，由理事会首届会议通过的《亚投行理事会程序规则》，规定了除常规的允许观察员外的其他具体条款：

---

〔20〕 接下来会详细阐述理事会和董事会的临时安排条款。

〔21〕 《亚投行协定》第22条第1款。

　　根据协定第 58 条第 1 款的规定直至交存批准书、接受书或批准文件的最后日期，应邀请尚未成为成员的协定签署国派遣一名非投票代表作为观察员参加理事会的每次会议。[22]

　　8.24　成立会议由代表 30 名成员（预期大约有 74% 的股份）的理事，以及来自 27 个意向创始成员的签署方观察员出席。在 2016 年 6 月的第一届理事会年度会议召开之前，46 名成员由理事代表，另外还有 10 名签署方观察员。[23] 在 2017 年 6 月的第二届年度会议上，56 名成员由理事代表，另外还有来自潜在成员的 20 个代表团，包括签署方观察员。[24] 表 8.1 列出出席理事会成立大会、第一届年会和第二届年会的亚投行成员与观察员。

表 8.1　亚投行理事会会议的代表（2016—2017）

成立大会 2016 年 1 月 16—17 日[a]		第一次年会 2016 年 6 月 24—25 日[b]		第二次年会 2017 年 6 月 16—18 日[c]	
成 员	签署方观察员	成 员	签署方观察员	成 员	预期成员（观察员）
澳大利亚	阿塞拜疆	澳大利亚	巴西	澳大利亚	阿富汗
奥地利	孟加拉国	奥地利	埃及	奥地利	阿根廷
文莱达鲁萨兰国	巴西	阿塞拜疆	伊朗	阿塞拜疆	巴林
中国	柬埔寨	孟加拉国	意大利	孟加拉国	比利时
丹麦	埃及	文莱达鲁萨兰国	科威特	文莱达鲁萨兰国	玻利维亚
芬兰	法国	柬埔寨	马来西亚	柬埔寨	巴西

---

　　[22]《亚投行理事会程序规则》，2016 年 1 月 16 日，第 3 节第（c）项。一般而言，第 3 节第（b）项允许观察员出席会议，但需要应理事会主席的邀请，且与董事会协商。

　　[23] 乌兹别克斯坦没有被列为签署国观察员，因为它有权这样做。此外，24 位潜在成员的代表出席了第一次年会。

　　[24] 这 56 名成员包括 53 名曾经的签署方和埃塞俄比亚、中国香港、匈牙利，以及 2017 年被批准的新成员在年会之前完成了成员资格审查程序。2017 年 6 月 16 日至 18 日，亚投行理事会年会会议记录摘要。

续表

成立大会 2016 年 1 月 16—17 日		第一次年会 2016 年 6 月 24—25 日		第二次年会 2017 年 6 月 16—18 日	
成 员	签署方 观察员	成 员	签署方 观察员	成 员	预期成员 （观察员）
格鲁吉亚	冰岛	中国	葡萄牙	中国	加拿大
德国	伊朗	丹麦	南非	丹麦	智利
印度	意大利	芬兰	西班牙	埃及	塞浦路斯
印度尼西亚	哈萨克斯坦	法国	菲律宾	埃塞俄比亚	斐济
以色列	科威特	格鲁吉亚		芬兰	希腊
约旦	吉尔吉斯斯坦	德国		法国	爱尔兰
韩国	马来西亚	冰岛		格鲁吉亚	马达加斯加
老挝	阿曼	印度		德国	罗马尼亚
卢森堡	菲律宾	印度尼西亚		中国香港	萨摩亚
马尔代夫	波兰	以色列		匈牙利	南非
马耳他	葡萄牙	约旦		冰岛	西班牙
蒙古	卡塔尔	哈萨克斯坦		印度	苏丹
缅甸	沙特阿拉伯	韩国		印度尼西亚	东帝汶
尼泊尔	南非	吉尔吉斯斯坦		伊朗	委内瑞拉
荷兰	西班牙	老挝		以色列	
新西兰	斯里兰卡	卢森堡		意大利	
挪威		马尔代夫		约旦	
巴基斯坦	瑞典	马耳他		哈萨克斯坦	
俄罗斯	瑞士	蒙古		韩国	

续表

成立大会 2016 年 1 月 16—17 日		第一次年会 2016 年 6 月 24—25 日		第二次年会 2017 年 6 月 16—18 日	
成 员	签署方 观察员	成 员	签署方 观察员	成 员	预期成员 (观察员)
新加坡	泰国	缅甸		吉尔吉斯斯坦	
塔吉克斯坦	乌兹别克斯坦	尼泊尔		老挝	
土耳其	越南	荷兰		卢森堡	
阿联酋		新西兰		马尔代夫	
英国		挪威		马耳他	
		阿曼		马来西亚	
		巴基斯坦		蒙古	
		波兰		缅甸	
		卡塔尔		尼泊尔	
		俄罗斯		荷兰	
		沙特阿拉伯		新西兰	
		新加坡		挪威	
		斯里兰卡		阿曼	
		瑞典		巴基斯坦	
		瑞士		菲律宾	
		塔吉克斯坦		波兰	
		泰国		葡萄牙	
		土耳其		卡塔尔	
		阿联酋		俄罗斯	
		英国		沙特阿拉伯	
		越南		新加坡	
				斯里兰卡	

续表

成立大会 2016 年 1 月 16—17 日		第一次年会 2016 年 6 月 24—25 日		第二次年会 2017 年 6 月 16—18 日	
成　员	签署方 观察员	成　员	签署方 观察员	成　员	预期成员 （观察员）
				瑞典	
				瑞士	
				塔吉克斯坦	
				泰国	
				土耳其	
				阿联酋	
				英国	
				乌兹别克斯坦	
				越南	

a 2016 年 1 月 16—17 日，亚投行理事会成立大会的会议记录摘要。

b 2016 年 6 月 24—25 日亚投行理事会年会的会议记录。乌兹别克斯坦有资格作为签署国观察员出席。

c 2017 年 6 月 16—18 日亚投行理事会年会的会议纪要。巴西、科威特、西班牙和南非是签署国，他们还不是成员。其他准成员于 2017 年初批准但尚未加入。亚美尼亚、秘鲁、汤加、科威特并未派遣观察员。

（2）董事会

8.25　根据治理条款规定，仅由亚投行理事投票，选举产生 12 名董事，任期 2 年。[25]

此外，每位董事任命一名副董事（在某些情况下，两名副董事）；董事和副

---

[25] 《亚投行协定》第 25 条第 1 款和第 5 款，以及附件 2。

董事必须是成员的公民。[26] 因此，要想任命一位理事来选举一名董事，并且由其公民作为董事或副董事，意向创始成员必须完成所有成员资格要求。在成立会议之前和之后的几个月时间内，意向创始成员获得成员资格的节奏速度不一致，这又一次需要替代性的方案安排。

8.26 《亚投行协定》授权理事会根据需要缩减所选举董事的数量和任期。[27] 该授权主要是针对以下情况，即意向创始成员的入会时间和成立大会的时间不确定，而确立这两者的时间"需要考虑到成员的数量和尚未成为成员的签署国数量"。鉴于意向创始成员的入会时间和董事会选区安排，理事们利用该灵活性来确定第一届董事会的任期和选举时间。

（a）董事会选区安排

8.27 像多数多边开发银行，意向创始成员们组团成立相应的董事选区，每个选区由一名董事来代表。选区通常会就董事和副董事的国籍问题达成一致安排，通常是与董事会例行选举挂钩的轮流模式。[28] 但是，对于第一届亚投行董事会而言，内部选区轮换安排可能不可行，因为来自尚未是成员的公民并不能合法地当选为董事，即使选区中的意向创始成员们都同意。相反，若该选区的另一个准创始国在成立大会时已经是亚投行的成员，则来自该准创始国的国民会当选。如果选区中没有人当选，或选区内意向创始成员们都还不是亚投行成员，则该选区没有董事——也没有代表——在第一届董事会上。（为了解释清楚，表 8.2 中列出了 12 个潜在的选区。）

---

〔26〕《亚投行协定》第 25 条第 3 款和第 4 款，以及 AIIB Board of Governors' Resolution No. 8, Appointment of Additional Director，2016 年 1 月 16 日通过，决定代表 5 个及以上的成员的董事可以任命第二副董事。

〔27〕《亚投行协定》第 60 条第 2 款第 2 项。其他多边开发银行有具体条款规定成员资格的时间表以及第一次董事会时间。参见《非洲开发银行协定》第 66 条第 2 款第（a）项（人数较少）；《欧洲复兴开发银行协定》第 26 条第 3 款（第二届董事会规模的特别认可）；《美洲开发银行协定》第 15 条第 3 款第（b）项（任期更短）；《国际复兴开发银行协定》第 11 条第 3 款第（b）和（c）项（择选和任命临时董事，直到第一次正规选举）。

〔28〕并没有法定要求董事或副董事必须代表自己的国家，尽管情况往往如此。董事或副董事可以是任何成员的国民。但是，任何两个或两个以上的董事不得具有相同的国籍，任何两个或两个以上的副董事也不得具有相同的国籍。《亚投行协定》第 25 条第 4 款。

表 8.2　亚投行首届董事会（2016 年 1 月 17 日）[a]

董　事	副董事	成　员（正式代表）	签署国（非正式代表）
Baikuntha ARYAL（尼泊尔）	Mohamed SAEED（马尔代夫）	马尔代夫尼泊尔	孟加拉国马来西亚菲律宾泰国
Luis BALDUINO[*]（巴西）	Sahar NASR（埃及）[**]		巴西埃及南非
Andin HADIYANTO（印度尼西亚）	Bounthom LOMANY（老挝）	印度尼西亚老挝缅甸	斯里兰卡
Adel AL HOSANI（阿联酋）	Emad SHANA'AH（约旦）	约旦阿联酋	科威特阿曼卡塔尔沙特阿拉伯
Christopher LEGG（澳大利亚）	Lee Pak SING（新加坡）	澳大利亚新西兰新加坡	柬埔寨越南
Vanessa MACDOUGALL（英国）	Henrik HARBOE（挪威）	丹麦挪威英国	冰岛波兰瑞典瑞士
Timur MAKSIMOV（俄罗斯）		俄罗斯塔吉克斯坦	伊朗哈萨克斯坦
Nikolai PUTSCHER（德国）	Irene JANSEN（荷兰）Edith FRAUWALLNER（奥地利）	奥地利芬兰德国卢森堡马耳他荷兰	法国意大利葡萄牙西班牙

董　事	副董事	成　员 （正式代表）	签署国 （非正式代表）
Dinesh SHARMA （印度）		印度	
In-chang SONG （韩国）	Yoel NAVEH （以色列）	以色列 韩国 蒙古	*乌兹别克斯坦*
Hakan TOKAÇ （土耳其）	Omar Hamid KHAN （巴基斯坦）	文莱达鲁萨兰国 格鲁吉亚 巴基斯坦 土耳其	*阿塞拜疆 吉尔吉斯斯坦*
YANG Shaolin （中国）		中国	

* 选区代表

** 替代选区代表

a 来源：亚投行理事会首届大会会议摘要，2016 年 1 月 16 日至 17 日，第 84~85 页，以及亚洲开发银行董事会会议纪要（与会者），2016 年 1 月 17 日。

（b）当选董事人数

8.28　当选的董事人数仅在成立大会前夕确定，这是因为直到此时，才能最终知晓有多少意向创始成员按时成为成员。事实上，有 11 个选区届时至少有一名成员可以选举董事：9 个区域性和两个非区域性。[29] 11 个选区中的其他意向创始成员们在成立大会后成为成员，届时他们可以通过把投票权给予已经当选的董事，加入他们预期的选区。[30] 对于第 12 个选区而言，这些意向创始成员们可以通过不享有投票权的选区代表人员，在董事会工作中表达他们的声音。

〔29〕　参见亚投行理事会决议第 4 号，《关于在首次会议上选举董事的规则》，2016 年 1 月 16 日。

〔30〕　尽管如此，根据 2016 年 1 月 17 日的《亚投行理事会程序规则》第 3 节第（h）项，每位董事有权指定一名尚未成为成员的签署国的国民作为无发言权、无表决权的顾问。该顾问职位是根据董事会的程序规则产生，而非亚投行章程，并且没有国籍要求。有关顾问职位的更多详细信息，请参见第 143 页注 40。

不享有投票权的选区代表人员是新设职位，在本章第 8.33 至 8.34 段中有所描述。[31]

8.29　表 8.2 显示了亚投行董事会在成立大会时的成员组成，包括每个选区中已经成为成员的意向创始成员（粗体）和尚未成为成员的意向创始成员（斜体字）。

为了了解选区和董事会如何随着意向创始成员成为成员而变化，表 8.3 显示了 2017 年 12 月的亚投行董事会概况。

表 8.3　亚投行董事会（2017 年 12 月 15 日）[a]

董　　事	副董事	成　员
Khalid ALKHUDAIRY （沙特阿拉伯）	Adel AL HOSANI （阿拉伯联合酋长国） Ahmad Hassan ALOBAIDLY （卡塔尔）	约旦 阿曼 卡塔尔 沙特阿拉伯 阿拉伯联合酋长国
Mehmet Alper BATUR （土耳其）	Muhammad Aslam CHAUDHARY （巴基斯坦） Toghrul Guliyev （阿塞拜疆）	阿塞拜疆 文莱达鲁萨兰国 格鲁吉亚 吉尔吉斯斯坦 巴基斯坦 土耳其
Grigory BUTRIN （俄罗斯）	Nurym Ayazbayev （哈萨克斯坦）	伊朗 哈萨克斯坦 俄罗斯 塔吉克斯坦

---

〔31〕　如表 8.2 所示，第 12 个选区由巴西、埃及和南非组成。直到 2016 年秋季，在埃及完成其成员资格要求之后，第 12 个董事才被选出以代表该选区。关于第三位非区域董事第一次选举的亚投行理事会第 21 号决议，2016 年 11 月 28 日通过。

续表

董　　事	副董事	成员
BOONCHAI Charassangsomboon （泰国）	Md. Zahidul HAQUE （孟加拉国） Rolando MACASAET （菲律宾）	孟加拉国 马来西亚 马尔代夫 尼泊尔 菲律宾 泰国
Shixin CHEN （中国） Ahmed KOUCHOUK （埃及） Christopher LEGG （澳大利亚）	WU Guoqi （中国） Fisseha Abera KIDANE （埃塞俄比亚） Dao Thuy HANG （越南）	中国 中国香港 埃及 埃塞俄比亚 澳大利亚 新西兰 新加坡 越南
M. M. KUTTY （印度） Emil LEVENDOGLU （英国）	Kumar V. PRATAP （印度） Radek PYFFEL （波兰） Michelle GYSIN （瑞士）	印度 丹麦 匈牙利 冰岛 挪威 波兰 瑞典 瑞士 英国
Nikolai PUTSCHER （德国）	Philippe BAUDRY （法国） Alberto COGLIATI （意大利）	奥地利 芬兰 法国 德国 爱尔兰 意大利 卢森堡 马耳他 荷兰 葡萄牙

续表

董　事	副董事	成　员
Rionald SILABAN （印度尼西亚）	Angkhansada MOUANGKHAM （老挝） Priyantha RATHNAYAKE （斯里兰卡）	柬埔寨 印度尼西亚 老挝 缅甸 斯里兰卡
Taesik YOON （韩国）	Ofer PELEG （以色列）	斐济 以色列 韩国 蒙古 乌兹别克斯坦

　　a 来源：亚投行董事会官网列表（最后访问于 2017 年 12 月 10 日）。该官方列表并未指出 2017 年批准的但尚未加入的新成员的非正式代表，或尚未成为成员的签署国（巴西、科威特和南非）。在首届会议召开时，这三个签署国由如下的董事来代表：巴西和南非（埃及）；科威特（沙特阿拉伯）。选区组成可能会随着国家的偏好而改变。一旦一个国家成为亚投行成员，官方列表就是权威来源。

　　（c）选举时间

　　8.30　多边开发银行通常在年会上进行董事会选举，尽管目前有虚拟电子选举的案例存在。[32] 虽然《亚投行协定》没有将董事选举与理事会的年会相关联，但如果需要理事们到场的话，协调选举时间和年会时间更具有熟悉和便利的优势。亚投行的年度会议通常是在 6 月份，第一届董事会的任期可能在 2016 年 6 月第一届年会（董事任期约 6 个月）或者 2017 年 6 月第二届年会（董事任期约 18 个月）时结束。

　　8.31　因此，第二届董事会选举的时间取决于第一届董事会的任期。第二届董事会的选举时间因此决定后续的两年一次的选举时间（常规的两年任期）。选举任期短的第一届董事会，将减轻与董事会选区安排的脱节，并鼓励意向创始成员最迟在第二次选举前成为成员。在短时间内举行第二次选举，可以为下

---

　　〔32〕　例如，世界银行集团亦如此。该演变的其中一个因素是适合技术的发展；另一个因素是近几十年来外部事件的不可预测性，可能导致年会的延迟或取消。

列情况提供透明的方式，即一旦一个选区中全部或大部分意向创始成员们正式成为成员，如果需要的话，可恢复商定的选区模式。

8.32 鉴于这些考虑因素，理事会在其成立大会上采取了两项补充措施。理事会决定第一届年度会议将于 2016 年 6 月举行，且在成立大会上当选的董事们的任期于 2016 年 6 月 30 日届满。[33] 这两项决定合在一起意味着首届董事会的任期不足 6 个月，第二届董事会将在第一届年度会议上选举产生，自 2016 年 7 月起任期两年。该安排还协调了日后董事选举和年度会议的时间。

（d）选区代表

8.33 在临时安排机制下，为了解决上述所说的选区问题，创设了选区代表职位。当一个选区中，意向创始成员们都没有完成亚投行成员资格要求时，其不能选举出一个董事来代表他们，甚至没有非正式的代表。选区代表将成为这些意向创始成员们的非正式代表，以与董事大致相同的方式参与董事会的工作，但没有任何正式表决权。《首席谈判代表报告》就选区代表职位达成协议如下：

> 董事会。意识到当成员的理事投票或授权给董事投票权时，实际的选区将成立，签署方可以就名义选区组织达成一致。根据这些名义选区分组，如果一个选区中的一个或多个成员选出一个董事，该选区由该董事代表；或者如果该选区还没有董事，由选区成员通过协商选出一名特殊的选区代表，来代表该选区。选区代表们可以参加董事会会议，但没有表决权。董事将非正式地代表该选区中尚未成为成员的签署方，也将正式代表以下理事，即投票给该董事的理事，或者将投票权给该董事的理事。每个选区组都由一名董事或一名选区代表来代表，两者只能选一。

8.34 第一届董事会也为选区代表和候补选区代表这一创新性的职位提供了坚实的法律基础。董事会成立大会上通过的《亚投行董事会程序规则》，其第

---

〔33〕 参见亚投行理事会决议第 4 号，《关于在首次会议上选举董事的规则》，2016 年 1 月 16 日；亚投行理事会决议第 11 号，《关于举行首次年会的时间与地点》，2016 年 1 月 17 日。

12 节规定了适用于这些职位的规则,并规定当"临时安排"结束时,该节失效。[34]该节确认了,出于确定是否应该有一个选区代表来代替董事的目的,这样的选区分组是名义上的分组,"意识到当成员的理事投票或授权给董事投票权时,实际的选区将成立"。另外,该节确认了尚未成为成员的签署国的董事们的非正式代表。此外,该节引入了候补选区代表的职位,该职位也由选区指定,其职责与副董事相似。选区代表和候补选区代表有权获得出席会议的合理公务费用,并受约束于董事们负有的职业伦理要求和保密义务。

E. 成立大会

8.35 通过首席谈判代表会议的准备过程,以及秘书处的技术支持,并在候任行长的领导下,两个委员会需要在其成立会议上做出决策,使得亚投行建立并开始运作。这些决定反映了第 7 章中所概述的权力分配,包括理事会的保留权力以及董事会的授权权力和特定权力。

(1) 理事会

8.36 理事会通过了一揽子决议,其中包括理事会程序规则,理事会官员规则,亚投行细则,首次大会董事选举规则,行长遴选规则,与中国签订的总部协定,任命额外副董事的门槛,董事会官员和银行职员的行为守则以及第一次年会的日期和地点。[35] 重要的是,理事会通过了一项决议,该决议将 2016 年 1 月 16 日确定为亚投行业务开始的日期,也就是正式成立亚投行的宣言。[36]

8.37 在通过《董事选举规则》之后,理事们接着在 1 月 16 日投票选举产生 11 位董事。该 11 位董事于 2016 年 1 月 17 日上任。这些董事之后任命副董事和顾问来参加董事会的成立大会。第 12 个选区的签署方指定一个选区代表,[37]

---

〔34〕《亚投行董事会程序规则》第 12 节规定:"签署国完成成员资格并按照第 58 条成为成员的截止日期一旦过期,这些临时安排即告终止。继而在没有第 12 节的情况下重述这些规则。"

〔35〕 对于亚投行,理事会成立会议中通过的理事会决议见 2016 年 1 月 16 日至 17 日理事会成立会议的会议摘要(以及亚投行官网)。第 1 至 9 号决议于 2016 年 1 月 16 日通过,第 10 至 13 号决议于 2016 年 1 月 17 日通过。

〔36〕 欧洲复兴开发银行理事会还宣布成立会议的第一天为开始运作的日期(1991 年 4 月 15 日)。

〔37〕 参见 2016 年 1 月 17 日亚投行董事会会议纪要所载出席人员的名单。

该选区代表也被授权任命一名候补选区代表和顾问。

（2）董事会

8.38 在 1 月 17 日的董事会成立大会上，董事会批准了董事会程序规则、2016 年业务计划和预算、薪酬和福利政策、财政政策、主权支持的贷款和担保定价决策、一般投资、借款和资产负债管理机构、融资业务政策、公开信息临时政策、采购政策和公司采购政策。他们随后还考虑并批准了有关环境与社会方面的政策框架。[38]

8.39 在成立会议上，亚投行的治理机构正式合法成立：理事会、董事会和行长。理事会随后于 2016 年 6 月举行了第一次年会。当时，理事们选举产生新董事会，任期 2 年（2016 年 7 月 1 日至 2018 年 6 月 30 日）。[39] 根据"临时安排"，尚未成为成员的签署方可以派观察员参加 2016 年年会，而选举产生的董事会也有 11 位董事和 1 位选区代表。到 2016 年 12 月，第十二个董事选举产生，而选区代表的职位已不再显示在董事会名册上。[40] 整体而言，当签署方完成会员资格要求的截止日期届满，临时安排将终止。[41]

---

〔38〕 除了环境与社会政策，其他这些政策均由董事会在会议上批准。环境和社会政策在此后不久获得批准："董事会接受了行长的建议，即在 2 月中旬之前发布修订版拟议的环境和社会政策，以待无异议通过。"亚投行董事会会议纪要，2016 年 1 月 17 日，第 12 段。董事会批准环境与社会政策被记录在随后的会议记录中。亚投行董事会会议纪要，2016 年 4 月 25—26 日，第 10 段第 4 章的内容包括与运营相关的政策摘要（融资、环境和社会政策、采购政策、国家支持的贷款和担保定价决策），以及第 9 章的内容包括公司采购政策、公开信息临时政策的摘要。

〔39〕 亚投行理事会决议第 15 号，《2016 年董事选举》，2016 年 6 月 13 日，及记载于理事会会议概要的选举结果，6 月 24—25 日，第 71~72 页。

〔40〕 亚投行董事会会议纪要，2016 年 12 月 8—9 日。

〔41〕 《首席谈判代表报告》："一旦签署国完成成员资格的步骤并成为第 58 条规定的成员的截止日过期，则成为创始成员的时间也截止。此时，所有创始成员都将根据正常的亚投行治理安排参与亚投行治理，这些临时安排将终止。"《亚投行董事会程序规则》也规定终止第 12 节中的临时安排。临时安排一旦终止，有关规定尚未派出观察员参加理事会会议的签署国的条款也将失效（尽管观察员总是可以由理事会主席邀请）。参见《亚投行理事会程序规则》，第 3 节第（b）（c）项。

第9章

制度性事项

9.01　正如其他的多边开发银行一样，亚投行身兼开发性机构、金融机构和由多边条约而创建的国际组织的角色。前面的章节已经对《亚投行协定》是何以作为一个开发性机构（第4章，投资业务）和金融机构（第6章，资本和财务）而运作的展开了描述。而一些有关亚投行作为一个国际组织的因素也在一些章节中被涵盖到了（第3章，使命；第5章，成员资格；第7章，治理）。

9.02　多边条约创设了亚投行的事实以及亚投行作为政府间实体的性质还派生出了一些前述章节未提及的因素。本章节对《亚投行协定》中的关于其身为国际条约的地位、其作为国际法主体的身份、基于协定所产生身为国际组织的特权与豁免以及亚投行的管理框架体系的条款予以提要。

A. 作为条约的协定

（1）签署和批准

9.03　如前文所述，《亚投行协定》自2015年6月29日起至2015年12月31日开放签署。[1] 若想继而成为成员，则签署方需要存放其批准、接受或准许该条约的文书，[2] 此外还须完成入会程序和认缴股本支付程序。[3] 2015年12月25日，由于存放上述文书的签署方已达到17个，达成了所有认缴股本的

---

〔1〕《亚投行协定》第57条第1款。

〔2〕第一个缔约国是否要存放其批准、接受或承认的文件是由其国内法的要求所决定的。参见第93页注23。

〔3〕《亚投行协定》第58条第1款。

50.1%，《亚投行协定》得以生效。[4]

9.04 上述签署和存放文书的程序在类似性质的国际条约中一般是由一个保存人来负责的。该保存人要负责与签署和后续的种种加入程序以及在条约效力存续期间与条约有关的活动。[5] 保存人可以由另一个国际组织或者一个成员方担任。亚投行明确了其存放方是中华人民共和国政府，[6] 一般为中国外交部来承担该职责。相较而言，其他的多边开发银行的协定一般是由其主管机构来作为存放方的，譬如美洲国家组织为美洲开发银行的保存人，而联合国秘书长为非洲开发银行和亚洲开发银行的保存人。[7] 鉴于亚投行等机构不设作为主办方的国际组织，组织方的政府可以行使保存人的职能。如美国也在国际复兴开发银行中担任保存人的角色，而法国曾在欧洲复兴开发银行（EBRD）中担任该角色。[8]

（2）修改

9.05 作为一个国际条约，《亚投行协定》设定了修改该协定的正规程序。

---

[4] 《亚投行协定》第 59 条要求至少 10 种认缴股本的加总数额不少于认缴股本总额的 50%。《〈亚投行协定〉于 2015 年 12 月 25 日生效》，《亚投行新闻》2016 年 1 月 16 日。有 17 名缔约国在生效前即完成了批准程序并存放了文书，包括：澳大利亚、奥地利、文莱达鲁萨兰国、中国、格鲁吉亚、约旦、韩国、卢森堡、蒙古、缅甸、荷兰、新西兰、挪威、巴基斯坦、新加坡和英国。（这些成员以及它们的加入时间即 2015 年 12 月 25 日皆显示于第 7 章表 7.5 当中，而《亚投行协定》的附件 1 中列明了它们所被分配的股权。）

[5] 参见 1969 年《维也纳条约法公约》第 77~80 条，关于保存（depositaries）的作用的法律描述［也被称为保管（depositories）］。

[6] 《亚投行协定》第 57 条第 1 款。

[7] 《美洲开发银行协定》第 15 条第 1 款；《非洲开发银行协定》第 63 条和《亚洲开发银行协定》第 63 条。联合国秘书长作为保存人而保存了 500 多个多边条约。关于联合国秘书长的策略从原则上说是要限制其担任保存人的职能，以至于仅负责保存对涉及世界范围的共同利益的多边条约，因此其职能只适用于那些通常由联合国大会通过或是由联合国机构召集的全权会议所缔结，同时也适用于那些在联合国区域委员会框架内起草并开放全部会员资格的区域性条约。Summary of Practice of the Secretary-General as Depositary of Multilateral Treaties，UN 1999，第 28 段。因此，联合国秘书长并不会作为《亚投行协定》的保存人。

[8] 《国际复兴开发银行协定》第 11 条第 2 款和《欧洲复兴开发银行协定》第 60 条。关于《国际复兴开发银行协定》，自 1945 年起，美国国务院就开始扮演该角色。与之并行，"根据同时期的布雷顿森林会议关于签订该条约的国家保存多边条约的通常实践"，美国依照国际货币基金组织协定也是其保存人。Gold（1974），第 38 页。Gold 进一步注明《联合国宪章》当时还没有被签署，因此联合国不能被考虑为作为保存人。

《亚投行协定》的修改权由理事会保留，修改需要经超级投票通过决议。[9] 一项关于修改的建议，无论是成员还是董事会提出的，皆需要报告给理事会主席，而理事会主席须负责将该建议提交给理事会。[10]

9.06   由此可见，《亚投行协定》延续了亚洲开发银行和美洲开发银行的协定中所设定的程序，即理事会的决定将为修改的最终决议。[11] 而根据包括国际复兴开发银行、非洲开发银行和欧洲复兴开发银行在内的一些其他的多边开发银行的要求，在理事会做出了修改决定后，修正案还要经过一个由持有特殊资格多数投票权的特定多数成员做出二次批准。[12] 多边开发银行的协定并不经常被修改，而合格多数会员在这个重要活动中的作用通常是举足轻重的。有些组织几乎没有变化，也罕经修改。举例而言，《亚洲开发银行协定》从来没被修改过，而《国际复兴开发银行协定》70 年间仅作出过 3 个非常具体的修改。[13]《欧洲复兴开发银行协定》在 25 年间仅经历过 3 次有限的修改，其第一次为在 2006 年将蒙古作为业务国，其后续为在 2013 年同样地将地中海南方和东方国家

---

〔9〕《亚投行协定》第 23 条第 2 款第 9 项和第 53 条第 1 款。

〔10〕《亚投行协定》第 53 条第 3 款。

〔11〕《亚洲开发银行协定》第 59 条（仅理事会决议，要求占三分之二且代表至少四分之三的总投票权的理事）；以及《美洲投资银行协定》第 12 条第（a）项（仅理事会决议，要求理事中多数同时三分之二的且代表四分之三的总投票权的理事）。同参见《国际金融公司协定》第 7 条第（a）项（仅理事会决议，要求五分之三且代表 85% 总投票权的理事）。

〔12〕例如，参见《非洲开发银行协定》第 60 条第 1 款（要求三分之二以上成员，其中包括三分之二以上地区成员，并占四分之三总投票权的成员接受修改）；《欧洲复兴开发银行协定》第 56 条第 1 款（要求四分之三以上成员，包括至少两个中东欧成员，共计不少于五分之四的总投票权的成员接受修改）；以及《国际复兴开发银行协定》第 8 条第（a）项（要求五分之三多数并持有 85% 总投票权的成员的接受）。

〔13〕《国际复兴开发银行协定》于 1965 年作出修改，修改的内容为允许借款给国际金融公司（第 2 条第 6 款），于 1989 年要求一项修改需 85% 多数通过，而非五分之四多数（80%）通过〔第 8 条第（a）项〕以及于 2012 年增加和设定了占总票数一定百分比（5.55%）基本投票权〔第 5 条第 3 款第（a）项〕。

作为业务国。[14] 在其他的国际组织中，特别是当修改的性质较为重大时，修改较为普遍。[15]《美洲开发银行协定》在 1959 年到 1995 年间共经过了 7 次修改，其中 1976 年的修改做出了实质性的改变，批准了非地域性成员的加入并接纳了它们的注资；而其他几次修改的范围比较有限。[16]《非洲开发银行协定》在 1964 年到 2002 年间经历了 5 次修改，其最大的修改是于 1982 年引入了非区域成员制度，以及在 2002 年削减了障碍性条款并协调了其他组织的协定。[17]

9.07 《亚投行协定》规定三种核心修改必须经全票通过才能进行，此规定同其他多边开发银行保持一致。[18] 对以下事项的修改，必须经过理事会的全票

---

〔14〕 即便依据《欧洲复兴开发银行协定》第 3 条第 1 款规定，蒙古和随后加入的地中海南部和东部的国家身为非区域的国际货币基金组织成员而拥有欧洲复兴开发银行成员的身份资格，它们并未被纳入中东欧业务的范围内。蒙古的修正案在欧洲复兴开发银行理事会第 90 号决议修正案中，对《欧洲复兴开发银行协定》的修订使其得以在蒙古开展业务，2004 年 1 月 30 日通过，2006 年 10 月 15 日生效。欧洲复兴开发银行理事会决议第 137 号，对《欧洲复兴开发银行协定》的修订使其得以在地中海地区东南部开展业务，2011 年 9 月 30 日通过，2013 年 9 月 12 日生效。一个附随性修正案允许将欧洲复兴开发银行特别基金用于接收国和潜在的接收国。欧洲复兴开发银行理事会决议第 138 号，对《欧洲复兴开发银行协定》的修订以使特别基金适用于受援国或潜在受援国，2011 年 9 月 30 日通过，2012 年 8 月 22 日生效。

〔15〕《国际货币基金组织协定》在一些重要方面曾经历过七次修改。《国际货币基金组织协定》2016 年出版的通讯列出了修改的细节：经理事会于 1968 年 5 月 31 日通过的第 23-5 号决议的形式所批准的修正案，生效于 1969 年 7 月 28 日；经理事会于 1976 年 4 月 30 日通过的第 31-4 号决议所批准的修正案，生效于 1978 年 4 月 1 日；经理事会于 1990 年 7 月 28 日通过的第 45-3 号决议所批准的修正案，生效于 1992 年 11 月 11 日；经理事会于 1997 年 9 月 23 日通过的第 52-5 号决议所批准的修正案，生效于 2009 年 8 月 10 日；经理事会于 2008 年 5 月 5 日通过的第 63-3 号决议所批准的修正案，生效于 2011 年 2 月 18 日；经理事会于 2008 年 4 月 28 日通过的第 63-2 号决议所批准的修正案，生效于 2011 年 3 月 3 日；经理事会于 2010 年 12 月 15 日通过的第 66-2 号决议所批准的修正案，生效于 2016 年 1 月 26 日。

〔16〕 根据已发表文本：《美洲开发银行协定》最后一次修改于 1995 年；先前的六次修改根据记录分别是 1964 年、1968 年、1971 年、1972 年、1976 年和 1987 年。非区域成员资格制度是由美洲开发银行理事会第 AG-9/76 号决议引入的，《美洲开发银行协定》中关于域内资本及相关事项的修订，1976 年 6 月 1 日批准。

〔17〕《非洲开发银行协定》2016 年出版的通讯列出了该五次修改，分别为 1982 年、1994 年、1998 年、1999 年和 2002 年所作出的修改。为非区域成员资格所作出的修改，参见非洲开发银行理事会决议第 05-79 号，关于修订《非洲开发银行协定》使非非洲国家有资格成为其成员，1979 年 5 月 17 日批准，于 1982 年 5 月 7 日生效，附录第 5 段第（ii）款。关于最近的变化，参见非洲开发银行理事会决议第 B/BG/ 2001/08 号，《关于〈非洲开发银行协定〉的修订》，于 2001 年 5 月 29 日通过，2002 年 6 月 5 日生效。

〔18〕 这些要求一致同意的条款与其他多边开发银行的规定相同。《非洲开发银行协定》第 60 条第 3 款；《亚洲开发银行协定》第 59 条第 2 款；《欧洲复兴开发银行协定》第 56 条第 2 款（被加在关于它的目的与职能的修正案列表中）；《美洲开发银行协定》第 7 条第（b）项（稍有不同）；和《国际复兴开发银行协定》第 8 条第（b）项。

通过：①各成员退出银行的权利；②对成员的负债的限制；③关于购买股本的各项权利。[19] 对负债的限制意味着成员的负债仅限于其所持股份发行额中未缴付部分，且成员不因其成员地位而对银行的债务负责。[20] 允许每个成员认缴足够的股本增资以维持其在亚投行总股本中的认缴股本比例。[21] 上述的每个关于修改的一致同意的条款皆为成员方提供了核心保护，同时全票通过制度保证了这些保护手段必须所有成员同意才能得以修改。

（3）解释

9.08 设立解释制度是各多边开发银行的一种通常性做法，当出现协定中未明确规定的特殊情况和新情况时，解释制度可以帮助机构应对这些情况。一般而言，当解释会扩张协定时，修改将被作为最终手段。多边开发银行协定的非正式解释比正式解释更为多见。《亚投行协定》延续了正式解释的常见结构，其第一级别的解释将由董事会作出。[22] 同其他机构一致，若成员就董事会的初步决定提起诉愿，理事会则保留对解释的最终决定权。[23] 在实践中，对国际复兴开发银行以及其他多边开发银行的协定作正式解释的情况是相对少的，但由董事会以决议的方式肯定某种建议与协定的一致性的方式作出的非正式解释却很频繁。[24] 一般来说，董事会对此种决议的做出需要基于多边开发银行总法律

---

〔19〕《亚投行协定》第53条第2款。

〔20〕《亚投行协定》第7条第3款和第7条第4款。

〔21〕《亚投行协定》第5条第4款。

〔22〕《亚投行协定》第54条第1款。

〔23〕《亚投行协定》第23条第2款第4项和第54条第2款。

〔24〕参见 Rigo Sureda（2004），第78~80段。他注明《国际复兴开发银行协定》共有过15次正式解释（其中13次是在其前五年发生的）。其后的2次正式解释中，第一次发生于2010年（执行董事任命）而另一次是在2015年（特权和豁免的放弃）。由于世界银行集团的网站上并未列出《国际复兴开发银行协定》的数次解释，最新的两次解释只能在执行董事会议上看到。关于2010年的解释，参见国际复兴开发银行执行董事第IBRD 2010-0003号决议，《国际复兴开发银行协定》第5条的解释第4款第（b）（i）项，2010年7月6日通过，被记录于银行和国际开发协会以及国际金融公司董事会的执行董事联合会议纪要第7段，（2010年7月15日），M2010-0047，2010年8月9日。该解释执行董事通过第IBRD 2015-0004号决议得以扩展，在无反对的情况下于2015年8月27日获得批准，并被记录于（无文本）国际金融公司董事会会议纪要附件，2015年8月27日。关于2015年解释，第IBRD 2015-0002和IDA 2015-0001号决议的通过被记录在2015年7月30日银行和国际开发协会执行董事会议纪要中。（《国际复兴开发银行协定》和《国际开发协会协定》皆需要遵照该解释。）

顾问出具的正式法律意见。[25]

9.09　《亚投行协定》中有一个独特条款，该条款要求使用《亚投行协定》的英文文本作为其解释的基准（同样适用于其他决定），同时它明确了英语是银行的工作语言。[26] 另一个关于未来解释的富有独创性的条款表示《亚投行协定》中出现的所有"他"以及"他的"的表述皆可指代任何性别，该规定引入了在文本上性别中立的安排。[27]

9.10　在符合《亚投行协定》的前提下，亚投行被授权行使为进一步实现其宗旨和职能所需的适当的其他权力。[28] 由于亚投行具有此种权力，它即无需经常考虑其自身究竟是否获得解释和修改授权的问题。

B. 国际属性

9.11　《亚投行协定》为亚投行所有的治理机构和决议确立了国际属性。亚投行的国际性的基础是由三个条款奠定的，这三个条款基本上与其他多边开发银行的类似规定相同：[29]

·第一，亚投行不得接受可能对其宗旨或职能产生任何损害、限制、歪曲或改变的特别基金、贷款或资助。

·第二，亚投行及其行长、高级职员和普通职员"不得干预任何成员的政治事务，也不得在决策时受任何成员政治特性的影响。决策只应考虑经济因素。

---

〔25〕参见，例如 Shihata（1999），第 1048~1049 页。

〔26〕《亚投行协定》第 34 条第 1 款规定："银行的工作语言为英语，银行在做出所有决定和依照本协定第 54 条规定进行解释时，应以本协定英语文本为准。"一方面，《亚投行协定》的签署条款明确了协定的英文、中文和法文文本具有同等效力，另一方面，第 34 条第 1 款表明只有英语可以作为所有银行的决议和解释的准据。《非洲开发银行协定》也在其解释条款中引用了不同的文字，规定英语和法语具有同等效力。《非洲开发银行协定》第 61 条第 1 款。

〔27〕《亚投行协定》第 36 条第 2 款规定："本协定中对具体性别的指称，同等适用于任何性别。"非洲开发银行协定在其出版物的首页上标有一处注释（Nota Bene），声明任何一个对具体性别的指称，都会被适用于另一种性别；同样的声明也可见于非洲开发银行的总规章。

〔28〕《亚投行协定》第 16 条第 9 款。

〔29〕《亚投行协定》第 31 条；《非洲开发银行协定》第 38 条；《亚洲开发银行协定》第 36 条；《欧洲复兴开发银行协定》第 32 条；《美洲开发银行协定》第 8 条第 5 款第（d）项和第（f）项；《国际复兴开发银行协定》第 4 条第 10 款和第 5 条第 5 款第（c）项。

上述考虑应不偏不倚，以实现和落实银行的宗旨和职能"。[30]

　　·第三，亚投行行长、高级职员和普通职员"在任职期间，完全对银行负责，而不对任何其他当局负责"。亚投行每个成员都应尊重此项职责的国际性，在上述人员履行职责时，不得试图对其施加影响。

　　9.12　关于避免政治干预和经济依附的第二个条款，以及关于行长和职员职能的国际性的第三个条款可以在其他银行的协定中找到实质上类似的规定，但欧洲复兴开发银行关于明确政治任务的规定不在其列。[31]　第一个条款提及了一项资助可能会附加特定条款，并确保这些条款只有当与亚投行的目的和功能相一致时才可以被接受。这一条款未见于国际复兴开发银行或美洲开发银行的协定中，它们并没有包含任何此类特别资金的条款。

　　9.13　这些条款中最广为人知的是第 2 款中关于禁止政治活动的规定以及其以经济为中心的考虑。在各多边开发银行的以往实践中，对这些原则的奉行曾遭到过质疑；有时它们被认为是一种限制。[32]　但是，它们被纳入《亚投行协定》中的事实本身就说明了亚投行的创始成员们都承认了亚投行应该在一个作为非政治性的、以经济性决定为指导下的、国际组织的多边开发银行的框架下运作。

C. 亚投行的特权与豁免

　　9.14　国际组织一般都被赋予了一定特权和豁免，使得它们可以从其他成

---

　　〔30〕　亚投行的该表述几乎与国际复兴开发银行的文本完全一致，而与《非洲开发银行协定》和《亚洲开发银行协定》中的表述仅有语法上的区别。亚投行的文本同时也被包含于《亚投行职员规章》（第 3 条第 2 款）当中。就国际复兴开发银行的原始文本，Bitterman（1971），第 79 页指出关于政治特征和经济考量的指示性文字最初是为了苏联设置的——虽然苏联最终也没有成为一个成员。（俄罗斯联邦于1992 年成为了世界银行的成员。）

　　〔31〕　在《欧洲复兴开发银行协定》第 32 条第 1 段关于避免政治干预和不关乎成员的政治特征的规定被替换为："本银行、其行长、副行长（们）、高级职员和普通职员必须在做出决定时仅考虑本协定所设定的银行的目标、功能和业务。"该变化就欧洲复兴开发银行的目标来说是十分重要的，正如同其协定第 1 条所述："为促进经济进步和复兴，该银行的目的是为了促成向市场主导的经济模式转变的趋势和去推动在中东欧国家所承诺的私人和企业的倡议，遵循多党民主、多元化和市场经济原则。"确实，欧洲复兴开发银行自其设立就通过董事会所批准的程序在实施其政治性任务，反映在其文件中"欧洲复兴开发银行任务的政治方面"。

　　〔32〕　总体参见 Cisse（2012），关于世界银行在其政治性事项禁止条款下实践的全面探讨。

员方的国内法律体系的运作中被免于管辖。这些特权与豁免的基础是与国际组织的运行相关的：

> 使得国际组织享有广泛的豁免权的合理性在于保护国际组织独立运作的"发挥功能之必要性"。该要求一般被看作是为使得国际组织的事务免于国内法院管辖和可能的干涉成为必要而设立的。[33]

由此，"功能性豁免"一词经常被用于指代那些被限定在国际组织满足其目标所必需的范围内的豁免。由于多边开发银行的功能性豁免并不适用于借款权，它们被认为是不够"充分"的。[34] 对于多边开发银行来说，它们的特权和豁免源于各成员的同意，并被确定在银行的协定中，而同意则构成了拥有会员资格的要求之一。

9.15　对于亚投行，《亚投行协定》第 9 章规定了其在每个成员方领域内的法律地位、豁免权、特权及免税权（下面称特权与豁免），使银行能有效地实现其宗旨，履行其所担负的职责。[35] 而且每个成员应迅速采取必要的行动，使各项特权与豁免在其境内生效。[36] 理事会在其首次会议上特别强调了此项要求，[37] 在理事会批准新成员的决议中又重申了这点。[38]

9.16　《亚投行协定》赋予的特权与豁免，以及成员在协定项下的行为是与其他多边开发银行的特权与豁免相类似的。基于《亚投行协定》的亚投行特权与豁免，在下部分中作一概括，并提示其与其他多边开发银行的不同之处。

---

〔33〕　Reinisch 和 Wurm（2010），第 106 页。

〔34〕　关于多边开发银行的豁免和在国内法院活动的互动研究，整体参见 Reinisch 和 Wurm（2010）。

〔35〕　《亚投行协定》第 44 条第 1 款。

〔36〕　《亚投行协定》第 44 条第 2 款。

〔37〕　亚投行理事会，Board of Governers Resolution No. 10，Implementation of Chapter IX of the Articles of Agreement of the Bank，2016 年 1 月 17 日通过。

〔38〕　例如，参见亚投行理事会，Board of Governers Resolution No. 25，Admission of Canada to Membership in the Asia Infrastructure Investment Bank，2017 年 3 月 21 日通过。关于成员的决议清单可以在第 103 页注 74 中找到，决议的文本可在亚投行网站找到。

（1）银行的法律地位

9.17　亚投行具有完整的法律人格，特别是具备以下完整的法律能力：①签订合同；②取得与处置不动产和动产；③提起和应对法律诉讼；以及④为实现宗旨和开展活动采取的其他必要或有用的行动。[39] 一些多边开发银行在这个问题上的规定与《成立维也纳联合研究所协议》中相关条款保持一致，但亚投行在相关问题上增加了一些规则。[40] 举例来说，该条款规定了亚投行同时具有提起诉讼和应诉的权能；与之有类似功能的其他多边开发银行文件并没有明确提及应诉功能。开展活动采取的其他必要或有用的行动的能力［从属段落④］也没有被其他多边开发银行的协定所提到。在其他方面，该条款基本上与非洲开发银行、亚洲开发银行、欧洲复兴开发银行、美洲开发银行和国际复兴开发银行协定中的类似条款是一致的。[41]

（2）司法程序豁免

9.18　亚投行对一切形式的法律程序均享受豁免，但银行为筹资而通过借款或其他形式行使筹资权、债务担保权、买卖或承销债券权而引起的案件，或者与银行行使这些权力有关的案件，属于享有司法程序豁免的例外。凡属这类案件，只有在亚投行设有办公室的国家或地区境内，或在银行已任命代理人专门接受诉讼传票或通知的国家或地区境内，或者在已发行或担保债券的国家或地区境内，可向有充分管辖权的主管法院对亚投行提起诉讼。[42] 这种毯式声明

---

〔39〕《亚投行协定》第45条。

〔40〕《成立维也纳联合研究所协议》第3条（2003年修订生效）。

〔41〕《非洲开发银行协定》第51条；《亚洲开发银行协定》第49条；《欧洲复兴开发银行协定》第45条；《美洲开发银行协定》第11条第2款；《国际复兴开发银行协定》第7条第2款。

〔42〕《亚投行协定》第46条第1款。通过《亚投行总部协定》（第4条第1款）的规定，亚投行进一步规定了其在特定条件下于中国境内不会去主张司法豁免，具体为："（a）银行在任何特定情况下以书面形式放弃此种豁免；（b）银行为筹资而通过借款或其他形式行使的筹资权、债务担保权、买卖或承销债券权而作出的民事行为；（c）针对银行的仲裁裁决的执行，该执行需要依据由银行提起或代表银行提起，并包含明确的仲裁请求的仲裁结果作出的；（d）第三方针对在中华人民共和国境内发生的由银行或以银行为名义运营者所拥有的交通工具所引起的事故引起的损害赔偿的民事行为；或（e）关于与银行开启的法院程序直接相关的任何反请求。"这些条款与《欧洲复兴开发银行总部协定》第4条第1款几乎相同，但并没有囊括欧洲复兴开发银行的直接放弃对"发生于英国境内的行为或事件所造成的死亡或人身伤害"民事行为的豁免规定。《大不列颠及北爱尔兰联合王国政府与欧洲复兴开发银行总部协定》，第14条第1款（d）项，1991年4月15日。

加之将对由亚投行发行或担保的债券作为担保的案件作为例外的结构与非洲开发银行和亚洲开发银行协定中的相关规定是一致的。[43] 在对该案的裁决作出之前，亚投行的财产和资产，不论在何地和由何人所持有，均不得施以任何形式的没收、查封或强制执行。[44]

9.19 多边开发银行筹集资金使金融交易的对方当事人可以确认其有权对多边开发银行提出权利主张，确定了豁免的例外规定。考虑到多边开发银行投资业务的主要来源是金融市场，对银行来说投资者的信心是重要且必需的。《亚投行协定》的例外文本中"借贷"一词的外延较为宽泛，这与亚投行对借款权的表述即"举债或其他方式筹集资金"是一致的。[45]

9.20 尽管有上述的豁免例外规定（筹集资金、担保和特定的证券交易），但成员不得对亚投行提起诉讼。[46] 对此，可适用为解决亚投行与成员之间的争端而规定的特别条款来解决问题。[47] 这些条款在其他的多边开发银行协定中几乎都可以找到。[48] 当一个成员与亚投行之间关于亚投行贷款或担保发生争端时，可以适用《亚投行主权担保贷款总条款》中的仲裁解决争议条款。[49]

（3）资产与档案的豁免

9.21 亚投行的财产或资产，不论在何地和由何人所持有，均应免于任何行政或司法的搜查、征用、充公、没收或任何其他形式的占用及禁止赎回。亚投行的档案及属于银行或由银行持有的所有文件，不论存放于何地由何人持有，均不得被侵犯。[50] 无论是关于保护亚投行的财产和资产的条款，还是关于其档

---

[43] 《非洲开发银行协定》第 52 条第 1 款；《亚洲开发银行协定》第 50 条第 1 款。

[44] 《亚投行协定》第 46 条第 3 款。

[45] 《亚投行协定》第 16 条第 1 款。参见第 6 章第 6.42 段。

[46] 《亚投行协定》第 46 条第 2 款："尽管有本条第 1 款的各项规定，但任何成员、成员的任何代理机构或执行机构、任何直接或间接代表一个成员或属于该成员的机构，单位实体和个人任何直接或间接从成员或成员的机构或单位获得债权的实体或个人，均不得对银行提起诉讼……"

[47] 《亚投行协定》第 46 条第 2 款："……成员应遵守协定、银行的细则及各种规章或其与银行签订的合同中可能规定的特别程序，来解决银行与成员之间的争端。"

[48] 《非洲开发银行协定》第 52 条；《亚洲开发银行协定》第 50 条；《欧洲复兴开发银行协定》第 46 条；《美洲开发银行协定》第 11 条第 3 款；《国际复兴开发银行》第 7 条第 3 款。亚洲开发银行和美洲开发银行的条款也包括关于成员方的特殊程序条款，此类条文也可见于《亚投行协定》第 46 条第 2 款。

[49] 《主权担保贷款总条款》（2016 年 5 月 1 日）在第 7.04 部分包括了关于争端解决的仲裁规定。

[50] 《亚投行协定》第 47 条。

案不可侵犯的条款，都几乎可以在所有多边开发银行中找到相同内容的规定。[51] 关于文件不受侵犯的规定的表述普遍地参考了《欧洲复兴开发银行协定》。但关于档案"不论存放于何地和由何人持有"的表述却是亚投行所独创的，该独创参考了关于财产和资产条款的表述。借此，例如以电子形式存放于"数据云"上的亚投行文件所受到的保护可以等同于实体性的纸质文件。

（4）资产免受限制

9.22 在有效实施银行宗旨和职能所需范围内，并在遵照本协定规定的情况下，亚投行的一切财产和资产不受任何性质的限制、管理、管制和延缓偿付的约束。[52] 这些保护也近乎与其他多边开发银行协定中的相关条款一致。[53]

（5）通讯特权

9.23 成员方给予亚投行的官方通讯待遇，应与其给予其他成员的官方通讯待遇相同。该条款也与其他多边开发银行相同。[54]

（6）官员与雇员的特权与豁免

9.24 亚投行的全体理事、董事、副理事、副董事、行长、副行长及高级职员和普通职员，包括为银行履行职能或提供服务的专家和咨询顾问，都享有具体的特权和豁免。[55] 对于他们以公务身份从事的行为应享有法律程序的豁免

---

[51] 《非洲开发银行协定》第53条；《亚洲开发银行协定》第53条；《欧洲复兴开发银行协定》第47条和第48条；《美洲开发银行协定》第11条第4款和第5款；以及《国际复兴开发银行协定》第7条第4款和第5款。

[52] 《亚投行协定》第48条。

[53] 《非洲开发银行协定》第54条；《亚洲开发银行协定》第53条；《欧洲复兴开发银行协定》第49条；《美洲开发银行协定》第11条第6款；《国际复兴开发银行协定》第7条第6款。

[54] 《亚投行协定》第49条；《非洲开发银行协定》第55条；《亚洲开发银行协定》第54条；《欧洲复兴开发银行协定》第50条；《美洲开发银行协定》第11条第7款；《国际复兴开发银行协定》第7条第7款。

[55] 《亚投行协定》第50条。

（除非亚投行主动放弃此项豁免），[56] 且其持有的官方文件、文档和记录不可被侵犯。如果他们不是所在地公民或国民，则他们在入境限制、外国人登记要求和国民服役方面享有豁免权，并在外汇管制方面享有该成员给予其他成员同等级别的代表、官员和职员同样的便利。他们在差旅期间享受的便利应与该成员给予其他成员同等级别的代表、官员和职员的待遇相同。

9.25　关于人员的特权与豁免，基本上亚投行与其他的多边开发银行协定保持一致。亚投行的文本还声明了"普通职员"，包括履行职能的专家和咨询顾问，或更确切地说是为银行提供"服务"者，这与《欧洲复兴开发银行协定》中规定的官方文章、文件和记录不受侵犯的规定是一样的。[57]

（7）税收免除

9.26　亚投行自己享有免于税收的待遇。亚投行及其根据其协定拥有的资产、财产、收益、业务和交易，应免除一切税收和关税。亚投行也被免除了银行缴纳、代扣代缴或征收任何税收或关税的义务。[58] 各多边开发银行的协定中关于这些免除的规定基本上是一致的；规定此项的理由之一在于，其确保了银行本应供所有成员享用的预算被个别成员以税收的形式使用。[59]

9.27　银行给付董事、副董事、行长、副行长以及其他高级职员和普通职

---

〔56〕《亚投行总部协定》［第 14 条第 3 款第（a）项］进一步明确，在中国境内，那些与亚投行有联系的人（如协议中所定义的），"以口头或书面形式进行的意思表述，以及他们行使官方授予的职权的行为，享有管辖和法律程序的豁免权，包括逮捕和拘留的豁免，即便在他们的任务或任职已终止。"但这种豁免有一个被明确声明的例外情形，即关于"该人在中华人民共和国境内所引起的路上交通事故损害或其他人身伤亡"所负的民事责任。在《欧洲复兴发展银行总部协定》［第 15 条第 2 款第（a）项］中有类似的关于豁免的规定："由该人所造成的道路交通事故而引发的民事责任。"需要注意的是条款所涉及的相关人士仅在职务行为方面享有豁免，因此对豁免的放弃也仅适用于在中国境内行使职务能力而造成的损害和人身伤亡所引起的民事责任。豁免自始就不适用于以个人能力而做出的行为。

〔57〕　参见《非洲开发银行协定》第 56 条；《亚洲开发银行协定》第 55 条；《欧洲复兴开发银行协定》第 51 和 52 条第 1 款；《美洲开发银行协定》第 11 条第 8 款；《国际复兴开发银行协定》第 7 条第 8 款。

〔58〕《亚投行协定》第 51 条第 1 款。

〔59〕《非洲开发银行协定》第 57 条第 1 款；《亚洲开发银行协定》第 56 条；《美洲开发银行协定》第 11 条第 9 款；以及《国际复兴开发银行协定》第 7 条第 9 款。欧洲复兴开发银行在其协定第 53 条做出了不同的安排。

员的薪资、报酬和费用不应被征税。[60] 但是，一个成员可以保留向自己的公民或国民支付的薪资和报酬征税的权利，但前提是它在加入亚投行时就作出保留。[61] 这意味着所有职员受到的收税待遇并不统一。需要注意《亚投行协定》规定的付给高级职员和普通职员的费用应享有税收免除的条款并没有被明确规定于其他的银行协定中。但成员可对亚投行支付给国民的薪资和报酬征税的做法也同样被非洲开发银行、亚洲开发银行、欧洲复兴开发银行、美洲开发银行和国际复兴开发银行等银行所允许，尽管具体实施机制有所区别。[62]

9.28 对于银行发行的任何债券或证券，[63] 或亚投行担保的债券或证券，[64] 包括与此有关的红利和利息，均不得以特定原因征收税收。这些特定原因包括：仅因为此类债券或证券是由银行发行而加以歧视，或者由于亚投行办公室的地点原因。同样的规定可以在多个多边开发银行协定中被找到，该规定从 1944 年《国际复兴开发银行协定》谈判以来就未见变化。[65]

（8）放弃

9.29 亚投行可以"在任何情况或事例中，以其认为最有利于银行的方式和条件"，依照其自主权来放弃《亚投行协定》所享有的任何特权、豁免和免税权。[66]《亚投行细则》授权董事会在董事们认为放弃是最符合亚投行的最大利

---

〔60〕《亚投行协定》第 51 条第 2 款。该条款规定了董事和副董事的事项，不过需要注意的是，根据《亚投行协定》第 25 条第 6 款，除非理事会有相反决定，董事和副董事任职并不享有报酬，但亚投行可以承担他们因出席会议而产生的合理开销。

〔61〕 对该权利作出保留的行为一般被包含在联合国登记的《亚投行协定》中。

〔62〕 在非洲开发银行和亚洲开发银行协定中，相应条款与亚投行协定中的文本是相同的，即规定对薪资免于征税，但允许成员在加入时作出保留的情况下去对它们自己的国民征税。《非洲开发银行协定》第 64 条第 3 款和《亚洲开发银行协定》第 56 条第 2 款、《欧洲复兴开发银行协定》第 53 条第 7 款也作了同样的规定。在国际复兴开发银行，这一基于协定的对薪资和报酬免于征税的例外并不适用于那些"当地公民、当地主体或其他的当地国民"。《国际复兴开发银行协定》第 7 条第 9 款第（b）项部分。成员即不需要通过任何行为去保留对当地国民征税的权利。该规范方式与《美洲开发银行协定》的第 11 条第 9款第（b）项部分的规定是相同的。

〔63〕《亚投行协定》第 51 条第 3 款。

〔64〕《亚投行协定》第 51 条第 4 款。

〔65〕《非洲开发银行协定》第 57 条第 3 款和第 57 条第 4 款；《亚洲开发银行协定》第 56 条第 3 款和第 56 条第 4 款；《欧洲复兴开发银行协定》第 53 条第 9 款和第 53 条第 10 款；《美洲开发银行协定》第 11 条第 9 款第（c）项和第（d）项；以及《国际复兴开发银行协定》第 7 条第 9 款第（c）项和第（d）项。

〔66〕《亚投行协定》第 52 条。

益的情况下行使放弃权。[67] 更重要的是，就个人来说，《亚投行细则》授权行长在"当他看来，豁免、特权或免税权会损害司法程序且其放弃并不会减损银行的利益"的情况下，就亚投行的高级职员、普通职员、专家和咨询顾问的相关权利进行放弃的权利和义务。[68] 行长和副行长的相关权利的放弃，其决定权掌握在董事会手中，董事会须在同样的情况或条件下做出决定。[69] 类似的有关放弃的条款也存在于非洲开发银行、亚洲开发银行和欧洲复兴开发银行的规则中。[70]

（9）非成员的特权与豁免

9.30　亚投行的活动不应被成员所限制，这些活动包括官方旅行、发生于非成员市场中的借贷，以及作为特例情况的在非成员领土内的融资。在这些情况下，那些基于《亚投行协定》而产生的特权和豁免并不会被自动适用。取而代之的是，亚投行很可能会达成单个的协议或安排以确保其特权和豁免可以被施行，正如其他多边开发银行在同样的情况下也是如此处理的。

D. 管理框架

9.31　《亚投行协定》为银行作为政府间实体的管理机制提供了基本法律框架。该框架也包括前文已经总结过的亚投行享有的特权和豁免的相关问题。

（1）官员与雇员

9.32　根据董事会批准的规章，由行长负责银行所有官员与职员的组织、任命与解雇。[71] 副行长由董事会根据行长的推荐，在公开、透明和择优程序的基础上任命。[72]《亚投行协定》提及了任命的标准，明确了"在任命高级职员

---

〔67〕《亚投行细则》第 7 节第（a）款。

〔68〕《亚投行细则》第 7 节第（b）款。

〔69〕《亚投行细则》第 7 节第（c）款。

〔70〕亚投行关于弃权的架构包含于它的协定一般条款和细则中的具体条款，这些规则是直接源自亚洲开发银行的。参见《亚洲开发银行协定》第 58 条。欧洲复兴开发银行和非洲开发银行则是在协定中规定那些亚投行细则中所规定的内容的。《非洲开发银行协定》第 59 条以及《欧洲复兴开发银行协定》第 55 条。

〔71〕《亚投行协定》第 30 条第 2 款。亚投行的《职员规则》，2016 年 11 月获得批准。

〔72〕《亚投行协定》第 30 条第 1 款。

和普通职员及推荐副行长时，行长应以确保效率与技术能力达到最高标准为重要前提，适当考虑在尽可能广泛的区域地理范围内招聘人员"。[73] 其他的多边开发银行普遍地就职员的任命、组织和解雇作出类似规定。[74] 包括行长和副行长在内的亚投行的所有高级职员与普通职员均需要遵守理事会于成立会议上通过的《银行职员行为守则》。[75]

9.33　2016 年 11 月由董事会批准的亚投行的《职员规则》中也包括关于劳动雇佣争议解决的条款。[76]《职员规则》设定了在雇佣问题上受到公正待遇的权利，同时为职员设立了他们可以就对其造成直接的和个人的影响的雇佣决定提出反对的程序。这些规则也规定了如何组成独立的审理行政事务的仲裁庭的程序性问题，以便审理针对前述程序而作出的上诉。很多其他的多边开发银行也建立其自己的独立的行政事由仲裁庭来审理的情形，[77] 这也是由于这些机构的多边性质以及它们所享有的特权和豁免权使它们免于让某个国内法院管辖它们的涉及雇佣和劳动的纠纷。[78] 一些可审理行政事务的独立仲裁庭被授予了审理职员对抗国际组织的上诉的管辖权，这些管辖权的基础是东道组织与其他组

---

〔73〕《亚投行协定》第 30 条第 3 款。这种提及了宽泛的区域地理基础的做法与《亚洲投资银行协定》的第 34 条第 6 款相同。《非洲开发银行协定》和《美洲开发银行协定》皆使用了与《国际复兴开发银行协定》中同样宽泛的表述："遍及尽量宽泛的地理范围。"《国际复兴开发银行协定》第 5 条第 5 款第（d）项。当非洲开发银行开放了非区域成员资格，它也添加了关于该机构区域性的参照性表述。非洲开发银行（《非洲开发银行协定》第 37 条第 5 款，其中关于非洲地区偏向性的表述随后被删除了）和美洲开发银行［《美洲开发银行协定》第 8 条第 5 款第（e）项］。

〔74〕《非洲开发银行协定》第 37 条第 2 款和第 37 条第 5 款；《亚洲开发银行协定》第 34 条第 5 款和第 34 条第 6 款；《欧洲复兴开发银行协定》第 30 条第 5 款；以及《国际复兴开发银行协定》第 5 条第 5 款第（b）项和第（d）项。美洲开发银行中的任命条款与之相同，即执行董事会对银行的基本组织负责。《美洲投资银行协定》第 8 条第 3 款第（i）项和第 5 款第（e）项。

〔75〕《亚投行细则》第 8 节。亚投行理事会第 9 号《有关行为守则决议》，2016 年 1 月 16 日通过。

〔76〕《亚洲基础设施投资银行职员规则》，第 13 条。

〔77〕 Reinisch（2008）于第 285~286 页总结了支持建立这些行政仲裁庭的理由 "正是出于以具有可预见性和一致的方式解决国际组织和它们的雇员之间的争议的目的。如果职员纠纷诉讼发生在国内法院中，即便是不同国家的法院，也被认为可能会使雇佣关系的统一性面临威胁并导致职员所受到的保护程度各不一致"。

〔78〕 世界银行行政仲裁庭（World Bank Administrative Tribunal）是第一个该种性质的多边开发银行仲裁庭。它于 1980 年建立，其后，非洲开发银行、亚洲开发银行、欧洲复兴开发银行和美洲开发银行也设立了类似性质的机构。其他的国际组织，例如联合国和国际劳工组织，拥有该类仲裁庭已有数十年的，在世界银行的行政仲裁庭成立前就存在了。

织之间的适当的国际条约。[79]

（2）办公场所

9.34　《亚投行协定》规定了亚投行的总部设在北京，同时授权银行在其他地点建立办公场所或代理机构。[80]《亚投行细则》继而授权董事会"在任何有必要促进银行的商业活动有效率地进行的时候"，在任何成员方的领土范围内设立亚投行机构或办公室。[81] 其他的多边开发银行也包含类似的条款。[82]《亚投行协定》明确规定，无论亚投行办公场所设立在何处，其工作语言皆为英语。[83]

9.35　在其成立会议上，理事会批准了亚投行与中华人民共和国的《亚投行总部协定》，该协定是 2016 年 1 月 16 日签署的。[84] 根据《亚投行总部协定》，中国同意安排和布置一个适宜的办公楼作为亚投行的永久性场所，并在该办公楼准备完好之前提供临时性的办公室和设施。此外，《亚投行总部协定》在与《亚投行协定》一致的条件下，细化了亚投行高级职员和普通职员在中国的特权和豁免。其他多边开发银行的此类总部协定也是以同样的结构设置的。

（3）透明度和信息

9.36　《亚投行协定》中包含了关于公布报告的一般条款，这些报告包括有审计账目报表的年度报告。[85] 成员也有义务为亚投行提供信息，以方便银行

---

　〔79〕　参见，例如：《国际复兴开发银行行政仲裁庭规则，国际开发协会和国际金融公司（世界银行行政仲裁庭）》第 15 条；《国际货币基金组织行政仲裁庭规则》第 21 条；以及《国际劳工组织（ILO）行政仲裁庭规则》第 2 条第 5 款。

　〔80〕　《亚投行协定》第 32 条。

　〔81〕　《亚投行细则》第 1 节第（b）款。

　〔82〕　《非洲开发银行协定》第 39 条和《非洲开发银行总细则》第 1 条；《亚洲开发银行协定》第 37条和《亚洲开发银行细则》第 1 节；《欧洲复兴开发银行协定》第 33 条和《欧洲复兴开发银行细则》第一部分；《美洲开发银行协定》第 14 条第 1 款和《美洲开发银行细则》第 1 节；以及《国际复兴开发银行协定》第 5 条第 9 款第（a）项和《国际复兴开发银行细则》第 1 节。

　〔83〕　《亚投行协定》第 34 条第 1 款。

　〔84〕　亚投行理事会第 7 号决议，《中华人民共和国与亚投行的总部协定》，2016 年 1 月 16 日通过。该总部协定的文本可以在亚投行网站上找到。

　〔85〕　《亚投行协定》第 34 条。

履行该职能。同样地，这些规定也与其他多边开发银行的规定相似。[86]

9.37 此外，"为了提高业务的透明度"，《亚投行协定》也包含了一项关于信息公开政策的独特条款。[87]《首席谈判代表报告》中表明第 26 条第（ii）项规定主要政策应当涵盖信息公开的内容。[88] 透明度的重要性同样也被列为由董事会所建立的监督机制的设计原则之一。[89]

9.38 与上述规定保持一致的前提下，董事会在其成立会议上采用了《公开信息临时政策》中规定的公开信息临时政策。根据该临时政策，亚投行将致力于"在所有活动中增强透明度和责任制以实现其目标。"以下三项指导性政策借此设立：

· 提高透明度：只要有可能，信息就应该被公众所获知，除非存在使该信息保密的迫切原因。

· 增强职责：明确对股东的职权以及公开信息与其他可能被影响的利益相关者的重要性。

· 保密：作为一个金融机构和国际组织，限制那些一经公开就将对相关方（包括成员、客户和共同资助者）或其利益造成损害的信息被获知的责任。

临时政策继而列明了需要被公开的公共信息，这些信息被分为机构信息、业务信息和金融信息几大类。如有信息并不在其列但依照指导原则应当被获取的，那么可以从亚投行处请求获得该信息。[90] 临时政策还包括一个关于保密信息的详细章节，其中规定："与其他国际金融机构的实践保持一致，银行不对（列出的）保密的信息提供获取渠道。"

9.39 临时政策同样呈现出其他多边开发银行也遵循的共同路径，即不提

---

〔86〕《非洲开发银行协定》第 41 条；《亚洲开发银行协定》第 39 条；《欧洲复兴开发银行协定》第 35 条；《美洲开发银行协定》第 8 条第 6 款；以及《国际复兴开发银行协定》第 5 条第 13 款。

〔87〕《亚投行协定》第 34 条第 4 款。绿色气候基金的法律文件（第 67 段）同要求它的业务需要依照其董事会所制定的信息公开政策来开展。《金砖国家新开发银行协定》规定银行的流程应透明并要求以特定的规则去规范获取文件的事项。新开发银行第 15 条。

〔88〕代表们注意到董事会于第 26 条第（ii）项下设立的重要政策应该包括环境和社会影响、采购（第 13 条）和信息公开（第 34 条）等政策。

〔89〕《亚投行协定》第 26 条第 4 项。

〔90〕临时政策被《请求获取公共信息的处理指令》所补充，该指令提供了更多关于请求公开信息和上诉的细节规定。

供任何在这些银行过去的实践中所演化来的任何具体内容。由于它的发布与亚投行正式商业化运行在同一天，它被明确注明作为临时性的政策所公布的，而这是出于亚投行的机构性的、业务性的和金融性政策仍处于发展之中的考虑。因而，临时政策会公布公共信息政策的年度审查，供董事会以亚投行的早期实践为鉴，在未来得以采纳。[91]

9.40　临时政策目前还没有提及公众对亚投行的政策和策略文件作出评论的程序，即便同样的程序性规定已经存在于针对特定类型的其他多边开发银行的实践中。但是，在谈判环节，《环境和社会框架》(*Environmental and Social Framework*) 草案被公布于亚投行秘书处的网站上以接收评论，其截止期限为建立亚投行的首席谈判代表们所同意。此公共评论期间使得筹备团队和首席谈代表会议可以及时获得评论内容以便《环境和社会框架》在 2016 年 1 月的第一次理事会议内进行讨论，这样一来亚投行的首期商业业务就可以依照《环境和社会框架》标准而进行筹备。亚投行自设立以来，共计两轮邀请公众来对它的初期策略提供建议——能源领域策略——以及有关应对关于投资业务的投诉机制设计的议题。

（4）公司采购政策

9.41　公司采购政策包括其目标、总体路径、主要原则以及获取有关亚投行作为机构运营的商品、工程和服务（包括咨询服务）的程序。该政策适用于使用亚投行管理性预算的采购；亚投行资助的接收人发起的投资运营也是亚投行采购政策的适用对象。[92] 亚投行公司采购政策的目标为第 12 节所澄清：

> 为实现前述目标而在适当时间并以适当成本获取适当的商品、工程和服务，以平衡对经济、效益、物有所值、透明度、责任制、环境和社会可持续性等制度上的总体要求。

---

[91] 2018 年，亚投行发布了修正的公共信息政策的草案供公众发表意见。参见亚投行网站发帖。
[92] 参见第 4 章第 4.42 段和第 4.43 段关于适用于亚投行所资助的投资业务的采购政策的概述。

　　亚投行获取这些机构需要的商品、工程或服务所遵循的一般采购方法为各主体参加普遍有资格的公开竞争性招标。这些政策包括对商业伦理的要求以及利益冲突问题和竞业禁止的处理方式。

第10章

反　思

10.01　《亚投行协定》的起点是它先前的多边开发银行的协定，而先前的银行协定又是以另一些协定为起点的。识别出这些亚投行协定的前身是贯穿本书始终的工作。通过对协定的比较可以告诉我们《亚投行协定》从何处来，但并不能告诉我们亚投行将要到何处去。关于亚投行的故事才刚刚开始。但是即便如此，理解多边开发银行是何以被各种其他协定所影响而创设的故事，会帮助我们去意识到那些足以影响亚投行未来发展的因素。

10.02　当回顾亚投行的前身并展望它的未来时，从那些意想之外事件的重要性开始谈起，不失为一种谨慎之举。对于一个机构来说，去处理那些从未设想过的灾难要比去应对那些可预计的风险更具挑战性。举例而言，金本位以及固定汇率制的终结可能是布雷顿森林体系的代表在当下难以预见到的，但它们的发生使得世界银行做出了巨大的调整〔而国际货币基金组织（IMF）所做的调整至多可能更甚〕。另一方面，鉴于苏联在世界银行的谈判并不顺利，布雷顿森林体系的起草者们已经预计到了苏联会退出世界银行；[1] 但是，俄罗斯作为一个不同的国家会在1992年与另外14个先前属于苏联的国家一道参加世界银行这件事却是意料之外的。此外他们大概也不会预言到苏联的政治变动，以及与它相应的中欧和东欧国家的剧变，可能会成为促使布雷顿森林体系四十余年后的欧洲复兴与开发银行成立的最直接的理由。

---

〔1〕　Conway（2014），第273~280页。

A. 多边开发银行的历史主题

10.03　影响了各种多边开发银行并且可能会影响亚投行的因素有哪些？让我们考虑在各多边开发银行的历史中浮现出来的一系列因素：总体经济和金融环境、国际关系和政治、资金支持、成员变化、大股东、客户和运营、领导和治理以及对变革的态度。

（1）经济和金融环境

10.04　对于那些旨在促进经济发展的机构而言，无论是国家、区域抑或是全球性的经济形势变化都会显著影响它们的工作。经济上的变动会阻碍本应设计和实施完好的投资项目运作的顺利进行，或者改变目标客户国家或区域的需求。社会和环境需求——举例而言，瘟疫、移民、干旱和洪水等——同样会影响到国家和区域。同样地，经济和金融情况的变迁可以改变出资方之间的平衡关系，这些改变可能是积极的［比如石油美元推动了 20 世纪 70 年代美洲开发银行的委内瑞拉信托基金与非洲开发银行（AfDB）的尼日利亚信托基金的发展］，也可能是消极的（比如在境内金融动荡中外国协助的削减）。这些趋势都可能对一个机构造成深远的影响，无论是在其战略方向上，还是在其业务上（比如在主要资助者的补充出资不及时的情况下，会产生优惠性业务的暂停）。

（2）国际关系和政治

10.05　作为一个政府间国际组织，多边开发银行被各方建立的宗旨是造福各方和它们的人民。与各方间的关系是其决定是否加入或继续支持一个多边开发银行或对困难的决策性选择上以及放贷与借款问题做出妥协的关键。国际关系在多边开发银行的建立中所扮演的角色正说明了这点；这同时呼应了第 1 章伊始中关于亚投行的起源的内容。

10.06　举例而言，1959 年美洲开发银行的建立，可以追溯到一个世纪前作为一个地理区域的拉丁美洲以及它在北方的邻国——美国。追溯到 1890 年，曾出现过一个名为"国际美洲银行"的私人区域性银行机构，其后，直到 1940 年间才产生了政府间金融机构，即美洲银行。这些区域性力量为 20 世纪 50 年代的相似机构的设立重新提供了推动力，鉴于当时国际复兴与开发银行已经被认为并没有充分地满足其建立的宗旨。[2] 20 世纪 60 年代早期，一项非常近似亚洲开发银行的计划在亚洲区域内以及其他各处都并没有被看好，唯有日本在低调地拟定该方案，但其后它恰好契合了较小的亚洲国家商议建立属于它们自己的联合国亚洲及太平洋经济社会委员会的运动。[3] 美国最初并不情愿参与这些它们提议建立的区域性机构，其原因可能是没有急切地意识到在区域发展中国家所理解的美国主导的世界银行援助的缺口。直到美国正视了改善区域关系的需求——在 20 世纪 50 年代期间与拉丁美洲，以及在越南战争开始期间对南亚地区——它才在这些区域银行的金融和政治中起到引领作用，直到今天仍保持着大股东的地位。[4]

10.07 对于非洲开发银行来说，区域经济的历史可以被追溯到 19 世纪 80 年代，其依托的是非洲金融机构在后殖民时代的愿望。当联合国非洲经济委员会在非洲开发银行的建立中发挥深远的影响时（正如同 CEAFE 对亚洲开发银行的影响一样），正是不同的非洲国家的各群体的关系决定了该银行产生的时机和形态。与前殖民地国家的非区域性关系，也影响了是否参加银行以及优惠融资形式的问题的决定，法国就是其例，但是非区域关系在较为晚近的时候才成为非洲开发银行成员关系讨论的议题。[5]

10.08 欧洲复兴开发银行也是一个区域型计划，但它的出现是为了救急在援助中欧和东欧的国际日程中出现的混乱状态，而不是为了一个去发展长远性的区域银行的梦想（欧洲投资银行作为一个区域投资银行自 1958 年成立起即开始运营）。政治是欧洲复兴开发银行的创设中不可或缺的一部分，它反映了欧洲几大主角（法国、德国、英国）、欧洲的机构（欧盟和欧洲投资银行皆为欧洲复兴银行的创始成员）和美国以及日本的不同观点。事实上，政治被明确地包含在欧洲复兴开发银行的目标中，该目标即促进多党民主和多元化，同时促进市场经济和私人领域的发展。出于政治和经济原因，欧洲开发银行从建立伊始就

---

〔2〕 关于一个整体的历史，参见 Diaz-Bonilla 和 del Campo（2010），第 58~59 页所述的对现存的各国际金融机构不满的内容。

〔3〕 Wilson（1987），第 2 章 "The Birth of the Bank"。

〔4〕 Tussie（1995），第 18~19 页；Wilson（1987），第 12~13 页。

〔5〕 Gardiner 和 Pickett（1984），第 8~13 页。

同时存在区域和非区域的股东。[6]

10.09　当我们审视这些故事的源头的时候会发现，政治在其中扮演的角色更为惊人。在第 9 章中，[7] 我们看到亚投行的有关禁止涉及政治和它的独立性的规定其实是广泛地存在于各种多边开发银行中的，唯有欧洲复兴开发银行包含了明确的政治性任务。这种高尚的多边开发银行条款——对国内政治事务不予干预；对成员的政治特点不予考虑，而仅考虑经济利益——正与那些频繁在谈判中体现且创造了谈判的政治操纵形成了反差。[8] 向前回顾，无论是在影响不同类型的计划中还是在资金接收中，政治因素持续地在多边开发银行的存续过程中起着作用，其程度正如同这些机构会依照协定努力维持他们的经济重心而避免政治干涉一样。

10.10　一项在 1990 年所做的关于非洲开发银行、亚洲开发银行、美洲开发银行和世界银行的比较研究分析了政治因素得以影响这些机构的途径，如政策变动、借款决定、领导层选择、金融和控股/投票权。尤其是，强权政治在世界银行和美洲开发银行（美国在其中为强权）中有着关键性的影响力，而在亚洲开发银行（日本和美国）中影响略小但仍然十分引人注目。非洲开发银行则并不存在一个广为人知的强权，因此与这样的政治影响较为绝缘。目前，组织间和组织内部的政治仍在每一个机构中得以体现。[9]

10.11　这项研究强化了地缘政治的考虑不仅只关乎于最初环节这一结论。就对战略性领域的决策和新领域的策略性选择而言，一个多边开发银行需要它的股东在它存续的整个环节参与和支持资金不断运作的过程（增资和对优惠性资助的捐赠）。股东们之间如何互动，何者引领何者跟随，其中发展中国家和发达国家之间、地区和非地区之间的紧张程度——这些都是重要的因素。由于亚投行的成员遍全球，大范围的区域、全球的摩擦和友好关系无疑会影响它的

---

[6]　Weber（1994），第 13~23 页。

[7]　第 9 章第 9.11~9.13 段。

[8]　这些（国际复兴开发银行的）条款的早期版本是在布雷顿森林体系内为打消苏联的疑虑而达成一致的；但即便做出了去打消苏联疑虑的工作，苏联也从未加入国际复兴开发银行。Bitterman（1971），第 79 页。

[9]　参见 Mingst（1990），第 10 章 "Politics in the Multilateral Development Banks".

进路。

（3）资金支持

10.12 作为一个金融机构，亚投行要求其成员提供金融上的支持以便使它可以开展其工作。正如我们在第 6 章中所说的，[10] 市场举债、通知缴付型资本和结合使得这个多边开发银行可多维度去寻找资金来源，鉴于财政比率和结构可以影响其价码。在某些意义上，一个成功的多边银行需要更多的资本以满足客户的需求；在这些情况下，取得股东们的同意成为关键。在此问题上，亚投行具有将贷款上限增加到其资本和储备的 250% 的能力，这提供了更多的上限空间，也可以将这些融资需求延期一段时间，以获得更多资本。即便如此，也可能会出于其他原因有增资的必要，这是由于小额的未分配的亚投行剩余资本可能不会满足其后若干年的新进大股东。

10.13 那些具有优惠性的窗口或实体的多边开发银行对捐赠者不断补充新的资金有持续的需求。优惠性资金支持是针对那些成熟周期长且回报率低的项目，因而资金回流是缓慢的；授予资金意味根本没有回流，因此永远需要新的捐赠资金。常规资金补充谈判周期不仅围绕着金融问题开展，它也为那些足以影响多边开发银行在重大方向上的决策提供了场合。国际开发协会的资金补充对国际复兴开发银行政策和业务的影响是广为人知的。

10.14 优惠窗口的建立也在其他多边开发银行的历史中占有一席之地。国际复兴开发银行并没有设置一个软贷款窗口；比起修改《国际复兴开发银行协定》从而去设立该窗口，国际开发协会作为一个独立的附属机构被设立。在就国际开发协会的设立上达成一致的同时，美洲开发银行在启动它的特别业务基金上是幸运且先驱式的。该基金是作为一个独立的优惠窗口存在的，系银行的一部分且是根据协定设立，并在很大程度上由美国资助。[11] 亚洲开发银行始于一个允许特别基金存在的法律框架，但是它的软贷款窗口（亚洲开发基金）的设立和筹资花费了若干年，其间经历了不同的援助供给环境。[12] 对优惠性资金

---

[10] 第 6 章第 6.04 段。

[11] White（1968），第 680 页。

[12] White（1968），第 682 页。

的需求也曾是非洲开发银行的关键，由于设立非洲开发基金这一单独的实体颇需要一些时间，非洲开发银行作为仅向非洲国家开放其会员资格的机构产生了从非区域内国家吸收资金的需要。[13] 欧洲复兴开发银行为了不同目的，设立了多个特别基金，但是不支持软贷款。

10.15　目前，亚投行还没有提供优惠性融资；但由于其协定允许它去设立供捐助的特别基金，它存在着设立此种融资的潜力。就未来而言，需要注意到在近几十年，为了特别功能而设立的、伴有创新性的法律结构并外于各多边开发银行的优惠性基金变得越来越普遍，如全球环境基金、全球防治艾滋病、结核病和疟疾基金及绿色气候基金。从某种意义上讲，亚投行作为多边开发银行的传统国际组织，它的建立正与这一趋势相背离。为了达成亚投行的目标，优惠性融资显现出必要性，正如前文所述，优惠性融资将提供更多传统的和不那么传统的选择。

（4）成员变化

10.16　如我们在第5章中所看到的那样，这里考察的大多数多边开发银行都在它们创立后吸纳了大量新成员。在一些实例中，新成员的到来将会导致机构的性质和其协定被改写：如美洲开发银行和非洲开发银行增加了非区域成员和资本，或如欧洲复兴开发银行的营业吸纳了蒙古与地中海南部和东部国家。[14] 在其它的情况下，并不需要对外修改，但显然可以感受到重大的影响。在此问题上，我们可以想象世界银行的情况：在1980年中华人民共和国获取了在世界银行的席位后，其在较长时间内成了最大的借款人（现在是第三大股东），或是在20世纪90年代，当俄罗斯最终随着很多从苏联独立出来的新成员加入世界银行的时候，戏剧性地改变了世界银行在欧洲的业务。要修改具有灵活性制度设计的《亚投行协定》，估计为时尚远。即便如此，成员关系以及权力关系的显著

---

〔13〕　White（1970），第120~122页。《非洲开发银行协定》在特别资金的条款上开辟了先河，这一创新被反映在了亚洲开发银行、欧洲复兴开发银行和亚投行中。非洲开发基金（The African Development Fund，AfDF）原本是为了非洲开发银行的融资而设立的特别基金，但是其潜在的捐助者的反应并不积极。至1972年，非洲开发基金是被非洲开发银行和一些非区域捐赠者作为单独的国际机构而设立的。参见 Rigo Sureda（2004），第411~420段。

〔14〕　第5章第5.27段。

变化也会影响亚投行机构。

(5) 大股东

10.17 当一两个成员持有控股股份时,该多边银行的成功将与这些国家的政治、经济和财务变迁紧密相关。这些控股股东可以比其他股东对政策变化和借款决议施加更强的作用,在保护它们自身的控股地位问题上也同样如此。[15]由于各国皆会在应该对国内还是对外需求有所侧重的问题上不断平衡,它们对多边开发银行的总体任务的支持也可能会发生变化。财务上的支持也同样可以根据大股东的需求而发生改变。

10.18 亚投行有一个股份超过 25% 的大股东,即中国。美国也在国际复兴开发银行中(在 1947 年第一财政年度末占有 35% 的股份,但在 1971 年降为 23%,在 2017 年为 16%)和美洲开发银行中(在建立时拥有 42%,而现在依照要求所持股份不得低于 30%)占有大股。中国在亚投行中的占股比例比美国和日本在亚洲开发银行中占股的总和即 25% 稍多一些。在国际复兴开发银行和美洲开发银行建立初期,这两个银行主要依靠美国的财政支持,其借款主要来源为通知即缴的股本中的美国股份。当美国财政和优先级发生改变,国际复兴开发银行可以将借款途径扩展到非美国市场的方法来弥补空缺,此外美洲开发银行从事了多年的吸收新成员和资本的工作,最终对非区域成员和他们的捐资开放(最初为欧洲、以色列和日本)。

10.19 如果没有主要控股国,决策就会变得更加民主化,比如区域中的股东们在选出非洲开发银行行长的过程中就存在着竞争。[16]伴随而来的也有该银行难以从这些利益分散的股东处获得充足的支持和关注的风险。[17]在不存在一

---

〔15〕 参见 Mingst(1990),第 151~186 页,其中对关于这些强势成员何以影响具体政策和特定项目,以及财政策略如何运用作出详细探讨。当这些强势成员控制了足够的投票权以至于达到了可以否认某种决议的法定多数,如美国在美洲开发银行理事会中的地位,它们可以仅仅通过缺席的方式即阻碍一项决议的做出。依照《美洲开发银行协定》第 8 条第 2 款第(e)项的规定,一项决议的通过需要达到理事会所有投票权中的 75% 多数,而美国即占有 30% 的投票权。

〔16〕 政治始终在各国中发挥作用,但其作用与霸权式的控制形式不同。参见 Mingst(1990),第 19~24 页中关于非洲开发银行在 1990 年之前的选举内容。

〔17〕 English 和 Mule(1996),第 2 页,表示无论地区还是非地区都没有给予非洲开发银行优先性:"这里的恩惠是复杂的。它意味着去影响借贷政策的较大的自由度,但同时意味着可以获得的国内政府部门的支持和理事们的干预程度较低。"

两个有控股权的股东的情况下，获得区域内的大多数支持也是影响重大的，比如在欧洲复兴开发银行中欧洲国家占有大多数（包括欧盟和欧洲投资银行），以及在非洲开发银行中非洲国家占有大多数和在亚洲开发银行中亚洲国家占有大多数（二者同为高于 60%）。[18]

10.20　如图表 7.4 所示，对于那些受制于合格多数的重大决策来说，大股东们的作用显然是更加醒目的。就那些需要 75% 或 85% 的支持方能通过的决策来说，需要 25% 或者 15% 的单个和集体的投票权方可否决一个提议，即离开了一定数量上的其他股东的支持就不能保证这一过程。因此，控股多数对一个多边开发银行的融资、政策和方向来说，是具有实质影响的——实际上，关于多数制度就是为此而设计的。在大多数情况下，所有这些要求一定多数所形成的选项，若距离事项有较长时间，则会诉诸投票，特别是对那些通常用一致同意的方式而非投票的方式做决定的机构来说，更是如此。

10.21　借款股东与非借款股东的平衡也经常被认为是与一个多边开发银行的运作息息相关的问题，在与业务政策和特定的项目相关的问题上尤其如此。同样地，这种局面也一直在随着历史进程而改变。在布雷顿森林体系之下，曾经的 44 个谈判团队中有很多潜在的借款方，这些谈判团队中很多来自欧洲，也有 28 个谈判团队分别来自拉丁美洲、非洲和亚洲。[19] 即使是英国，也曾期待着直接从美国处借款，而它确实在签署《国际复兴开发银行协定》的前夜就这样做了。[20] 借款国在一些条款上影响了谈判辩论，这些条款包括比例、时间安排和硬通货的实收资本使用等。事实上，国际复兴开发银行最早的借款者是法国、丹麦和卢森堡，皆早于 1974 年美国的马歇尔计划（欧洲复兴计划），给予了欧洲一个更好的选择。[21] 今天，欧洲和日本（作为更重要的借款人直到 1966 年）经历了漫长的过程才发展为国际复兴开发银行股东中的重要资助方；现在发展中和转型国家（作为借款者的代理）持有大约少于 50% 的国际复兴开发银行投票权。

---

〔18〕　第 5 章，第 5.29~5.30 段。

〔19〕　Helleiner（2014），第 13~14 页。

〔20〕　Conway（2014），第 315，323~333 页。

〔21〕　Mason 和 Asher（1973），第 52、150 页。

10.22　由于美洲开发银行始自 19 个拉丁美洲国家和美国，其最初被认为是债务人银行；其早期为社会部门发放的贷款与同时代的世界银行业务形成了鲜明对比。[22] 非洲开发银行最初只有区域成员——即便不是全部也是大多数——它们拥有借款的潜力。它早期的努力主要关于通过减让性捐赠引入充足的非区域财政以满足它们的需求，而最后非洲开发银行也遵循着美洲开发银行的做法向非区域成员和它们的资本开放。它们各自都花费了相当长的时间以及在维护银行的区域性质上做出巨大努力的同时引入非区域资金和视野。

（6）客户和业务

10.23　一个多边开发银行客户的发展需求是支撑该银行业务的根本。客户需求的改变，无论是有关融资期限、融资类型、优先的领域或是其他方面，都会对该多边开发银行造成影响。除了融资以外，客户也会要求得到咨询建议和其他形式的服务。开发领域的竞争也同样重要，这是由于，无论是对公还是对私，针对客户融资的借贷条款和政策要求都至关重要。在缺乏建立在合理条款之上的私人融资时，有些多边开发银行被授权针对这些项目提供融资，这时我们应该期待和欢迎竞争。

10.24　发展融资的类型同样在不断改变。比如，国际复兴开发银行曾是为了给私人投资者的贷款提供担保而建立的，而给借款者提供直接贷款只是其次级业务，并总是在政府的担保下才进行。但后来不仅它的次要目的成了它的主流，而且作为其分支机构的国际金融公司（International Finance Corporation，IFC）为了应对对贷款的充足需求，在没有政府担保的情况下于 1956 年成立。国际金融公司和后来的欧洲投资银行皆在它们允许的投资组合业务类型中相继增加了股权投资。[23] 美洲开发银行同样遵循了设置一个分支机构去从事私人部门融资的业务，这个分支即美洲投资公司（Inter-American Investment Corporation）。

10.25　针对那些有融资业务以外需求的客户，国际复兴开发银行在不同的时间段内又建立了两个分支机构去满足成员的额外需求——这些需求是在它推

〔22〕　Diaz-Bonilla 和 del Campo（2010），第 76、81 页。

〔23〕　第 4 章第 4.14 段。

动外国私人投资的目标内的，但同时超越了它的特别作用的范围。国际复兴开发银行促进了 1965 年为投资者—国家争端解决而设的国际投资争端解决中心以及 1988 年为政治风险保险而设的多边投资担保机构的建立。[24] 国际复兴开发银行与它的这些独立的分支（国际开发协会、国际金融公司、国际投资争端解决中心和多边投资担保机构）作为世界银行集团成员一起发挥作用。

10.26　亚投行有一个自身固有的可以去承担新类型的开发性融资的选项，这些融资除贷款外，还包括担保和股权业务。但是，客户的融资需求和市场的融资趋势可能会影响其未来的业务。

（7）领导和治理

10.27　多边开发银行的历史告诉我们领导层的重要性，在近些年尤为如此。对于新的多边开发银行来说，找寻适当的领导者以及在治理机构间取得平衡是颇需花费一定时间的。

·在很多方面上，国际复兴开发银行相比其同处于战后境遇的同类机构，都面临着诸多的艰巨任务。其第一任行长尤金·梅耶（Eugene Meyer）在理事会成立会议和执行董事的第一次会议之后即被任命。仅在任了 6 个月，他就对不清晰的角色和行长及董事会之间的冲突失望从而离任。下一任行长约翰·J. 麦克洛伊（John J. McCloy）是在被保证行长会在机构中保有一个明确且有控股权的地位的基础上才上任的，但也在两年后辞职。他的继任者［尤金·布莱克（Eugene Black），前美国执行董事］却连续在任了 13 年之久，建立了坚实的领导地位。[25]

·欧洲复兴开发银行的首任行长雅各·阿塔利（Jacques Attali）自银行奠基以来曾任理事职位，并担任候任行长一职（President-Designate）。他的任期短暂且充满争议，他在银行正式投入运营的两年后辞职。他的下一任牙各·德·拉洛希尔却为其后具有较少混沌局面与更多成效的数十年打下了基础。[26]

---

〔24〕 关于国际投资争端解决中心的建立，参见 Parra（2017）。关于多边投资担保机构的建立，参见 Shihata（1988）。

〔25〕 Mason 和 Asher（1973），第 40~52，62~63 页。

〔26〕 Erik Ipsen，"Criticism drives Attali from European Bank"，《纽约时报》1993 年 6 月 26 日；Bronstone（1999），第 73~76 于 de Larosière。

·在非洲开发银行,于 1964 年经选举当选的首任行长马蒙·贝埃里(Ma-moun Beheiry)曾经是九人筹备会议(Committee of Nine)中的领导人物。他也因而熟知谈判历史和各事项。虽然他于 1970 年再次当选,但其后因董事会的谴责动议而很快辞职。理事会和行长之间的矛盾以及行长选举的高度对抗性难以化解的困难持续到了随后的若干年。[27]

·而亚洲开发银行的情况证明了对机构的熟悉程度是有益的:首任行长渡边武(Takeshi Watanabe)是其建立中的领导人之一,并在他的六年任期中,促进了银行在起步阶段就取得了丰硕的成果。[28]

·在美洲开发银行,首任行长费利佩·埃雷拉(Felipe Herrera)自 1959 年银行建立以来开始领导银行,其后同样卷入到了谈判之中。他漫长而高度积极的任期直到 1970 年辞职才告终,而这一辞职决定是在其祖国智利新当选的社会主义政府的支持下作出的——由此便于避开与美国这一银行大股东的冷战冲突。[29]

正如第 7 章所探讨的那样,[30] 在大股东投票权的作用下,地缘政治在领导层的决定中扮演着重要的角色。由美国人担任世界银行行长、欧洲人担任国际货币基金组织董事总经理、日本人掌舵亚洲开发银行、欧洲人任职欧洲复兴开发银行行长等规律已经成为不成文但却不被打破的传统。直到撰写此篇时,该传统仍然在延续,即便国际复兴开发银行、国际货币基金组织和欧洲复兴开发银行已经引入了更具竞争性的选举程序;在亚投行、非洲开发银行和亚洲开发银行中,行长必须是一个区域成员的公民。

10.28 亚投行比起其他一些机构有一个较为平静的开端,它遵循了选举出一个曾经在它的发展中起到关键作用并曾在其他多边开发银行的管理和治理机构任职的行长这一趋势。但是,这些多边开发银行的经验也会指导亚投行去注重将一个富有成效的治理关系视为核心。重要的是,正如国际复兴开发银行的

---

〔27〕 English 和 Mule(1996),第 23~24 页。

〔28〕 参见 Wilson(1987),throughout chapter 2,"The Birth of the Bank" and chapter 3,"The Family Doctor:The Watanabe Years 1966-72"。

〔29〕 Diaz-Bonilla 和 del Campo(2010),第 77、85 页。

〔30〕 第 7 章第 7.33、7.34 段。

事迹直接反映出的以及非洲开发银行的故事间接折射出的，理事会和管理层的矛盾可能会摧毁一个机构。在这里，伴随着现代通信方式和商业模式的演进，亚投行的这种非常驻董事会可能会带来不同的优势和劣势。

（8）对变革的态度

10.29　若深入了解各多边开发银行的协定就可以发现，关于协定的解释和修改的历史各不相同，并各反映出这些组织何以应对变化。在国际复兴开发银行，修改是比较罕见的：70 年间仅修改了三次，分别为授予了对国际金融公司的借款、增加了修改协定所需的多数（保留了美国的否决权）以及增加了基本票数。《亚洲开发银行协定》从来没有经过修改。上述两个机构都更倾向于优先利用解释来应对新方向和实践。或许欧洲复兴开发银行与这种思维方式较为接近，其协定在 25 年间经历了三次修改，而三次皆是关于在业务上接纳新成员的。虽然国际复兴开发银行和欧洲复兴开发银行修改协定所带来的字面上的变动是有限的，它们的重要性却是可观的。国际复兴开发银行至今从未通过修改协定而变动过任何已经过时的条款，比如关于咨询委员会或是 1944 年黄金美元的条款。[31]　在这个问题上存在着一种打开潘多拉的魔盒一般的恐惧，这是一种提议修改将会给予其他方在主导权问题上的担忧。

10.30　与这种不倾向于修改态度的实践相反，我们可以看到美洲开发银行、非洲开发银行和国际货币基金组织都在他们的历史中经历过五次各种程度上的协定修改。[32]　很多事例表明，这些修改都为它们的机构带来了广泛深远的影响，比如美洲开发银行和非洲开发银行引入非地区成员和资本及国际货币基金组织设立特别提款权以及终结固定汇率制度。其他的变化所带来的影响似乎没有如此宽泛，但也反映出了值得称赞的目标，比如非洲开发银行协定与其他协定的协调一致的修改等。

10.31　是什么致使产生了这些不同呢？毋庸置疑，一些变动无法通过解释

---

〔31〕　参见第 157 页注 114 关于咨询委员会的内容，以及第 6 章第 6.08 段关于 1944 年美元黄金的内容。

〔32〕　第 9 章第 9.06 段。

而达成，即董事会享有宽泛的解释权力。[33] 也许只是单纯地因为国际复兴开发银行、亚洲开发银行和欧洲复兴开发银行在这些变化上找到了其他的解决途径来作为这些改变的替代方法（比如建立国际金融公司和国际开发协会这些分离出来的实体）。另一些可能会阻碍修改的因素是在国内取得股东同意批准修改的程序上的困难，特别是当他们是具有明确的否决权的股东。其他的影响因素可能源自于各个机构及其具有主导作用的股东国内所盛行的法律文化。那些具有较强的民法法系传统的机构，譬如那些位于拉丁美洲（美洲开发银行）、非洲部分地区（美洲开发银行）和欧洲（国际货币基金组织）的机构，相较于采取过于宽泛的解释而言，可能会更倾向于修改。而相反地，普通法系的那些对先例的解释传统可能会在安格鲁—美利坚法律文化影响下的国际复兴开发银行中发挥更大的作用；亚洲开发银行也似乎遵循了该传统。

10.32　《亚投行协定》展现了世界银行和亚洲开发银行历史中所展现的视角的影响，而体现为协定中的数个条款皆允许了通过非修改的方法来促成变化，即便这些变化在很多情况下需要经超级多数通过。比起直接要求创新性的法律实践去适应一个严密的协定，亚投行的许多条款将这个问题重新交由股东，让股东去决定被提议的变动或期待对亚投行的目标和功能来说是否是正确的。亚投行的这种固有的灵活性究竟会给它带来更多的好处还是不久会使其陷入协定修改的境地，还有待观察。

B.　亚投行的未来

10.33　这些从其他多边开发银行的经验中总结出来的主题反映了特定主体和目标的具体结合方式，详尽地展现了同样的协定条款是何以在不同的机构中发挥不同作用的。此外，这些提供了先前的经验的多边开发银行已经被定格在了与今天有所不同的时代背景之下，也许会和亚投行所处的未来的时空存在着天壤之别。全球经济环境将会对多边主义以及基础设施开发更为友好，抑或使之更加困难吗？成员关系的变动将会改变亚投行吗？客户的需求可以将融资结

---

〔33〕　Shihata（2000）第 liii 页，将国际货币基金组织通过广泛的正式修改来进行改变的安排，归结到它宽泛的规制权力以及其成员管辖权范围内对授权和业务变化的影响的认可上。

构引向我们当前不可想象的方向上去吗？亚投行将会结束于多边开发银行的历史的何处仍尚未被我们所知晓，可能在未来的某天指引某人去将其写入另一本书中。

附录 1
亚洲基础设施投资银行协定[1]

Articles of Agreement of Asian Infrastructure Investment Bank

本协定签署国一致同意：

The countries on whose behalf the present Agreement is signed agree as follows：

考虑到在全球化背景下，区域合作在推动亚洲经济体持续增长及经济和社会发展方面具有重要意义，也有助于提升本地区应对未来金融危机和其他外部冲击的能力；

CONSIDERING the importance of regional cooperation to sustain growth and promote economic and social development of the economies in Asia and thereby contribute to regional resilience against potential financial crises and other external shocks in the context of globalization；

认识到基础设施发展在推动区域互联互通和一体化方面具有重要意义，也有助于推进亚洲经济增长和社会发展，进而为全球经济发展提供新动力；

ACKNOWLEDGING the significance of infrastructure development in expanding regional connectivity and improving regional integration，thereby promoting economic growth and sustaining social development for the people in Asia，and contributing to global economic dynamism；

认识到亚洲基础设施投资银行（以下简称"银行"）通过与现有多边开发

---

[1] 附件提供了《亚洲基础设施投资银行协定》的正式中文和英文文本（在联合国注册的编号为 I-54824）。根据协定第 34.1 条，亚投行应依据本协定的英文文本做出所有决定，并按照第 54 条规定作出有关协定条文的解释。

银行开展合作，将更好地为亚洲地区长期的巨额基础设施建设融资缺口提供资金支持；

REALIZING that the considerable long-term need for financing infrastructure development in Asia will be met more adequately by a partnership among existing multilateral development banks and the Asian Infrastructure Investment Bank (hereinafter referred to as the "Bank");

确信作为旨在支持基础设施发展的多边金融机构，银行的成立将有助于从亚洲域内及域外动员更多的急需资金，缓解亚洲经济体面临的融资瓶颈，与现有多边开发银行形成互补，推进亚洲实现持续稳定增长；

CONVINCED that the establishment of the Bank as a multilateral financial institution focused on infrastructure development will help to mobilize much needed additional resources from inside and outside Asia and to remove the financing bottlenecks faced by the individual economies in Asia, and will complement the existing multilateral development banks, to promote sustained and stable growth in Asia;

同意成立银行，并遵照本协定所做出的如下规定进行运作：

HAVE AGREED to establish the Bank, which shall operate in accordance with the following:

第一章　宗旨、职能和成员资格
Chapter I　PURPOSE, FUNCTIONS AND MEMBERSHIP

第一条　宗旨
Article 1　Purpose

一、银行宗旨在于：（一）通过在基础设施及其他生产性领域的投资，促进亚洲经济可持续发展、创造财富并改善基础设施互联互通；（二）与其他多边和双边开发机构紧密合作，推进区域合作和伙伴关系，应对发展挑战。

1. The purpose of the Bank shall be to: (i) foster sustainable economic development, create wealth and improve infrastructure connectivity in Asia by investing in infrastructure and other productive sectors; and (ii) promote regional cooperation and

partnership in addressing development challenges by working in close collaboration with other multilateral and bilateral development institutions.

二、本协定中凡提及"亚洲"和"本区域"之处，除理事会另有规定外，均指根据联合国定义所指的属亚洲和大洋洲的地理区划和组成。

2. Wherever used in this Agreement, references to "Asia" and "region" shall include the geographical regions and composition classified as Asia and Oceania by the United Nations, except as otherwise decided by the Board of Governors.

第二条 职能

Article 2 Functions

为履行其宗旨，银行应具备以下职能：

To implement its purpose, the Bank shall have the following functions:

（一）推动区域内发展领域的公共和私营资本投资，尤其是基础设施和其他生产性领域的发展；

(i) to promote investment in the region of public and private capital for development purposes, in particular for development of infrastructure and other productive sectors;

（二）利用其可支配资金为本区域发展事业提供融资支持，包括能最有效支持本区域整体经济和谐发展的项目和规划，并特别关注本区域欠发达成员的需求；

(ii) to utilize the resources at its disposal for financing such development in the region, including those projects and programs which will contribute most effectively to the harmonious economic growth of the region as a whole and having special regard to the needs of less developed members in the region;

（三）鼓励私营资本参与投资有利于区域经济发展，尤其是基础设施和其他生产性领域发展的项目、企业和活动，并在无法以合理条件获取私营资本融资时，对私营投资进行补充；并且，

(iii) to encourage private investment in projects, enterprises and activities contributing to economic development in the region, in particular in infrastructure and other productive sectors, and to supplement private investment when private capital is not available on reasonable terms and conditions; and

（四）为强化这些职能开展的其他活动和提供的其他服务。

(iv) to undertake such other activities and provide such other services as may further these functions.

第三条　成员资格

Article 3　Membership

一、银行成员资格向国际复兴开发银行和亚洲开发银行成员开放。

1. Membership in the Bank shall be open to members of the International Bank for Reconstruction and Development or the Asian Development Bank.

（一）域内成员是指列入附件一第一部分的成员及依照第一条第二款属亚洲区域的其他成员，其余则为域外成员。

(a) Regional members shall be those members listed in Part A of Schedule A and other members included in the Asia region in accordance with paragraph 2 of Article 1. All other members shall be non-regional members.

（二）创始成员指已列入附件一、在第五十七条规定的日期当日或之前签署本协定并在第五十八条第一款规定的最终日期前已满足所有成员条件的成员。

(b) Founding Members shall be those members listed in Schedule A which, on or before the date specified in Article 57, shall have signed this Agreement and shall have fulfilled all other conditions of membership before the final date specified under paragraph 1 of Article 58.

二、国际复兴开发银行和亚洲开发银行成员，如未能依照第五十八条规定加入银行，可依照第二十八条规定经理事会特别多数投票同意后，遵照银行决定的加入条件成为银行成员。

2. Members of the International Bank for Reconstruction and Development or the Asian Development Bank which do not become members in accordance with Article 58 may be admitted, under such terms and conditions as the Bank shall determine, to membership in the Bank by a Special Majority vote of the Board of Governors as provided in Article 28.

三、不享有主权或无法对自身国际关系行为负责的申请方，应由对其国际关系行为负责的银行成员同意或代其向银行提出加入申请。

3. In the case of an applicant which is not sovereign or not responsible for the conduct of its international relations, application for membership in the Bank shall be presented or agreed by the member of the Bank responsible for its international relations.

第二章　资本
CHAPTER II　CAPITAL

第四条　法定股本
Article 4　Authorized Capital

一、银行法定股本为壹仟亿美元，分为壹佰万股，每股的票面价值为拾万美元，只供成员依照本协定第五条的规定认缴。

1. The authorized capital stock of the Bank shall be one hundred billion United States dollars (MYM100, 000, 000, 000), divided into one million (1, 000, 000) shares having a par value of 100, 000 dollars (MYM100, 000) each, which shall be available for subscription only by members in accordance with the provisions of Article 5.

二、初始法定股本分为实缴股本和待缴股本。实缴股本的票面总价值为贰佰亿美元，待缴股本的票面总价值为捌佰亿美元。

2. The original authorized capital stock shall be divided into paid-in shares and callable shares. Shares having an aggregate par value of twenty billion dollars (MYM20, 000, 000, 000) shall be paid-in shares, and shares having an aggregate par value of eighty billion dollars (MYM80, 000, 000, 000) shall be callable.

三、理事会可依照第二十八条规定，在适当时间按适当条件，经理事会超级多数投票同意后，增加银行的法定股本，包括实缴股本和待缴股本之间的比例。

3. The authorized capital stock of the Bank may be increased by the Board of Governors by a Super Majority vote as provided in Article 28, at such time and under such terms and conditions as it may deem advisable, including the proportion between paid-

in and callable shares.

四、本协定凡提及"美元"及"MYM"符号均指美利坚合众国的法定支付货币。

4. The term "dollar" and the symbol "MYM" wherever used in this Agreement shall be understood as being the official currency of payment of the United States of America.

第五条　股本认缴

Article 5　Subscription of Shares

一、每个成员均须认缴银行的股本。认缴初始法定股本时，实缴股本与待缴股本之间的比例应为2∶8。依照第五十八条规定获得成员资格的国家，其初始认缴股份数按本协定附件一执行。

1. Each member shall subscribe to shares of the capital stock of the Bank. Each subscription to the original authorized capital stock shall be for paid-in shares and callable shares in the proportion two (2) to eight (8). The initial number of shares available to be subscribed by countries which become members in accordance with Article 58 shall be that set forth in Schedule A.

二、依照本协定第三条第二款加入的成员，其初始认缴股份数应由理事会决定；若其认缴将使域内成员持有股本在总股本中的比例降至百分之七十五以下时，除非理事会依照第二十八条规定经超级多数投票通过，否则不予批准。

2. The initial number of shares to be subscribed by countries which are admitted to membership in accordance with paragraph 2 of Article 3 shall be determined by the Board of Governors; provided, however, that no such subscription shall be authorized which would have the effect of reducing the percentage of capital stock held by regional members below seventy-five (75) per cent of the total subscribed capital stock, unless otherwise agreed by the Board of Governors by a Super Majority vote as provided in Article 28.

三、理事会可以应某一成员要求，依照第二十八条规定，经超级多数投票通过，同意该成员按照确定的条件和要求增加认缴；若其认缴使域内成员持有股本在总股本中的比例降至百分之七十五以下时，除非理事会依照第二十八条规定经超级多数投票通过，否则不予批准。

3. The Board of Governors may, at the request of a member, increase the subscription of such member on such terms and conditions as the Board may determine by a Super Majority vote as provided in Article 28; provided, however, that no such increase in the subscription of any member shall be authorized which would have the effect of reducing the percentage of capital stock held by regional members below seventy-five (75) per cent of the total subscribed capital stock, unless otherwise agreed by the Board of Governors by a Super Majority vote as provided in Article 28.

四、理事会每隔不超过五年对银行的总股本进行审议。法定股本增加时，每个成员都将有合理机会按理事会决定的条件进行认缴，其认缴部分占总增加股本的比例应与此次增资前其认缴股本占总认缴股本的比例相同。任何成员均无义务认缴任何增加股本。

4. The Board of Governors shall at intervals of not more than five (5) years review the capital stock of the Bank. In case of an increase in the authorized capital stock, each member shall have a reasonable opportunity to subscribe, under such terms and conditions as the Board of Governors shall determine, to a proportion of the increase of stock equivalent to the proportion which its stock theretofore subscribed bears to the total subscribed capital stock immediately prior to such increase. No member shall be obligated to subscribe to any part of an increase of capital stock.

第六条　对认缴股本的支付

Article 6　Payment of Subscriptions

一、依照第五十八条获得成员资格的本协定签署方，其初始认缴股本中实缴股本分五次缴清，每次缴纳百分之二十，本条第五款中特殊规定的除外。第一次缴付应在本协定生效后三十天内完成，或在第五十八条第一款规定的批准书、接受书或核准书递交之日或之前缴付，以后发生者为准。第二次缴付在本协定生效期满一年内完成。其余三次将相继在上一次到期一年内完成。

1. Payment of the amount initially subscribed by each Signatory to this Agreement which becomes a member in accordance with Article 58 to the paid-in capital stock of the Bank shall be made in five (5) installments, of twenty (20) per cent each of such

amount, except as provided in paragraph 5 of this Article. The first installment shall be paid by each member within thirty (30) days after entry into force of this Agreement, or on or before the date of deposit on its behalf of its instrument of ratification, acceptance or approval in accordance with paragraph 1 of Article 58, whichever is later. The second installment shall become due one (1) year from the entry into force of this Agreement. The remaining three (3) installments shall become due successively one (1) year from the date on which the preceding installment becomes due.

二、除本条第五款规定之外，对初始认缴中原始实缴股本的每次缴付均应使用美元或其他可兑换货币。银行可随时将此类缴付转换为美元。如若到期未能完成缴付，则相应的实缴和待缴股本所赋予的权利，包括投票权等都将中止，直至银行收到到期股本的缴付。

2. Each installment of the payment of initial subscriptions to the original paid-in capital stock shall be paid in dollars or other convertible currency, except as provided in paragraph 5 of this Article. The Bank may at any time convert such payments into dollars. All rights, including voting rights, acquired in respect of paid-in and associated callable shares for which such payments are due but have not been received shall be suspended until full payment is received by the Bank.

三、银行的待缴股本，仅在银行需偿付债务时方予催缴。成员可选择美元或银行偿债所需货币进行缴付。在催缴待缴股本时，所有待缴股份的催缴比例应一致。

3. Payment of the amount subscribed to the callable capital stock of the Bank shall be subject to call only as and when required by the Bank to meet its liabilities. In the event of such a call, payment may be made at the option of the member in dollars or in the currency required to discharge the obligations of the Bank for the purpose of which the call is made. Calls on unpaid subscriptions shall be uniform in percentage on all callable shares.

四、本条提及的各种缴付的地点由银行决定，但在理事会举行首次会议之前，本条第一款所指的首次付款应支付给银行的托管方，即中华人民共和国政府。

4. The Bank shall determine the place for any payment under this Article, provided that, until the inaugural meeting of the Board of Governors, the payment of the first installment referred to in paragraph 1 of this Article shall be made to the Government of the People's Republic of China, as Trustee for the Bank.

五、就本款而言，被认定为欠发达国家的成员在缴付本条第一款和第二款所规定的股本时可选择以下任一方式完成，即：

5. A member considered as a less developed country for purposes of this paragraph may pay its subscription under paragraphs 1 and 2 of this Article, as an alternative, either：

（一）可全部使用美元或其他可兑换货币，最多分十次缴付，每次缴付金额相当于总额的百分之十，第一次和第二次缴付的到期日参照第一款规定，第三次至第十次的缴付应在本协定生效两年内及之后每满一年内相继完成；或者

（a）entirely in dollars or other convertible currency in up to ten（10）installments, with each such installment equal to ten（10）percent of the total amount, the first and second installments due as provided in paragraph 1, and the third through tenth installments due on the second and subsequent anniversary dates of the entry into force of this Agreement; or

（二）每次缴付中，成员可在部分使用美元或其他可兑换货币的同时，使用本币完成其中不超过百分之五十的缴付，并按照本条第一款规定的时间完成每次缴付，同时此类缴付应符合以下规定：

（b）with a portion in dollars or other convertible currency and a portion of up to fifty（50）per cent of each installment in the currency of the member, following the schedule of installments provided in paragraph 1 of this Article. The following provisions shall apply to payments under this sub-paragraph（b）：

1. 成员应在本条第一款规定的缴付时间向银行说明其将用本币缴付的金额比例；

（i）The member shall advise the Bank at the time of subscription under paragraph 1 of this Article of the proportion of payments to be made in its own currency.

2. 依照本条第五款规定完成的每次本币缴付金额应由银行按照与美元完全等值的金额计算。首次缴付时成员可自行确定应缴付金额，但银行可在付款到

期日前九十天内做出适当调整，以使所缴付金额与按美元计算的金额完全等值。

（ii）Each payment of a member in its own currency under this paragraph 5 shall be in such amount as the Bank determines to be equivalent to the full value in terms of dollars of the portion of the subscription being paid. The initial payment shall be in such amount as the member considers appropriate hereunder but shall be subject to such adjustment, to be effected within ninety（90）days of the date on which such payment was due, as the Bank shall determine to be necessary to constitute the full dollar equivalent of such payment.

3. 无论何时，只要银行认为一个成员的货币已大幅贬值，该成员应在一段合理期限内向银行缴付额外的本币金额，以确保银行账面持有的该成员以本币认缴股本的价值不变。

（iii）Whenever in the opinion of the Bank, the foreign exchange value of a member's currency has depreciated to a significant extent, that member shall pay to the Bank within a reasonable time an additional amount of its currency required to maintain the value of all such currency held by the Bank on account of its subscription.

4. 无论何时，只要银行认为一个成员的货币已大幅升值，银行应在一段合理期限内向该成员退付一定数量的本币金额，以调整银行账面持有的该成员以本币认缴股本的价值。

（iv）Whenever in the opinion of the Bank, the foreign exchange value of a member's currency has appreciated to a significant extent, the Bank shall pay to that member within a reasonable time an amount of that currency required to adjust the value of all such currency held by the Bank on account of its subscription.

5. 银行可放弃本项第 3 目赋予的偿付权利，成员可放弃本项第 4 目赋予的偿付权利。

（v）The Bank may waive its rights to payment under sub-paragraph（iii）and the member may waive its rights to payment under sub-paragraph（iv）.

六、银行接受任何成员使用该成员政府或其指定的存托机构所发行的本票或其他债券缴付该成员依照本条第五款第（二）项规定的以本币缴付金额，前提是银行在经营中不需要使用上述金额的成员货币。上述本票或债券应为不可转让、无息并可应银行要求按面值见票即付。

6. The Bank shall accept from any member paying its subscription under sub-paragraph 5 (b) of this Article promissory notes or other obligations issued by the Government of the member, or by the depository designated by such member, in lieu of the amount to be paid in the currency of the member, provided such amount is not required by the Bank for the conduct of its operations. Such notes or obligations shall be non-negotiable, non-interest-bearing, and payable to the Bank at par value upon demand.

第七条　股份缴付条件

Article 7　Terms of Shares

一、成员初始认缴股份应按面值发行。其他股份也应按照面值发行，除非理事会在特殊情况下依照第二十八条规定经特别多数投票通过，决定以其他条件发行股份。

1. Shares of stock initially subscribed by members shall be issued at par. Other shares shall be issued at par unless the Board of Governors by a Special Majority vote as provided in Article 28 decides in special circumstances to issue them on other terms.

二、股份不得以任何形式进行质押或抵押，且仅可以向银行转让。

2. Shares of stock shall not be pledged or encumbered in any manner whatsoever, and they shall be transferable only to the Bank.

三、成员股权债务应仅限于其所持股份发行额中未缴付部分。

3. The liability of the members on shares shall be limited to the unpaid portion of their issue price.

四、成员不因其成员地位而对银行的债务负责。

4. No member shall be liable, by reason of its membership, for obligations of the Bank.

第八条　普通资本

Article 8　Ordinary Resources

本协定中"普通资本"一词包括以下内容：

As used in this Agreement, the term "ordinary resources" of the Bank shall include the following:

（一）依照本协定第五条规定认缴的银行法定股本，包括实缴股本和待缴股本；

（ⅰ）authorized capital stock of the Bank, including both paid-in and callable shares, subscribed pursuant to Article 5;

（二）银行依照第十六条第一款授权筹集的资金，此类资金的兑付承诺适用本协定第六条第三款的规定；

（ⅱ）funds raised by the Bank by virtue of powers conferred by paragraph 1 of Article 16, to which the commitment to calls provided for in paragraph 3 of Article 6 is applicable;

（三）因使用本条第（一）、（二）项资金发放贷款或担保的偿付所得，或使用上述资金进行股权投资或依照第十一条第二款第（六）项批准的其他类型融资的所得收益；

（ⅲ）funds received in repayment of loans or guarantees made with the resources indicated in sub-paragraphs（ⅰ）and（ⅱ）of this Article or as returns on equity investments and other types of financing approved under sub-paragraph 2（ⅵ）of Article 11 made with such resources;

（四）使用前述资金发放贷款或依照第六条第三款的兑付承诺所做担保获得的收入；

（ⅳ）income derived from loans made from the aforementioned funds or from guarantees to which the commitment to calls set forth in paragraph 3 of Article 6 is applicable; and

（五）银行收到的其他不属于本协定第十七条规定的特别基金的其他任何资金或收入。

（ⅴ）any other funds or income received by the Bank which do not form part of its Special Funds resources referred to in Article 17 of this Agreement.

第三章　银行业务运营
CHAPTER III　OPERATIONS OF THE BANK

第九条　资金使用
Article 9　Use of Resources

银行资金仅可依照稳健的银行原则用于履行本协定第一条和第二条所规定的宗旨和职能。The resources and facilities of the Bank shall be used exclusively to implement the purpose and functions set forth, respectively, in Articles 1 and 2, and in accordance with sound banking principles.

第十条　普通业务与特别业务
Article 10　Ordinary and Special Operations

一、银行的业务包括：

1. The operations of the Bank shall consist of:

（一）本协定第八条提及的，由银行普通资本提供融资的普通业务；

(i) ordinary operations financed from the ordinary resources of the Bank, referred to in Article 8; and

（二）本协定第十七条提及的，由银行特别基金提供融资的特别业务。

(ii) special operations financed from the Special Funds resources referred to in Article 17.

两种业务可以同时为同一个项目或规划的不同部分提供融资。

The two types of operations may separately finance elements of the same project or program.

二、银行的普通资本和特别基金在持有、使用、承诺、投资或作其他处置时，在任何时候、各个方面均须完全分离。银行的财务报表亦应将普通业务和特别业务分别列出。

2. The ordinary resources and the Special Funds resources of the Bank shall at all times and in all respects be held, used, committed, invested or otherwise disposed of entirely separately from each other. The financial statements of the Bank shall show the ordinary operations and special operations separately.

三、任何情况下银行普通资本都不得用以缴付或清偿由特别基金担负或承诺的特别业务或其他活动发生的支出、亏损或负债。

3. The ordinary resources of the Bank shall, under no circumstances, be charged with, or used to discharge, losses or liabilities arising out of special operations or other activities for which Special Funds resources were originally used or committed.

四、普通业务直接发生的支出由普通资本列支；特别业务发生的支出由特别基金列支。其他任何支出的列支由银行另行决定。

4. Expenses appertaining directly to ordinary operations shall be charged to the ordinary resources of the Bank. Expenses appertaining directly to special operations shall be charged to the Special Funds resources. Any other expenses shall be charged as the Bank shall determine.

第十一条　业务对象及方法

Article 11　Recipients and Methods of Operation

一、（一）银行可以向任何成员或其机构、单位或行政部门，或在成员的领土上经营的任何实体或企业，以及参与本区域经济发展的国际或区域性机构或实体提供融资。

1. (a) The Bank may provide or facilitate financing to any member, or any agency, instrumentality or political subdivision thereof, or any entity or enterprise operating in the territory of a member, as well as to international or regional agencies or entities concerned with economic development of the region.

（二）在特殊情况下，银行可以向本款第（一）项以外的业务对象提供援助，前提是理事会依照第二十八条规定经超级多数投票通过：1. 确认该援助符合银行的宗旨与职能以及银行成员的利益；2. 明确可以向业务对象提供的本条第二款规定的融资支持类别。

(b) The Bank may, in special circumstances, provide assistance to a recipient not listed in sub-paragraph (a) above only if the Board of Governors, by a Super Majority vote as provided in Article 28: (i) shall have determined that such assistance is designed to serve the purpose and come within the functions of the Bank and is in the interest of the Bank's membership; and (ii) shall have specified the types of assistance under paragraph 2 of this Article that may be provided to such recipient.

二、银行可以下列方式开展业务：

2. The Bank may carry out its operations in any of the following ways：

（一）直接贷款、联合融资或参与贷款；

（i）by making, co-financing or participating in direct loans；

（二）参与机构或企业的股权资本投资；

（ii）by investment of funds in the equity capital of an institution or enterprise；

（三）作为直接或间接债务人，全部或部分地为用于经济发展的贷款提供担保；

（iii）by guaranteeing, whether as primary or secondary obligor, in whole or in part, loans for economic development；

（四）根据特别基金的使用协定，配置特别基金的资源；

（iv）by deploying Special Funds resources in accordance with the agreements determining their use；

（五）依照第十五条的规定提供技术援助；

（v）by providing technical assistance in accordance with Article 15; or

（六）理事会依照第二十八条规定经特别多数投票通过决定的其他融资方式。

（vi）through other types of financing as may be determined by the Board of Governors, by a Special Majority vote as provided in Article 28.

第十二条 普通业务的限制条件

Article 12 Limitations on Ordinary Operations

一、银行依照本协定第十一条第二款第（一）、（二）、（三）和（四）项从事的贷款、股权投资、担保和其他形式融资等普通业务中的未收清款项，任何时候都不得超过普通资本中未动用认缴股本、储备资金和留存收益的总额。但理事会有权依照本协定第二十八条规定，经超级多数投票通过后，根据银行的财务状况随时提高上述对银行普通业务的财务限制，最高可至普通资本中未动用认缴股本、储备资金和留存收益总额的250%。

1. The total amount outstanding of loans, equity investments, guarantees and other

types of financing provided by the Bank in its ordinary operations under sub-paragraphs 2 (i), (ii), (iii) and (vi) of Article 11 shall not at any time be increased, if by such increase the total amount of its unimpaired subscribed capital, reserves and retained earnings included in its ordinary resources would be exceeded. Notwithstanding the provisions of the preceding sentence, the Board of Governors may, by a Super Majority vote as provided in Article 28, determine at any time that, based on the Bank's financial position and financial standing, the limitation under this paragraph may be increased, up to 250% of the Bank's unimpaired subscribed capital, reserves and retained earnings included in its ordinary resources.

二、银行已拨付股权投资的总额不得超过当期相应的银行未动用实缴股本和普通储备资金总额。

2. The amount of the Bank's disbursed equity investments shall not at any time exceed an amount corresponding to its total unimpaired paid-in subscribed capital and general reserves.

第十三条　业务原则

Article 13　Operating Principles

银行应依据下列原则开展业务：

The operations of the Bank shall be conducted in accordance with the principles set out below.

（一）银行应按照稳健的银行原则开展业务。

1. The Bank shall be guided by sound banking principles in its operations.

（二）银行业务应主要是特定项目或特定投资规划融资、股权投资以及第十五条规定的技术援助。

2. The operations of the Bank shall provide principally for the financing of specific projects or specific investment programs, for equity investment, and for technical assistance in accordance with Article 15.

（三）银行不得在成员反对的情况下，在该成员境内开展融资业务。

3. The Bank shall not finance any undertaking in the territory of a member if that member objects to such financing.

（四）银行应保证其从事的每项业务均符合银行的业务和财务政策，包括但不仅限于针对环境和社会影响方面的政策。

4. The Bank shall ensure that each of its operations complies with the Bank's operational and financial policies, including without limitation, policies addressing environmental and social impacts.

（五）银行审议融资申请时，应在综合考虑有关因素的同时，适当关注借款人以银行认为合理的条件从别处获得资金的能力。

5. In considering an application for financing, the Bank shall pay due regard to the ability of the recipient to obtain financing or facilities elsewhere on terms and conditions that the Bank considers reasonable for the recipient, taking into account all pertinent factors.

（六）银行在提供或担保融资时，应适当关注借款人及担保人未来按融资合同规定的条件履行其义务的可能性。

6. In providing or guaranteeing financing, the Bank shall pay due regard to the prospects that the recipient and guarantor, if any, will be in a position to meet their obligations under the financing contract.

（七）银行在提供或担保融资时，应采取银行认为对该项融资和银行风险均适宜的融资条件，包括利率、其他费用和还本安排。

7. In providing or guaranteeing financing, the financial terms, such as rate of interest and other charges and the schedule for repayment of principal shall be such as are, in the opinion of the Bank, appropriate for the financing concerned and the risk to the Bank.

（八）银行不应对普通业务或特别业务中银行融资项目的货物和服务采购进行国别限制。

8. The Bank shall place no restriction upon the procurement of goods and services from any country from the proceeds of any financing undertaken in the ordinary or special operations of the Bank.

（九）银行应采取必要措施保证其提供、担保或参与的融资资金仅用于融资所规定的目标，并应兼顾节约和效率。

9. The Bank shall take the necessary measures to ensure that the proceeds of any financing provided, guaranteed or participated in by the Bank are used only for the purposes for which the financing was granted and with due attention to considerations of economy and efficiency.

（十）银行应尽可能避免不均衡地将过多资金用于某一或某些成员的利益。

10. The Bank shall pay due regard to the desirability of avoiding a disproportionate amount of its resources being used for the benefit of any member.

（十一）银行应设法保持其股权资本投资的多样化。除非出于保护其投资的需要，否则银行在其股权投资项目中，对所投资的实体或企业不应承担任何管理责任，也不应寻求对该实体或企业的控制权。

11. The Bank shall seek to maintain reasonable diversification in its investments in equity capital. In its equity investments, the Bank shall not assume responsibility for managing any entity or enterprise in which it has an investment and shall not seek a controlling interest in the entity or enterprise concerned, except where necessary to safeguard the investment of the Bank.

第十四条　融资条件

Article 14　Terms and Conditions for Financing

一、银行在发放、参与或担保贷款时，应依照本协定第十三条规定的业务原则及本协定其他条款的规定，订立合同明确该贷款或担保的条件。在制定上述条件时，银行应充分考虑保障银行收益和财务状况的需要。

1. In the case of loans made or participated in or loans guaranteed by the Bank, the contract shall establish, in conformity with the operating principles set forth in Article 13 and subject to the other provisions of this Agreement, the terms and conditions for the loan or the guarantee concerned. In setting such terms and conditions, the Bank shall take fully into account the need to safeguard its income and financial position.

二、当贷款或担保对象本身并非银行成员时，如银行认为可行，可以要求该项目执行所在地的成员，或者银行接受的该成员某个政府机构或其他机构，为贷款本金、利息和其他费用的按期如约偿还提供担保。

2. Where the recipient of loans or guarantees of loans is not itself a member, the

Bank may, when it deems it advisable, require that the member in whose territory the project concerned is to be carried out, or a public agency or any instrumentality of that member acceptable to the Bank, guarantee the repayment of the principal and the payment of interest and other charges on the loan in accordance with the terms thereof.

三、任何股权投资的金额不得超过董事会通过的政策文件所允许的对该实体或企业进行股权投资的比例。

3. The amount of any equity investment shall not exceed such percentage of the equity capital of the entity or enterprise concerned as permitted under policies approved by the Board of Directors.

四、按照有关货币风险最小化的政策规定，银行可以使用一国的本币为银行在该国的业务提供融资。

4. The Bank may provide financing in its operations in the currency of the country concerned, in accordance with policies that minimize currency risk.

第十五条 技术援助
Article 15 Technical Assistance

一、在符合银行宗旨和职能的情况下，银行可提供技术咨询、援助及其他类似形式的援助。

1. The Bank may provide technical advice and assistance and other similar forms of assistance which serve its purpose and come within its functions.

二、如遇提供上述服务的费用无法补偿时，银行可从其收益中支出。

2. Where expenditures incurred in furnishing such services are not reimbursable, the Bank shall charge such expenditures to the income of the Bank.

第四章 银行资金
CHAPTER IV FINANCES OF THE BANK

第十六条 一般权力
Article 16 General Powers

除本协定其他条款中明确规定的权力外，银行还应有以下权力。

In addition to the powers specified elsewhere in this Agreement, the Bank shall have the powers set out below.

（一）银行可以根据相关法律规定在成员或其他地方通过举债或其他方式筹集资金。

1. The Bank may raise funds, through borrowing or other means, in member countries or elsewhere, in accordance with the relevant legal provisions.

（二）银行可以对其发行或担保或投资的证券进行买卖。

2. The Bank may buy and sell securities the Bank has issued or guaranteed or in which it has invested.

（三）为推动证券销售，银行可为其投资的证券提供担保。

3. The Bank may guarantee securities in which it has invested in order to facilitate their sale.

（四）银行可以承销或参与承销任何实体或企业发行的、目的与银行宗旨一致的证券。

4. The Bank may underwrite, or participate in the underwriting of, securities issued by any entity or enterprise for purposes consistent with the purpose of the Bank.

（五）银行可以将其业务经营未使用资金进行投资或存储。

5. The Bank may invest or deposit funds not needed in its operations.

（六）银行应确保在银行发行或担保的每份证券的外观上标有显著字样，声明该证券并非任何政府的债务；如该证券确实是某个特定政府的债务，则应做如实表述。

6. The Bank shall ensure that every security issued or guaranteed by the Bank shall bear on its face a conspicuous statement to the effect that it is not an obligation of any Government, unless it is in fact the obligation of a particular Government, in which case it shall so state.

（七）根据理事会通过的信托基金框架，在信托基金的目标与银行宗旨和职能一致的前提下，银行可接受其他相关方的委托，成立并管理该信托基金。

7. The Bank may establish and administer funds held in trust for other parties, provided such trust funds are designed to serve the purpose and come within the func-

tions of the Bank, under a trust fund framework which shall have been approved by the Board of Governors.

（八）银行可以在理事会依照本协定第二十八条规定经特别多数投票通过后，以实现银行宗旨和职能为目的，成立附属机构。

8. The Bank may establish subsidiary entities which are designed to serve the purpose and come within the functions of the Bank, only with the approval of the Board of Governors by a Special Majority vote as provided in Article 28.

（九）在符合本协定规定的前提下，银行可行使为进一步实现其宗旨和职能所需的适当的其他权力，并制定与此有关的规章。

9. The Bank may exercise such other powers and establish such rules and regulations as may be necessary or appropriate in furtherance of its purpose and functions, consistent with the provisions of this Agreement.

第十七条　特别基金
Article 17　Special Funds

一、银行可以接受与银行宗旨和职能一致的特别基金，此类特别基金属银行资源。特别基金的所有管理成本均应从该基金支出。

1. The Bank may accept Special Funds which are designed to serve the purpose and come within the functions of the Bank; such Special Funds shall be resources of the Bank. The full cost of administering any Special Fund shall be charged to that Special Fund.

二、银行接受的特别基金的使用原则和条件应与银行的宗旨和职能一致，并符合就此类基金达成的相关协议。

2. Special Funds accepted by the Bank may be used on terms and conditions consistent with the purpose and functions of the Bank and with the agreement relating to such Funds.

三、银行应根据成立、管理和使用每个特别基金的需要制定特别规章。该规章应与本协定中除明确仅适用于普通业务的规定以外的所有条款保持一致。

3. The Bank shall adopt such special rules and regulations as may be required for the establishment, administration and use of each Special Fund. Such rules and regula-

tions shall be consistent with the provisions of this Agreement, except for those provisions expressly applicable only to ordinary operations of the Bank.

四、"特别基金资源"一词应指所有特别基金的资源，包括：

4. The term "Special Funds resources" shall refer to the resources of any Special Fund and shall include:

（一）银行接收并纳入特别基金的资金；

(i) funds accepted by the Bank for inclusion in any Special Fund;

（二）根据银行管理特别基金的规章，用特别基金发放或担保的贷款所得，及其股权投资的收益，归属该特别基金；

(ii) funds received in respect of loans or guarantees, and the proceeds of any equity investments, financed from the resources of any Special Fund which, under the rules and regulations of the Bank governing that Special Fund, are received by such Special Fund;

（三）特别基金资金投资产生的任何收入；及

(iii) income derived from investment of Special Funds resources; and

（四）可由特别基金支配使用的任何其他资金。

(iv) any other resources placed at the disposal of any Special Fund.

第十八条　净收入的分配和处置

Article 18　Allocation and Distribution of Net Income

一、理事会至少每年都应在扣除储备资金之后，就银行净收入在留存收益或其他事项以及可分配给成员的利润（如适用）之间的分配做出决定。任何将银行净收入分配用作其他用途的此类决策应依照第二十八条规定以超级多数投票通过。

1. The Board of Governors shall determine at least annually what part of the net income of the Bank shall be allocated, after making provision for reserves, to retained earnings or other purposes and what part, if any, shall be distributed to the members. Any such decision on the allocation of the Bank's net income to other purposes shall be taken by a Super Majority vote as provided in Article 28.

二、上一款中提及的分配应按照各成员所持股份的数量按比例完成，支付的方式和货币应由理事会决定。

2. The distribution referred to in the preceding paragraph shall be made in proportion to the number of shares held by each member, and payments shall be made in such manner and in such currency as the Board of Governors shall determine.

第十九条　货币

Article 19　Currencies

一、银行或任何银行款项接受方所接受、持有、使用或转让的货币在任何国家内进行缴付时，成员均不得对此施加任何限制。

1. Members shall not impose any restrictions on currencies, including the receipt, holding, use or transfer by the Bank or by any recipient from the Bank, for payments in any country.

二、当根据本协定需要以一种货币对另一货币进行估值，或决定某货币是否可兑换时，该估值或决定应由银行做出。

2. Whenever it shall become necessary under this Agreement to value any currency in terms of another or determine whether any currency is convertible, such valuation or determination shall be made by the Bank.

第二十条　银行偿债的方式

Article 20　Methods of Meeting Liabilities of the Bank

一、银行从事普通业务时，若其所发放、参与或担保的贷款出现拖欠或违约，或其所投资的股权或依照第十一条第二款第（六）项做出的其他融资出现损失，银行可采取其认为适当的措施。银行应保持适当的拨备水平以应对可能发生的损失。

1. In the Bank's ordinary operations, in cases of arrears or default on loans made, participated in, or guaranteed by the Bank, and in cases of losses on equity investment or other types of financing under sub-paragraph 2 (ⅵ) of Article 11, the Bank shall take such action as it deems appropriate. The Bank shall maintain appropriate provisions against possible losses.

二、银行普通业务发生的损失，应当：

2. Losses arising in the Bank's ordinary operations shall be charged:

（一）首先，依照本条第一款的规定处置；

(i) first, to the provisions referred to in paragraph 1 above;

（二）其次，由净收入支付；

(ii) second, to net income;

（三）再次，从储备资金和留存收益中支付；

(iii) third, against reserves and retained earnings;

（四）复次，从未动用实缴股本中支付；

(iv) fourth, against unimpaired paid-in capital; and

（五）最后，从可依照第六条第三款的规定进行催缴的待缴股本中适量缴付。

(v) last, against an appropriate amount of the uncalled subscribed callable capital which shall be called in accordance with the provisions of paragraph 3 of Article 6.

第五章　治理
CHAPTER V　GOVERNANCE

第二十一条　治理结构
Article 21　Structure

银行应设立理事会、董事会、一名行长、一名或多名副行长，以及其他必要的高级职员与普通职员职位。

The Bank shall have a Board of Governors, a Board of Directors, a President, one or more Vice-Presidents, and such other officers and staff as may be considered necessary.

第二十二条　理事会：构成
Article 22　Board of Governors：Composition

一、每个成员均应在理事会中有自己的代表，并应任命一名理事和一名副理事。每个理事和副理事均受命于其所代表的成员。除理事缺席情况外，副理事无投票权。

1. Each member shall be represented on the Board of Governors and shall appoint

one Governor and one Alternate Governor. Each Governor and Alternate Governor shall serve at the pleasure of the appointing member. No Alternate Governor may vote except in the absence of his principal.

二、在银行每次年会上，理事会应选举一名理事担任主席，任期至下届主席选举为止。

2. At each of its annual meetings, the Board shall elect one of the Governors as Chairman who shall hold office until the election of the next Chairman.

三、理事和副理事任职期间，银行不予给付薪酬，但可支付其因出席会议产生的合理支出。

3. Governors and Alternate Governors shall serve as such without remuneration from the Bank, but the Bank may pay them reasonable expenses incurred in attending meetings.

第二十三条　理事会：权力

Article 23　Board of Governors: Powers

一、银行一切权力归理事会。

1. All the powers of the Bank shall be vested in the Board of Governors.

二、理事会可将其部分或全部权力授予董事会，但以下权力除外：

2. The Board of Governors may delegate to the Board of Directors any or all its powers, except the power to:

（一）吸收新成员和确定新成员加入条件；

(i) admit new members and determine the conditions of their admission;

（二）增加或减少银行法定股本；

(ii) increase or decrease the authorized capital stock of the Bank;

（三）中止成员资格；

(iii) suspend a member;

（四）裁决董事会对本协定的相关解释或适用提出的申诉；

(iv) decide appeals from interpretations or applications of this Agreement given by the Board of Directors;

（五）选举银行董事并依照第二十五条第六款决定须由银行负担的董事和副

董事的支出及薪酬（如适用）；

(v) elect the Directors of the Bank and determine the expenses to be paid for Directors and Alternate Directors and remuneration, if any, pursuant to paragraph 6 of Article 25;

（六）选举行长，中止或解除行长职务，并决定行长的薪酬及其他任职条件；

(vi) elect the President, suspend or remove him from office, and determine his remuneration and other conditions of service;

（七）在审议审计报告后，批准银行总资产负债表和损益表；

(vii) approve, after reviewing the auditors' report, the general balance sheet and the statement of profit and loss of the Bank;

（八）决定银行的储备资金及净收益的配置与分配；

(viii) determine the reserves and the allocation and distribution of the net profits of the Bank;

（九）修订本协定；

(ix) amend this Agreement;

（十）决定终止银行业务并分配银行资产；及

(x) decide to terminate the operations of the Bank and to distribute its assets; and

（十一）行使本协定明确规定属于理事会的其他权力。

(xi) exercise such other powers as are expressly assigned to the Board of Governors in this Agreement.

三、对于理事会依照本条第二款授予董事会办理的任何事项，理事会均保留其执行决策的全部权力。

3. The Board of Governors shall retain full power to exercise authority over any matter delegated to the Board of Directors under paragraph 2 of this Article.

第二十四条　理事会：程序

Article 24　Board of Governors: Procedure

一、理事会应举行年会，并按理事会规定或董事会要求召开其他会议。当五个银行成员提出请求时，董事会即可要求召开理事会会议。

1. The Board of Governors shall hold an annual meeting and such other meetings as may be provided for by the Board of Governors or called by the Board of Directors. Meetings of the Board of Governors shall be called by the Board of Directors whenever requested by five (5) members of the Bank.

二、当出席会议的理事超过半数，且所代表的投票权不低于总投票权三分之二时，即构成任何理事会会议的法定人数。

2. A majority of the Governors shall constitute a quorum for any meeting of the Board of Governors, provided such majority represents not less than two-thirds of the total voting power of the members.

三、理事会应按照规定建立议事程序，允许董事会在毋需召集理事会会议的情况下取得理事对某一具体问题的投票表决，或在特殊情况下通过电子方式召开理事会会议。

3. The Board of Governors shall by regulation establish procedures whereby the Board of Directors may obtain a vote of the Governors on a specific question without a meeting and provide for electronic meetings of the Board of Governors in special circumstances.

四、理事会及董事会在授权范围内，可根据银行开展业务的必要性或适当性，设立附属机构、制定规章制度。

4. The Board of Governors, and the Board of Directors to the extent authorized, may establish such subsidiary entities, and adopt such rules and regulations, as may be necessary or appropriate to conduct the business of the Bank.

第二十五条　董事会：构成

Article 25　Board of Directors: Composition

一、董事会应由十二名成员组成，董事会成员不得兼任理事会成员，其中：

1. The Board of Directors shall be composed of twelve (12) members who shall not be members of the Board of Governors, and of whom:

（一）九名应由代表域内成员的理事选出；

(i) nine (9) shall be elected by the Governors representing regional members; and

（二）三名应由代表域外成员的理事选出。

(ii) three (3) shall be elected by the Governors representing non-regional members.

董事应是在经济与金融事务方面具有较强专业能力的人士，并应根据本协定附件二选举产生。董事所代表的成员包括选其做董事的理事所属成员以及将选票委派给其的理事所属成员。

Directors shall be persons of high competence in economic and financial matters and shall be elected in accordance with Schedule B. Directors shall represent members whose Governors have elected them as well as members whose Governors assign their votes to them.

二、理事会应不定期审议董事会的规模与构成，并可依照第二十八条规定以超级多数投票形式，适当调整董事会的规模或构成。

2. The Board of Governors shall, from time to time, review the size and composition of the Board of Directors, and may increase or decrease the size or revise the composition as appropriate, by a Super Majority vote as provided in Article 28.

三、每名董事应任命一名副董事，在董事缺席时代表董事行使全部权力。理事会应通过规则，允许一定数量以上成员选举产生的董事任命第二名副董事。

3. Each Director shall appoint an Alternate Director with full power to act for him when he is not present. The Board of Governors shall adopt rules enabling a Director elected by more than a specified number of members to appoint an additional Alternate Director.

四、董事和副董事应为成员的国民。不得同时有两名或两名以上董事同属一个国籍，也不得同时有两名或两名以上副董事同属一个国籍。副董事可参加董事会会议，但只有代表董事行使权力时才可以投票。

4. Directors and Alternate Directors shall be nationals of member countries. No two or more Directors may be of the same nationality nor may any two or more Alternate Directors be of the same nationality. Alternate Directors may participate in meetings of the Board but may vote only when the Alternate Director is acting in place of the Director.

五、董事任期两年，可以连选连任。

5. Directors shall hold office for a term of two (2) years and may be re-elected.

（一）董事任职应持续至下任董事选定并就职。

(a) Directors shall continue in office until their successors shall have been chosen and assumed office.

（二）若在董事任期截止日前一百八十天以上时，董事职位出缺，须由选举该董事职位的相关理事根据附件二选出一名继任者，完成余下任期。此类选举须相关理事经半数以上所投投票权表决通过。若在董事任期截止日前一百八十天或以下时董事职位出缺，可由选举该董事职位的理事以上述同样方式选出一名继任者。

(b) If the office of a Director becomes vacant more than one hundred and eighty (180) days before the end of his term, a successor shall be chosen in accordance with Schedule B, for the remainder of the term, by the Governors who elected the former Director. A majority of the votes cast by such Governors shall be required for such election. The Governors who elected a Director may similarly choose a successor if the office of a Director becomes vacant one hundred and eighty (180) days or less before the end of his term.

（三）在董事职位出缺期间，其副董事应代表董事行使除任命副董事之外的所有权力。

(c) While the office of a Director remains vacant, an Alternate Director of the former Director shall exercise the powers of the latter, except that of appointing an Alternate Director.

六、除非理事会另有决定，董事与副董事任职期间，银行不付薪酬，但银行可向其支付参加会议产生的合理支出。

6. Directors and Alternate Directors shall serve without remuneration from the Bank, unless the Board of Governors shall decide otherwise, but the Bank may pay them reasonable expenses incurred in attending meetings.

第二十六条　董事会：权力

Article 26　Board of Directors：Powers

董事会负责指导银行的总体业务，为此，除行使本协定明确赋予的权力之外，还应行使理事会授予的一切权力，特别是：

The Board of Directors shall be responsible for the direction of the general operations of the Bank and, for this purpose, shall, in addition to the powers assigned to it expressly by this Agreement, exercise all the powers delegated to it by the Board of Governors, and in particular：

（一）理事会的准备工作；

（i）prepare the work of the Board of Governors；

（二）制定银行的政策；并以不低于成员总投票权四分之三的多数，根据银行政策对银行主要业务和财务政策的决策，及向行长下放权力事宜做出决定；

（ii）establish the policies of the Bank, and, by a majority representing not less than three-fourths of the total voting power of the members, take decisions on major operational and financial policies and on delegation of authority to the President under Bank policies；

（三）对第十一条第二款明确的银行业务做出决定；并以不低于成员总投票权四分之三的多数，就向行长下放相关权力做出决定；

（iii）take decisions concerning operations of the Bank under paragraph 2 of Article 11, and, by a majority representing not less than three-fourths of 16 the total voting power of the members, decide on the delegation of such authority to the President；

（四）常态化监督银行管理与业务运营活动，并根据透明、公开、独立和问责的原则，建立以此为目的的监督机制；

（iv）supervise the management and the operation of the Bank on a regular basis, and establish an oversight mechanism for that purpose, in line with principles of transparency, openness, independence and accountability；

（五）批准银行战略、年度计划和预算；

（v）approve the strategy, annual plan and budget of the Bank；

（六）视情成立专门委员会；并

（vi）appoint such committees as deemed advisable；and

（七）提交每个财年的经审计账目，由理事会批准。

（vii）submit the audited accounts for each financial year for approval of the Board of Governors.

第二十七条 董事会：程序
Article 27　Board of Directors：Procedure

一、董事会应根据银行业务需要，全年定期召开会议。董事会在非常驻基础上运作，除非理事会依照第二十八条规定经超级多数投票通过，另行做出决定。董事会主席或三名董事提出要求，即可召开董事会会议。

1. The Board of Directors shall meet as often as the business of the Bank may require，periodically throughout the year. The Board of Directors shall function on a non-resident basis except as otherwise decided by the Board of Governors by a Super Majority vote as provided in Article 28. Meetings may be called by the Chairman or whenever requested by three（3）Directors.

二、当出席会议的董事人数超过半数，且其代表的投票权不低于成员总投票权的三分之二时，即构成任何董事会会议的法定人数。

2. A majority of the Directors shall constitute a quorum for any meeting of the Board of Directors，provided such majority represents not less than two-thirds of the total voting power of the members.

三、理事会应订立规章，允许没有董事席位的成员，在董事会审议对该国有特别影响的事项时，可指派一名代表出席会议，但无投票权。

3. The Board of Governors shall adopt regulations under which，if there is no Director of its nationality，a member may send a representative to attend，without right to vote，any meeting of the Board of Directors when a matter particularly affecting that member is under consideration.

四、董事会应建立议事程序，允许董事会通过电子方式召开会议或者通过非会议方式对某一事项进行投票。

4. The Board of Directors shall establish procedures whereby the Board can hold an electronic meeting or vote on a matter without holding a meeting.

第二十八条　投票

Article 28　Voting

一、每个成员的投票权总数是基本投票权、股份投票权以及创始成员享有的创始成员投票权的总和。

1. The total voting power of each member shall consist of the sum of its basic votes, share votes and, in the case of a Founding Member, its Founding Member votes.

（一）每个成员的基本投票权是全体成员基本投票权、股份投票权和创始成员投票权总和的百分之十二在全体成员中平均分配的结果。

（i）The basic votes of each member shall be the number of votes that results from the equal distribution among all the members of twelve (12) per cent of the aggregate sum of the basic votes, share votes and Founding Member votes of all the members.

（二）每个成员的股份投票权与该成员持有的银行股份数相当。

（ii）The number of the share votes of each member shall be equal to the number of shares of the capital stock of the Bank held by that member.

（三）每个创始成员均享有六百票创始成员投票权。

（iii）Each Founding Member shall be allocated six hundred (600) Founding Member votes.

如成员不能依照第六条足额缴付其任何到期的实缴股份金额，在全部缴清之前，其所能行使的投票权将等比例减少，减少比例为到期未缴金额与该成员实缴股份总面值的百分比。

In the event a member fails to pay any part of the amount due in respect of its obligations in relation to paid-in shares under Article 6, the number of share votes to be exercised by the member shall, as long as such failure continues, be reduced proportionately, by the percentage which the amount due and unpaid represents of the total par value of paid-in shares subscribed to by that member.

二、理事会进行投票时，每名理事应有权行使其所代表成员的投票权。

2. In voting in the Board of Governors, each Governor shall be entitled to cast the votes of the member he represents.

（一）除本协定另有明确规定，理事会讨论的所有事项均应由所投投票权的简单多数决定。

（i）Except as otherwise expressly provided in this Agreement, all matters before the Board of Governors shall be decided by a majority of the votes cast.

（二）理事会超级多数投票通过指：理事人数占理事总人数三分之二以上、且所代表投票权不低于成员总投票权四分之三的多数通过。

（ii）A Super Majority vote of the Board of Governors shall require an affirmative vote of two-thirds of the total number of Governors, representing not less than three-fourths of the total voting power of the members.

（三）理事会特别多数投票通过指：理事人数占理事总人数半数以上、且所代表投票权不低于成员总投票权一半的多数通过。

（iii）A Special Majority vote of the Board of Governors shall require an affirmative vote of a majority of the total number of Governors, representing not less than a majority of the total voting power of the members.

三、在董事会投票时，每名董事均有权行使选举其担任董事的理事所拥有的投票权，以及任何根据附件二将投票权委派给其的理事拥有的投票权。

3. In voting in the Board of Directors, each Director shall be entitled to cast the number of votes to which the Governors who elected him are entitled and those to which any Governors who have assigned their votes to him, pursuant to Schedule B, are entitled.

（一）有权代表一个以上成员投票的董事可代表这些成员分开投票。

（i）A Director entitled to cast the votes of more than one member may cast the votes for those members separately.

（二）除本协定另有明确规定外，董事会讨论的所有问题，均应由所投投票权的简单多数决定。

（ii）Except as otherwise expressly provided in this Agreement, all matters before the Board of Directors shall be decided by a majority of the votes cast.

第二十九条　行长

Article 29　The President

一、理事会通过公开、透明、择优的程序，依照第二十八条规定，经超级多数投票通过选举银行行长。行长应是域内成员的国民。任职期间，行长不得兼任理事、董事或副理事、副董事。

1. The Board of Governors, through an open, transparent and merit–based process, shall elect a president of the Bank by a Super Majority vote as provided in Article 28. He shall be a national of a regional member country. The President, while holding office, shall not be a Governor or a Director or an Alternate for either.

二、行长任期五年，可连选连任一次。理事会可依照第二十八条规定经超级多数投票通过，决定中止或解除行长职务。

2. The term of office of the President shall be five (5) years. He may be re–elected once. The President may be suspended or removed from office when the Board of Governors so decides by a Super Majority vote as provided in Article 28.

（一）若行长职位不论任何原因在任期结束前出缺，理事会应任命一名代理行长暂时履行行长职责，或依照本条第一款的规定，选举一名新行长。

（a）If the office of the President for any reason becomes vacant during his term, the Board of Governors shall appoint an Acting President 18 for a temporary period or elect a new President, in accordance with paragraph 1 of this Article.

三、行长担任董事会主席，无投票权，仅在正反票数相等时拥有决定票。行长可参加理事会会议，但无投票权。

3. The President shall be Chairman of the Board of Directors but shall have no vote, except a deciding vote in case of an equal division. He may participate in meetings of the Board of Governors but shall not vote.

四、行长是银行的法人代表，是银行的最高管理人员，应在董事会指导下开展银行日常业务。

4. The President shall be the legal representative of the Bank. He shall be chief of the staff of the Bank and shall conduct, under the direction of the Board of Directors, the current business of the Bank.

第三十条　银行高级职员与普通职员

Article 30　Officers and Staff of the Bank

一、董事会应按照公开、透明和择优的程序，根据行长推荐任命一名或多名副行长。副行长的任期、行使的权力及其在银行管理层中的职责可由董事会决定。在行长出缺或不能履行职责时，应由一名副行长行使行长的权力，履行行长的职责。

1. One or more Vice-Presidents shall be appointed by the Board of Directors on the recommendation of the President, on the basis of an open, transparent and merit-based process. A Vice-President shall hold office for such term, exercise such authority and perform such functions in the administration of the Bank, as may be determined by the Board of Directors. In the absence or incapacity of the President, a Vice-President shall exercise the authority and perform the functions of the President.

二、根据董事会批准的规章，行长负责银行所有高级职员与普通职员的组织、任命与解雇，上述第一款规定的副行长职位除外。

2. The President shall be responsible for the organization, appointment and dismissal of the officers and staff in accordance with regulations adopted by the Board of Directors, with the exception of Vice-Presidents to the extent provided in paragraph 1 above.

三、在任命高级职员和普通职员及推荐副行长时，行长应以确保效率与技术能力达到最高标准为重要前提，适当考虑在尽可能广泛的区域地理范围内招聘人员。

3. In appointing officers and staff and recommending Vice-Presidents, the President shall, subject to the paramount importance of securing the highest standards of efficiency and technical competence, pay due regard to the recruitment of personnel on as wide a regional geographical basis as possible.

第三十一条　银行的国际性

Article 31　The International Character of the Bank

一、银行不得接受可能对其宗旨或职能产生任何损害、限制、歪曲或改变的特别基金、贷款或资助。

1. The Bank shall not accept Special Funds, loans or assistance that may in any way prejudice, limit, deflect or otherwise alter its purpose or functions.

二、银行及其行长、高级职员和普通职员不得干预任何成员的政治事务，也不得在决策时受任何成员政治特性的影响。决策只应考虑经济因素。上述考虑应不偏不倚，以实现和落实银行的宗旨和职能。

2. The Bank, its President, officers and staff shall not interfere in the political affairs of any member, nor shall they be influenced in their decisions by the political character of the member concerned. Only economic considerations shall be relevant to their decisions. Such considerations shall be weighed impartially in order to achieve and carry out the purpose and functions of the Bank.

三、银行行长、高级职员和普通职员在任职期间，完全对银行负责，而不对任何其他当局负责。银行每个成员都应尊重此项职责的国际性，在上述人员履行职责时，不得试图对其施加影响。

3. The President, officers and staff of the Bank, in the discharge of their offices, owe their duty entirely to the Bank and to no other authority. Each member of the Bank shall respect the international character of this duty and shall refrain from all attempts to influence any of them in the discharge of their duties.

第六章　一般规定
CHAPTER VI　GENERAL PROVISIONS

第三十二条　银行办公室
Article 32　Offices of the Bank

一、银行总部设在中华人民共和国北京市。

1. The principal office of the Bank shall be located in Beijing, People's Republic of China.

二、银行可在其他地方建立机构或办公室。

2. The Bank may establish agencies or offices elsewhere.

第三十三条　沟通渠道；存托机构
Article 33　Channel of Communication; Depositories

一、每个成员都应指定一个合适的官方实体，以便银行通过该实体与成员就本协定下的任何问题进行沟通。

1. Each member shall designate an appropriate official entity with which the Bank may communicate in connection with any matter arising under this Agreement.

二、每个成员都应指定其中央银行或其他经成员与银行双方认可的类似机构作为存托机构，银行可将其持有的该成员货币资金及银行的其他资产存托于该机构。

2. Each member shall designate its central bank, or such other institution as may be agreed upon with the Bank, as a depository with which the Bank may keep its holdings of currency of that member as well as other assets of the Bank.

三、银行可依照董事会决定将其资产存托于上述存托机构。

3. The Bank may hold its assets with such depositories as the Board of Directors shall determine.

第三十四条　报告与信息

Article 34　Reports and Information

一、银行的工作语言为英语，银行在做出所有决定和依照本协定第五十四条规定进行解释时，应以本协定英语文本为准。

1. The working language of the Bank shall be English, and the Bank shall rely on the English text of this Agreement for all decisions and for interpretations under Article 54.

二、成员应向银行提供银行为履行职能而合理要求成员提供的信息。

2. Members shall furnish the Bank with such information it may reasonably request of them in order to facilitate the performance of its functions.

三、银行应向其成员发送包括经审计账目报表的年度报告，并应公布上述报告。银行还应每季度向其成员发送银行财务状况总表及损益表，说明其业务经营状况。

3. The Bank shall transmit to its members an annual report containing an audited statement of its accounts and shall publish such report. It shall also transmit quarterly to its members a summary statement of its financial position and a profit and loss statement showing the results of its operations.

四、银行应制定信息披露政策，以推动提高业务透明度。在银行认为对履行其宗旨与职能有益的情况下，可公布相关报告。

4. The Bank shall establish a policy on the disclosure of information in order to promote transparency in its operations. The Bank may publish such reports as it deems desirable in the carrying out of its purpose and functions.

第三十五条　与成员及国际组织的合作

Article 35　Cooperation with Members and International Organizations

一、银行应与所有成员保持紧密合作，并在本协定条款范围内以其认为合适的方式，与其他国际金融机构及参与本地区经济发展或银行业务领域的国际机构紧密合作。

1. The Bank shall work in close cooperation with all its members, and, in such manner as it may deem appropriate within the terms of this Agreement, with other international financial institutions, and international organizations concerned with the economic development of the region or the Bank's operational areas.

二、为实现与本协定一致的宗旨，经董事会批准，银行可与此类组织缔结合作安排。

2. The Bank may enter into arrangements with such organizations for purposes consistent with this Agreement, with the approval of the Board of Directors.

第三十六条　指称

Article 36　References

一、本协定中凡提及"条款"或"附件"，除非另外说明，皆指称本协定的条款和附件。

1. References in this Agreement to Article or Schedule refer to Articles and Schedules of this Agreement, unless otherwise specified.

二、本协定中对具体性别的指称，同等适用于任何性别。

2. References in this Agreement to a specific gender shall be equally applicable to any gender.

第七章　成员退出和资格中止
CHAPTER VII　WITHDRAWAL AND SUSPENSION OF MEMBERS

第三十七条　成员退出
Article 37　Withdrawal of Membership

一、任何成员均可随时以书面形式通知银行总部退出银行。

1. Any member may withdraw from the Bank at any time by delivering a notice in writing to the Bank at its principal office.

二、自通知指明的日期起，但该日期不得早于银行收到该通知之日起六个月内，该成员退出即应生效，该成员之成员资格即应终止。但在退出最终生效前，该成员可随时以书面形式通知银行撤回其退出意向通知。

2. Withdrawal by a member shall become effective, and its membership shall cease, on the date specified in its notice but in no event less than six (6) months after the date that notice has been received by the Bank. However, at any time before the withdrawal becomes finally effective, the member may notify the Bank in writing of the cancellation of its notice of intention to withdraw.

三、正在履行退出程序的成员对其在递交退出通知之日对银行负有的所有直接与或有债务继续负有责任。如退出最终生效，则该成员对银行在收到退出通知之日以后开展业务所引发的债务不承担任何责任。

3. A withdrawing member shall remain liable for all direct and contingent obligations to the Bank to which it was subject at the date of delivery of the withdrawal notice. If the withdrawal becomes finally effective, the member shall not incur any liability for obligations resulting from operations of the Bank effected after the date on which the withdrawal notice was received by the Bank.

第三十八条　成员资格中止
Article 38　Suspension of Membership

一、成员如不履行其对银行的义务，理事会可依照第二十八条规定经超级多数投票通过，中止其成员资格。

1. If a member fails to fulfill any of its obligations to the Bank, the Board of Gov-

ernors may suspend such member by a Super Majority vote as provided in Article 28.

二、中止满一年后，该成员的银行成员资格自动终止，除非理事会在此一年内依照第二十八条规定经超级多数投票通过，同意恢复该成员的成员资格。

2. The member so suspended shall automatically cease to be a member one（1）year from the date of its suspension, unless the Board of Governors decides by a Super Majority vote as provided in Article 28 to restore the member to good standing.

三、在成员资格中止期间，该成员除退出权外，无权行使本协定规定的任何权利，但将继续承担其全部义务。

3. While under suspension, a member shall not be entitled to exercise any rights under this Agreement, except the right of withdrawal, but shall remain subject to all its obligations.

第三十九条　账目清算
Article 39　Settlement of Accounts

一、在成员资格终止之日后，该成员继续对其对银行的直接债务承担责任，并对成员资格终止前与银行所签订的贷款、担保、股权投资或依照第十一条第二款第（六）项规定的其他融资方式（以下简称"其他融资"）合同中尚未偿清部分形成的或有债务承担责任。但对成员资格终止后银行开展的贷款、担保、股权投资或其他融资不再承担债务责任，也不再分享银行收入或分担其支出。

1. After the date on which a country ceases to be a member, it shall remain liable for its direct obligations to the Bank and for its contingent liabilities to the Bank so long as any part of the loans, guarantees, equity investments or other forms of financing under paragraph 2（vi）of Article 11（hereinafter, other financing）contracted before it ceased to be a member is outstanding, but it shall not incur liabilities with respect to loans, guarantees, equity investments or other 21 financing entered into thereafter by the Bank nor share either in the income or the expenses of the Bank.

二、在终止成员资格时，银行应依照本条第三款和第四款规定，对回购该国股份做出安排，作为与其清算账目的一部分。为此，股份回购价格应是该国终止成员资格当日银行账面所显示之价值。

2. At the time a country ceases to be a member, the Bank shall arrange for the re-

purchase of such country's shares by the Bank as a part of the settlement of accounts with such country in accordance with the provisions of paragraphs 3 and 4 of this Article. For this purpose, the repurchase price of the shares shall be the value shown by the books of the Bank on the date the country ceases to be a member.

三、银行依照本条回购股份时，应按照以下条件进行：

3. The payment for shares repurchased by the Bank under this Article shall be governed by the following conditions：

（一）在该国、其中央银行或其机构、单位或行政部门作为借款人、担保人或其他合同方仍对银行的股权投资或其他融资负有责任时，银行应从应付给该国的股份回购资金中予以扣除，并在此类债务到期时有权用所扣款项做出抵偿。但不得对该国因本协定第六条第三款规定的待缴股份所形成的或有负债扣留款项。因回购股份而应付给成员的款项，在任何情况下都只能在该国终止成员资格六个月之后方予支付。

（i）Any amount due to the country concerned for its shares shall be withheld so long as that country, its central bank or any of its agencies, instrumentalities or political subdivisions remains liable, as borrower, guarantor or other contracting party with respect to equity investment or other financing, to the Bank and such amount may, at the option of the Bank, be applied on any such liability as it matures. No amount shall be withheld on account of the contingent liability of the country for future calls on its subscription for shares in accordance with paragraph 3 of Article 6. In any event, no amount due to a member for its shares shall be paid until six (6) months after the date on which the country ceases to be a member.

（二）按照本条第二款规定的股份回购价格回购股份时，当应付给成员的金额超过本款第（一）项中所指的到期应偿还贷款、担保、股权投资和其他融资的负债总额时，超出部分可在收到该国的相应股票凭证后随时支付，直至该国收回其股份回购的全部款项。

（ii）Payments for shares may be made from time to time, upon surrender of the corresponding stock certificates by the country concerned, to the extent by which the amount due as the repurchase price in accordance with paragraph 2 of this Article exceeds the aggregate amount of liabilities, on loans, guarantees, equity investments and other financing referred to in sub-paragraph (i) of this paragraph, until the former member has received the full repurchase price.

（三）付款使用的货币，由银行综合考虑其财务状况后决定。

(iii) Payments shall be made in such available currencies as the Bank determines, taking into account its financial position.

（四）在成员资格终止之日，该国仍持有的对银行任何未偿清贷款、担保、股权投资或其他融资，如蒙受损失且损失金额超过资格终止当日银行计提的损失准备金金额，应银行要求，该国应交还确定回购金额时如考虑上述损失而应相应减少的回购金额部分。此外，该国应依照本协定第六条第三款继续对该国认缴股份中未缴付部分承担缴付责任，其应缴付款额，与银行决定股份回购价格时如出现资本亏损且要求所有成员缴付待缴股份情况下的款额相同。

(iv) If losses are sustained by the Bank on any loans, guarantees, equity investments or other financing which were outstanding on the date when a country ceased to be a member and the amount of such losses exceeds the amount of the reserve provided against losses on that date, the country concerned shall repay, upon demand, the amount by which the repurchase price of its shares would have been reduced if the losses had been taken into account when the repurchase price was determined. In addition, the former member shall remain liable on any call for unpaid subscriptions in accordance with paragraph 3 of Article 6, to the same extent that it would have been required to respond if the impairment of capital had occurred 22 and the call had been made at the time the repurchase price of its shares was determined.

四、如银行在任何国家终止成员资格后的六个月内，依照本协定第四十一条终止业务，该国的一切权利应依照本协定第四十一至四十三条中的规定予以确定。对上述规定而言，该国仍应被视作成员，但无投票权。

4. If the Bank terminates its operations pursuant to Article 41 within six (6) months of the date upon which any country ceases to be a member, all rights of the country concerned shall be determined in accordance with the provisions of Articles 41 to 43. Such country shall be considered as still a member for purposes of such Articles

but shall have no voting rights.

第八章　银行业务中止与终止
CHAPTER VIII　SUSPENSION AND TERMINATION
OF OPERATIONS OF THE BANK

第四十条　业务暂时中止

Article 40　Temporary Suspension of Operations

在紧急情况下，董事会在等待理事会做出进一步考虑和采取进一步行动之前，可暂停发放新的贷款、担保、股权投资和依照第十一条第二款第（六）项开展的其他形式的融资业务。

In an emergency, the Board of Directors may temporarily suspend operations in respect of new loans, guarantees, equity investment and other forms of financing under sub-paragraph 2 (vi) of Article 11, pending an opportunity for further consideration and action by the Board of Governors.

第四十一条　业务终止

Article 41　Termination of Operations

一、依照第二十八条规定，经理事会超级多数投票通过决议，银行可终止银行业务。

1. The Bank may terminate its operations by a resolution of the Board of Governors approved by a Super Majority vote as provided in Article 28.

二、业务终止后，除有序变卖、保护和保存资产以及清偿债务相关的活动外，银行应立即停止一切活动。

2. After such termination, the Bank shall forthwith cease all activities, except those incident to the orderly realization, conservation and preservation of its assets and settlement of its obligations.

第四十二条　成员债务与债权支付

Article 42　Liability of Members and Payments of Claims

一、银行终止业务后，所有成员应继续承担对银行待缴股本的认缴责任以及因成员货币贬值导致的债务，直至债权人的所有债权，包括或有债权，都已全部清偿为止。

1. In the event of termination of the operation of the Bank, the liability of all members for uncalled subscriptions to the capital stock of the Bank and in respect of the depreciation of their currencies shall continue until all claims of creditors, including all contingent claims, shall have been discharged.

二、持有直接债权的所有债权人应首先从银行资产中得到偿付，然后从银行应收款项或未缴及待缴股本金中偿付。在对持有直接债权的债权人进行任何偿付之前，董事会应根据自身判断做出必要的安排，确保所有直接债权和或有债权持有人按比例得到偿付。

2. All creditors holding direct claims shall first be paid out of the assets of the Bank and then out of payments to the Bank or unpaid or callable subscriptions. Before making any payments to creditors holding direct claims, the Board of Directors shall make such arrangements as are necessary, in its judgment, to ensure a pro rata distribution among holders of direct and contingent claims.

第四十三条　资产分配

Article 43　Distribution of Assets

一、基于各成员认缴的银行股本分配资产，必须：

1. No distribution of assets shall be made to members on account of their subscriptions to the capital stock of the Bank until:

（一）在对债权人的所有负债清偿完毕或做出安排之后方可进行；并且

（i）all liabilities to creditors have been discharged or provided for; and

（二）理事会依照第二十八条规定，经超级多数投票通过，决定进行上述分配。

（ii）the Board of Governors has decided, by a Super Majority vote as provided in Article 28, to make such distribution.

二、银行向成员分配资产，应与各成员持有的股本成比例，并应在银行认为公正平等的时间和条件下生效。各种资产类型间的分配比例不必一致。任何成员在结清对银行的所有债务之前，无权获得资产分配。

2. Any distribution of the assets of the Bank to the members shall be in proportion to the capital stock held by each member and shall be effected at such times and under such conditions as the Bank shall deem fair and equitable. The shares of assets distributed need not be uniform as to type of asset. No member shall be entitled to receive its share in such a distribution of assets until it has settled all of its obligations to the Bank.

三、任何成员依照本条获得资产分配时，其对所分配资产享有的权利，应与分配前银行对这些资产享有的权利相同。

3. Any member receiving assets distributed pursuant to this Article shall enjoy the same rights with respect to such assets as the Bank enjoyed prior to their distribution.

第九章　法律地位、豁免权、特权及免税权
CHAPTER IX　STATUS, IMMUNITIES, PRIVILEGES AND EXEMPTIONS

第四十四条　本章目的
Article 44　Purposes of Chapter

一、为使银行能有效地实现其宗旨，履行其所担负的职责，银行在各成员境内享有本章所规定的法律地位、豁免权、特权及免税权。

1. To enable the Bank to fulfill its purpose and carry out the functions entrusted to it, the status, immunities, privileges and exemptions set forth in this Chapter shall be accorded to the Bank in the territory of each member.

二、各成员应迅速采取必要的行动，使本章各项规定在其境内生效，并将已采取的行动通知银行。

2. Each member shall promptly take such action as is necessary to make effective in its own territory the provisions set forth in this Chapter and shall inform the Bank of the action which it has taken.

第四十五条　银行法律地位
Article 45　Status of the Bank

银行具有完整的法律人格，特别是具备以下完整的法律能力：

The Bank shall possess full juridical personality and, in particular, the full legal capacity：

（一）签订合同；

（i）to contract；

（二）取得与处置动产和不动产；

（ii）to acquire, and dispose of, immovable and movable property；

（三）提起和应对法律诉讼；

（iii）to institute and respond to legal proceedings；and

（四）为实现宗旨和开展活动采取的其他必要或有用的行动。

（iv）to take such other action as may be necessary or useful for its purpose and activities.

第四十六条　司法程序豁免

Article 46　Immunity from Judicial Proceedings

一、银行对一切形式的法律程序均享受豁免，但银行为筹资而通过借款或其他形式行使的筹资权、债务担保权、买卖或承销债券权而引起的案件，或者与银行行使这些权力有关的案件，银行不享有豁免。凡属这类案件，在银行设有办公室的国家境内，或在银行已任命代理人专门接受诉讼传票或通知的国家境内，或者在已发行或担保债券的国家境内，可向有充分管辖权的主管法院对银行提起诉讼。

1. The Bank shall enjoy immunity from every form of legal process, except in cases arising out of or in connection with the exercise of its powers to raise funds, through borrowings or other means, to guarantee obligations, or to buy and sell or underwrite the sale of securities, in which cases actions may be brought against the Bank only in a court of competent jurisdiction in the territory of a country in which the Bank has an office, or has appointed an agent for the purpose of accepting service or notice of process, or has issued or guaranteed securities.

二、尽管有本条第一款的各项规定，但任何成员、成员的任何代理机构或执行机构、任何直接或间接代表一个成员或成员的机构或单位的实体或个人、任何直接或间接从成员或成员的机构或单位获得债权的实体或个人，均不得对银行提起诉讼。成员应采用本协定、银行的细则及各种规章或与银行签订的合同中可能规定的特别程序，来解决银行与成员之间的争端。

2. Notwithstanding the provisions of paragraph 1 of this Article, no action shall be brought against the Bank by any member, or by any agency or instrumentality of a member, or by any entity or person directly or indirectly acting for or deriving claims from a member or from any agency or instrumentality of a member. Members shall have recourse to such special procedures for the settlement of controversies between the Bank and its members as may be prescribed in this Agreement, in the by-laws and regulations of the Bank, or in the contracts entered into with the Bank.

三、银行的财产和资产，不论在何地和由何人所持有，在对银行做出最后裁决之前，均不得施以任何形式的没收、查封或强制执行。

3. Property and assets of the Bank shall, wheresoever located and by whomsoever held, be immune from all forms of seizure, attachment or execution before the delivery of final judgment against the Bank.

第四十七条　资产和档案的豁免

Article 47　Immunity of Assets and Archives

一、银行的财产和资产，不论在何地和由何人所持有，均应免于任何行政或司法的搜查、征用、充公、没收或任何其他形式的占用或禁止赎回。

1. Property and assets of the Bank, wheresoever located and by whomsoever held, shall be immune from search, requisition, confiscation, expropriation or any other form of taking or foreclosure by executive or legislative action.

二、银行的档案及属于银行或由银行持有的所有文件，不论存放于何地和由何人持有，均不得侵犯。

2. The archives of the Bank, and, in general, all documents belonging to it, or held by it, shall be inviolable, wheresoever located and by whomsoever held.

第四十八条　资产免受限制

Article 48　Freedom of Assets from Restrictions

在有效实施银行宗旨和职能所需范围内，并在遵照本协定规定的情况下，银行的一切财产和资产不受任何性质的限制、管理、管制和延缓偿付的约束。

To the extent necessary to carry out the purpose and functions of the Bank effectively, and subject to the provisions of this Agreement, all property and assets of the Bank shall be free from restrictions, regulations, controls and moratoria of any nature.

第四十九条 通讯特权

Article 49　Privilege for Communications

成员给予银行的官方通讯待遇，应与其给予其他成员的官方通讯待遇相同。

Official communications of the Bank shall be accorded by each member the same treatment that it accords to the official communications of any other member.

第五十条 银行高级职员和普通职员的豁免与特权

Article 50　Immunities and Privileges of Officers and Employees

银行的全体理事、董事、副理事、副董事、行长、副行长及高级职员和普通职员，包括为银行履行职能或提供服务的专家和咨询顾问，应享有以下豁免和特权：

All Governors, Directors, Alternates, the President, Vice-Presidents and other officers and employees of the Bank, including experts and consultants performing missions or services for the Bank：

（一）对于其以公务身份从事的行为应享有法律程序的豁免，除非银行主动放弃此项豁免，且其持有的官方文件、文档和记录不可侵犯；

(i) shall be immune from legal process with respect to acts performed by them in their official capacity, except when the Bank waives the immunity and shall enjoy inviolability of all their official papers, documents and records；

（二）若其不是所在国公民或国民，则其在入境限制、外国人登记要求和国民服役方面享有豁免权，并在外汇管制方面享有该成员给予其他成员同等级别的代表、官员和职员的同样的便利；

(ii) where they are not local citizens or nationals, shall be accorded the same immunities from immigration restrictions, alien registration requirements and national service obligations, and the same facilities as regards exchange regulations, as are accorded by members to the representatives, officials and employees of comparable rank of other members; and

（三）在差旅期间享受的便利应与该成员给予其他成员同等级别的代表、官员和职员的待遇相同。

（iii） shall be granted the same treatment in respect of travelling facilities as is accorded by members to representatives, officials and employees of comparable rank of other members.

第五十一条　税收免除

Article 51　Exemption from Taxation

一、银行及其根据本协定拥有的资产、财产、收益、业务和交易，应免除一切税收和关税，并应免除银行缴纳、代扣代缴或征收任何税收或关税的义务。

1. The Bank, its assets, property, income and its operations and transactions pursuant to this Agreement, shall be exempt from all taxation and from all customs duties. The Bank shall also be exempt from any obligation for the payment, withholding or collection of any tax or duty.

二、对银行给付董事、副董事、行长、副行长以及其他高级职员和普通职员，包括为银行履行职能或提供服务的专家和咨询顾问的薪资、报酬和费用不予征税。除非成员在递交批准书、接受书或核准书时，声明该成员及其行政部门对银行向该成员公民或国民支付的薪资和报酬保留征税的权利。

2. No tax of any kind shall be levied on or in respect of salaries, emoluments and expenses, as the case may be, paid by the Bank to Directors, Alternate Directors, the President, Vice-Presidents and other officers or employees of the Bank, including experts and consultants performing missions or services for the Bank, except where a member deposits with its instrument of ratification, acceptance, or approval a declaration that such member retains for itself and its political subdivisions the right to tax salaries, and emoluments, as the case may be, paid by the Bank to citizens or nationals of such member.

三、对于银行发行的任何债券或证券，包括与此有关的红利和利息，不论由何人持有，均不得因下列原因而征收任何种类的税收：

3. No tax of any kind shall be levied on any obligation or security issued by the Bank, including any dividend or interest thereon, by whomsoever held：

（一）仅因为此类债券或证券是由银行发行而加以歧视；或

(ⅰ) which discriminates against such obligation or security solely because it is issued by the Bank; or

（二）仅以该项债券或证券的发行、兑付或支付的地点或所使用的货币种类，或因银行设立办公室或开展业务的地点为行使税收管辖权的唯一依据而征税。

(ⅱ) if the sole jurisdictional basis for such taxation is the place or currency in which it is issued, made payable or paid, or the location of any office or place of business maintained by the Bank.

四、对于银行担保的任何债券或证券，包括有关的红利和利息，不论由何人持有，均不得因下列原因而征收任何种类的税收：

4. No tax of any kind shall be levied on any obligation or security guaranteed by the Bank, including any dividend or interest thereon, by whomsoever held:

（一）仅因为此类债券或证券是由银行担保而加以歧视；或

(ⅰ) which discriminates against such obligation or security solely because it is guaranteed by the Bank; or

（二）仅以银行设立办公室或开展业务的地点为行使税收管辖权的唯一依据而征税。

(ⅱ) if the sole jurisdictional basis for such taxation is the location of any office or place of business maintained by the Bank.

第五十二条　放弃豁免
Article 52　Waivers

一、银行可自行决定在任何情况或事例中，以其认为最有利于银行的方式和条件，放弃本章赋予其的任何特权、豁免和免税权。

1. The Bank at its discretion may waive any of the privileges, immunities and exemptions conferred under this Chapter in any case or instance, in such manner and upon such conditions as it may determine to be appropriate in the best interests of the Bank.

第十章 修改、解释和仲裁
CHAPTER X AMENDMENT, INTERPRETATION AND ARBITRATION

第五十三条 修改
Article 53 Amendments

一、本协定只有在理事会依照第二十八条规定经超级多数投票通过决议后方可进行修改。

1. This Agreement may be amended only by a resolution of the Board of Governors approved by a Super Majority vote as provided in Article 28.

二、虽有本条第一款的规定，但对以下各项的修改须经理事会全票通过后方可进行：

2. Notwithstanding the provisions of paragraph 1 of this Article, the unanimous agreement of the Board of Governors shall be required for the approval of any amendment modifying：

（一）退出银行的权利；

（ⅰ）the right to withdraw from the Bank；

（二）第七条第三款和第四款规定的对负债的各种限制；及

（ⅱ）the limitations on liability provided in paragraphs 3 and 4 of Article 7；and

（三）第五条第四款规定的关于购买股本的各项权利。

（ⅲ）the rights pertaining to purchase of capital stock provided in paragraph 4 of Article 5.

三、有关本协定的任何修改建议，不论是由成员还是董事会提出，均应送交理事会主席，再由其提交理事会。相关修订一经通过，银行应以正式函件形式通知所有成员。该修订也将于正式函件发出之日起三个月后对所有成员生效，但理事会在正式函件中另外有规定者不受此限。

3. Any proposal to amend this Agreement, whether emanating from a member or the Board of Directors, shall be communicated to the Chairman of the Board of Governors, who shall bring the proposal before the Board of Governors. When an amendment has been adopted, the Bank shall so certify in an official communication addressed to

all members. Amendments shall enter into force for all members three (3) months after the date of the official communication unless the Board of Governors specifies therein a different period.

第五十四条　解释
Article 54　Interpretation

一、成员与银行之间或成员之间在解释或实施本协定规定发生疑问时，应提交董事会决定。如董事会审议的问题与某个成员有特殊关系而董事会无该成员国籍的董事时，该成员有权派代表直接参加董事会会议，但该代表没有投票权。该代表的权利应由董事会规定。

1. Any question of interpretation or application of the provisions of this Agreement arising between any member and the Bank, or between two or more members of the Bank, shall be submitted to the Board of Directors for decision. If there is no Director of its nationality on that Board, a member particularly affected by the question under consideration shall be entitled to direct representation in the Board of Directors during such consideration; the representative of such member shall, however, have no vote. Such right of representation shall be regulated by the Board of Governors.

二、董事会做出本条第一款下的决定后，任何成员仍可要求将问题提交理事会讨论，由理事会做出最终裁决。在理事会做出裁决之前，如果银行认为必要，可根据董事会的决定行事。

2. In any case where the Board of Directors has given a decision under paragraph 1 of this Article, any member may require that the question be referred to the Board of Governors, whose decision shall be final. Pending the decision of the Board of Governors, the Bank may, so far as it deems necessary, act on the basis of the decision of the Board of Directors.

第五十五条　仲裁
Article 55　Arbitration

在银行与已终止成员资格的国家之间，或者在银行通过终止银行业务的决议之后银行与成员之间发生争议，应提交由三名仲裁员组成的法庭进行仲裁。仲裁员中，一名由银行任命；一名由涉事国家任命；除双方另有协定外，第三名由国际法院院长或银行理事会通过的规章中规定的其他当局指定。仲裁员以简单多数做出决定，该仲裁决定为最终裁决，对双方均有约束力。双方在程序问题上有争议时，第三名仲裁员应有权处理全部程序问题。

If a disagreement should arise between the Bank and a country which has ceased to be a member, or between the Bank and any member after adoption of a resolution to terminate the operations of the Bank, such disagreement shall be submitted to arbitration by a tribunal of three arbitrators. One of the arbitrators shall be appointed by the Bank, another by the country concerned, and the third, unless the parties otherwise agree, by the President of the International Court of Justice or such other authority as may have been prescribed by regulations adopted by the Board of Governors. A majority vote of the arbitrators shall be sufficient to reach a decision which shall be final and binding upon the parties. The third arbitrator shall be empowered to settle all questions of procedure in any case where the parties are in disagreement with respect thereto.

第五十六条　默许同意

Article 56　Approval Deemed Given

除本协定第五十三条第二款所列情况之外，银行采取任何行动前，如需征得任何成员同意，应将拟议中的行动通知该成员。如该成员未在银行通知中规定的合理时间内提出反对意见，即应视为业已获得该成员的同意。

Whenever the approval of any member is required before any act may be done by the Bank except under paragraph 2 of Article 53, approval shall be deemed to have been given unless the member presents an objection within such reasonable period as the Bank may fix in notifying the member of the proposed act.

第十一章　最后条款
CHAPTER XI　FINAL PROVISIONS

第五十七条　签署和保存

Article 57　Signature and Deposit

一、本协定由中华人民共和国政府（以下简称"保存人"）保存，本协定附件一所列各国政府应在二〇一五年十二月三十一日前完成签署。

1. This Agreement, deposited with the Government of the People's Republic of China (hereinafter called the "Depository"), shall remain open until December 31, 2015 for signature by the Governments of countries whose names are set forth in Schedule A.

二、保存人应将本协定经过核定无误的副本寄给所有签署方及其他已成为银行成员的国家。

2. The Depository shall send certified copies of this Agreement to all the Signatories and other countries which become members of the Bank.

第五十八条　批准、接受或核准

Article 58　Ratification, Acceptance or Approval

一、本协定须经签署方批准、接受或核准。批准书、接受书或核准书应于二〇一六年十二月三十一日之前向保存人交存，或如有必要，在理事会依照本协定第二十八条规定经特别多数投票通过的稍晚日期之前向保存人交存。保存人应及时将每次交存及交存日期通知其他签署方。

1. This Agreement shall be subject to ratification, acceptance or approval by the Signatories. Instruments of ratification, acceptance or approval shall be deposited with the Depository not later than December 31, 2016, or if necessary, until such later date as may be decided by the Board of Governors by a Special Majority vote as provided in Article 28. The Depository shall duly notify the other Signatories of each deposit and the date thereof.

二、在本协定生效日之前交存批准书、接受书或核准书的签署方，在协定生效之日成为银行成员。任何其他履行本条第一款规定的签署方，在交存批准书、接受书或核准书之日起成为银行成员。

2. A Signatory whose instrument of ratification, acceptance or approval is deposited before the date on which this Agreement enters into force, shall become a member of the Bank, on that date. Any other Signatory which complies with the provisions of the preceding paragraph, shall become a member of the Bank on the date on which its instrument of ratification, acceptance or approval is deposited.

第五十九条　生效

Article 59　Entry into Force

至少有十个签署方已交存批准书、接受书或核准书，且签署方在本协定附件一列出初始认缴股本的加总数额不少于认缴股本总额的百分之五十，本协定即告生效。

This Agreement shall enter into force when instruments of ratification, acceptance or approval have been deposited by at least ten (10) Signatories whose initial subscriptions, as set forth in Schedule A to this Agreement, in the aggregate comprise not less than fifty (50) per cent of total of such subscriptions.

第六十条　首次会议和开业

Article 60　Inaugural Meeting and Commencement of Operations

一、本协定一经生效，每个成员均应任命一名理事，保存人应即召集首次理事会会议。

1. As soon as this Agreement enters into force, each member shall appoint a Governor, and the Depository shall call the inaugural meeting of the Board of Governors.

二、在首次会议上，理事会应：

2. At its inaugural meeting, the Board of Governors:

（一）选举行长；

(i) shall elect the President;

（二）依照本协定第二十五条第一款规定选举银行董事，考虑到成员数量和尚未成为成员的签署方数量，理事会可决定，在最初不超过两年的时间内，选举较少数量的董事。

(ii) shall elect the Directors of the Bank in accordance with paragraph 1 of Article 25, provided that the Board of Governors may decide to elect fewer Directors for an initial period shorter than two years in consideration of the number of members and Signatories which have not yet become members;

（三）对银行开业日期做出安排；及

(iii) shall make arrangements for the determination of the date on which the Bank shall commence its operations; and

（四）为准备银行开业做出其他必要安排。

(ⅳ) shall make such other arrangements as necessary to prepare for the commencement of the Bank's operations.

三、银行应将其开业日期通知各成员。

3. The Bank shall notify its members of the date of the commencement of its operations.

本协定于二〇一五年六月二十九日在中华人民共和国北京签署，仅一份正本，交存保存人；文本分别以英文、中文和法文写成，同等作准。

DONE at Beijing, People's Republic of China on June 29, 2015, in a single original deposited in the archives of the Depository, whose English, Chinese and French texts are equally authentic.

（中英文来源：财政部网站）

附件 1：

依照第五十八条可成为银行成员的
国家法定股本初始认缴额

	股份数量	认缴股本（单位：百万美元）		股份数量	认缴股本（单位：百万美元）
第一部分：域内成员					
澳大利亚	36 912	3691.2	柬埔寨	623	62.3
阿塞拜疆	2541	254.1	中国	297 804	29 780.4
孟加拉国	6605	660.5	格鲁吉亚	539	53.9
文莱	524	52.4	印度	83 673	8367.3
印度尼西亚	33 607	3360.7	阿曼	2592	259.2
伊朗	15 808	1580.8	巴基斯坦	10 341	1034.1
以色列	7499	749.9	菲律宾	9791	979.1
约旦	1192	119.2	卡塔尔	6044	604.4
哈萨克斯坦	7293	729.3	俄罗斯	65 362	6536.2
大韩民国	37 388	3738.8	沙特阿拉伯	25 446	2544.6
科威特	5360	536.0	新加坡	2500	250.0
吉尔吉斯斯坦	268	26.8	斯里兰卡	2690	269.0
老挝	430	43.0	塔吉克斯坦	309	30.9
马来西亚	1095	109.5	泰国	14 275	1427.5
马尔代夫	72	7.2	土耳其	26 099	2609.9
蒙古	411	41.1	阿联酋	11 857	1185.7
缅甸	2645	264.5	乌兹别克斯坦	2198	219.8
尼泊尔	809	80.9	越南	6633	663.3
新西兰	4615	461.5	未分配股份	16,150	1615.0
			合　计	750 000	75 000.0

	股份数量	认缴股本（单位：百万美元）		股份数量	认缴股本（单位：百万美元）
第二部分:域外成员					
奥地利	5008	500.8	荷兰	10 313	1031.3
巴西	31 810	3181.0	挪威	5506	550.6
丹麦	3695	369.5	波兰	8318	831.8
埃及	6505	650.5	葡萄牙	650	65.0
芬兰	3103	310.3	南非	5905	590.5
法国	33 756	3375.6	西班牙	17 615	1761.5
德国	44 842	4484.2	瑞典	6300	630.0
冰岛	176	17.6	瑞士	7064	706.4
意大利	25 718	2571.8	英国	30 547	3054.7
卢森堡	697	69.7	未分配股份	2336	233.6
马耳他	136	13.6	合　计	250 000	25 000.0
			总　计	1 000 000	100 000.0

附件 2:

选举董事

理事会应依照以下规定制定历次董事的选举规则:

一、选区:每个选区的董事应代表一个或多个成员。每个选区的投票权总数应包括该选区董事依照本协定第二十八条第三款规定所享有的所有投票权。

二、选区投票权:在每次选举中,理事会应为即将由域内理事选出的董事(域内董事)所代表的域内选区设定最低选区投票权百分比,为即将由域外理事选出的董事(域外董事)所代表的域外选区设定最低选区投票权百分比。

(一)域内董事当选的最低百分比,应为其享有的投票权占代表域内成员参与投票的理事(域内理事)投票权总数的一定百分比。域内董事当选的初始最低百分比为 6%。

（二）域外董事当选的最低百分比，应为其享有的投票权占代表域外成员参与投票的理事（域外理事）投票权总数的一定百分比。域外董事当选的初始最低百分比为 15%。

三、调整百分比：如需依照下述第七段规定进行多轮投票，为调整不同选区的投票权，理事会应在每次选举时，分别为域内董事和域外董事设定当选的调整百分比。每个调整百分比应高于其相对应的最低百分比。

（一）域内董事的调整百分比应设定为其享有的投票权占域内理事投票权总数的一定百分比。域内董事当选的初始调整百分比为 15%。

（二）域外董事的调整百分比，应设定为其享有的投票权占域外理事投票权总数的一定百分比。域外董事当选的初始调整百分比为 60%。

四、候选人数量：每次选举时，理事会应依照本协定第二十五条第二款决定的董事会规模和组成，确定域内董事和域外董事的数量。

（一）域内董事的初始数量为九名。

（二）域外董事的初始数量为三名。

五、提名：每位理事只能提名一人。域内董事的候选人应由域内理事提名，域外董事的候选人应由域外理事提名。

六、投票：依照本协定第二十八条第一款规定，每位理事应将其所代表成员的全部投票权投予一个候选人。域内董事应由域内理事投票选出。域外董事应由域外理事投票选出。

七、第一轮投票：在第一轮投票中，得票最多且达到选举董事票数要求的候选人当选为董事，为此，候选人所得票数应达到适用的最低百分比要求。

（一）如果在第一轮投票中，没有选举出规定数量的董事，且候选人数量等于待选出董事的数量，理事会应就后续行动做出决定，视情完成域内董事或域外董事的选举。

八、后续投票：如果在第一轮投票中没有选举出规定数量的董事，且候选人数量多于待选出董事的数量，应继续进行必要轮次投票。后续的投票规则如下：

（一）在前一轮投票中得票最少的候选人，不再参加下轮投票。

（二）可进行投票的只有：1. 在上一轮投票中，所投候选人没有当选的理事；2. 所投候选人当选，但依照下述第（三）点，其所投票数使该当选者所得票数超过适用的调整百分比的理事。

（三）应按照票数降序，将每位候选人得到的理事票数依次加总，直至超过适用的调整百分比。被计入该投票权加总计算的理事，应被认为将其所有投票权投予该董事，包括其投票使该候选人所得总票数超过调整百分比的理事。没有计入该投票权加总计算的理事，应被认为使得候选人所得票数超过调整百分比，这些理事的投票权不应计入对该候选人的投票。这些理事可以在下一轮选举中进行投票。

（四）如果在接下来的投票中，只剩下一名董事未选出，可用所有剩余的票数以简单多数的方式进行选举。这些剩余的票数应被视为全部投予最后一名选出的董事。

九、委派投票：任何没有参加选举投票的理事，或者其投票没有计入当选董事票数的理事，可在征得选举某当选董事的所有理事同意后，将其投票权委派给该董事。

十、创始成员特权：理事在提名董事和进行投票时，以及董事在任命副董事时应尊重以下原则，即每个创始成员应有权在其选区内永久担任或轮流担任董事或副董事。

附录 2
首席谈判代表
《关于亚洲基础设施投资银行协定的报告》

亚洲基础设施投资银行（以下简称"亚投行"）是由中国倡导、有关各方在 2014 年 10 月 24 日签署《筹建亚洲基础设施投资银行备忘录》（以下简称"备忘录"）后筹建成立的，主要是基于对基础设施在亚洲发展中重要性的认识和亚洲地区在长期基础设施融资方面存在的巨额缺口。

备忘录签署方举行了特别财长会，为亚投行筹建工作建立了议事机制，即由备忘录各签署方派代表参与的"首席谈判代表会议"。备忘录签署方及之后确认的国家均为亚投行意向创始成员，将在签署并批准《亚洲基础设施投资银行协定》（以下简称"协定"）后成为亚投行创始成员。

第一次首席谈判代表会议于 2014 年 11 月在中国昆明举行；第二次首席谈判代表会议于 2015 年 1 月在印度孟买举行，印度担任会议联合主席；第三次首席谈判代表会议于 2015 年 3 月在哈萨克斯坦阿拉木图举行，哈萨克斯坦担任会议联合主席；第四次首席谈判代表会议于 2015 年 4 月在中国北京举行；第五次首席谈判代表会议于 2015 年 5 月在新加坡举行，新加坡担任会议联合主席。《亚洲基础设施投资银行协定》的最终文本于 2015 年 5 月 22 日在新加坡会议上通过。

在协定草案谈判过程中，与会代表们认为对文本中的某些表述所形成的共同理解，应予记录在案。因此，各方同意以报告的形式记录上述共同理解，并纳入亚投行基本文件，用于将来解释协定时备查。后附解释性段落由此而来。

筹建亚洲基础设施投资银行各国首席谈判代表
（2015 年 5 月 22 日于新加坡）

解释性文件：

前言：代表们强调，银行是为促进亚洲持续和稳定增长而建立的多边金融机构。

第一条第二款：代表们注意到，在考虑"亚洲"和"本区域"的定义时，联合国为统计目的而指定的"亚洲"和"大洋洲"的描述可作为基础。该描述链接为：http：//unstats. un. org/unsd/methods/m49/m49regin. htm。

代表们进一步注意到，理事会今后可根据需要依照第一条第二款的规定对区域分类做出决定，并依照第三条第二款对新成员做出决定。

第五条第二、三款：代表们认为，将来理事会可行使一定灵活性，依照第二、三款规定将域内成员的持股比例降低至 75% 以下。代表们同意，域内成员的总股份不得低于 70%，这是保持银行区域特性的重要体现。考虑到将有其他域内或域外成员加入，代表们注意到，在附件一中，已分别在域内成员（第一部分）和域外成员（第二部分）两个类别中分别标注未分配股份。

第五条第四款：代表们注意到，成员股本分配的基本参数为成员经济体量在全球经济总量中的相对比重，并在域内和域外两个类别中按照此原则分别进行计算。成员在全球经济中的比重按照国内生产总值（GDP）计算，且该指标对于域外成员仅具有参考意义。

代表们还注意到，理事会对总股本进行审议的结果并不一定要求增资，任何增资均需理事会依照第四条第三款予以批准。

第六条第五款：代表们同意，在本款中，符合国际开发协会（但非国际复兴开发银行）借款资格的成员被视为欠发达国家。

第十一条第一款：代表们注意到，前言和第一条、第二条银行职能和宗旨重点强调亚洲地区经济发展。在业务政策允许的范围内，银行可依照第十一条第一款，在符合其宗旨和职能的前提下，向本区域之外的受援方提供融资。

第十三条第四款：代表们强调，第四款所提到的银行业务和财务政策，应由董事会依照第二十六条并基于国际良好实践进行批准。这些政策应包括，环境与社会框架、披露、采购和债务可持续性。在争议地区开展业务的政策应规定，对争议地区的融资支持应依照第三款规定征得成员同意。银行不对领土主张采取任何立场。

第十五条第一款：代表们注意到，加入"其他类似形式的援助"表述意在允许使用多边开发银行和其他机构普遍使用于基础设施融资的投资赠款和类似工具。亦可根据本款提供项目准备支持。

第十六条第一款：代表们注意到，"相关法律规定"并非意在限制银行获得成员通常在其市场中给予多边开发银行的优惠待遇。

第十六条第八款：代表们注意到，本款以及第二十四条第四款规定了理事会批准建立附属机构的框架。依照第三十二条第二款建立银行办公室应符合银行细则的规定。

第二十五条：代表们注意到，理事会将在首次会议上通过有关规则，允许超过一定数量成员组成的选区的董事任命一名额外副董事。该规则应要求有权任命第二名副董事的董事在下述情况下需明确代其行使董事权利的副董事：（1）董事缺席；以及（2）依照第五款第（三）项董事职位出现空缺。

第二十六条：代表们注意到，第二十六条第（二）项规定的由董事会制定的重大政策包括环境与社会影响政策，以及采购政策（第十三条）和披露政策（第三十四条）。

董事会如需批准重大业务和财务政策，或根据银行政策向行长下放权力，或做出将董事会对银行业务的决定权下放的决定时，需获得总投票权四分之三以上多数通过。

代表们同意，董事会依照第二十六条第（四）项规定建立的监督机制，应秉承透明、公开、独立和问责的原则进行设计，其内容应包括审计、评估、欺诈和腐败、项目投诉和员工申诉等领域，并体现银行作为基础设施发展领域多边金融机构的特点。

第六十条：代表们同意，在协定生效之前，意向创始成员可继续召开首席谈判代表会议，作为筹建亚投行的更广泛磋商机制。自协定生效之日起至第五十八条第一款规定的最后日期止，在意向创始成员完成所有成员资格程序之前，将通过临时性安排为意向创始成员继续参与银行的治理提供机会。在此期间，理事会和董事会可允许没有投票权的代表出席会议，以确保重大决定均通过所有签署方充分磋商，并在最大程度上达成共识。具体安排如下：

（一）理事会——尚未成为成员的签署方可派代表作为观察员出席理事会会议。

（二）董事会——鉴于最终选区划分将在成员理事投票选举董事或委派投票权给董事时才能完成，签署方可考虑组建名义选区。在名义选区的基础上，每个选区由一名或多名成员选举一名董事；或者，若选区尚未有董事，可由选区内成员经过协商选择一名选区特别代表。选区代表可参加董事会会议，但没有投票权。董事可非正式代表本选区尚未成为成员的签署方，并可正式代表投票选举其或向其委派投票权的理事。每个选区可由一名董事或一名选区代表负责，但两者不能并存。

第五十八条所规定的签署方完成成员资格程序、成为成员的截止期限之后，成为创始成员的时期将结束。届时，所有创始成员将在亚投行正常治理安排下参与银行治理，上述临时性安排将终止。

参考文献

AIIB Website: Many of the sources cited are posted on the AIIB website, www. aiib. org (last accessed December 31, 2017). These include:

AIIB Press Releases: cited by title and date.

AIIB Basic Documents:

· By-Laws (adopted January 16, 2016, amended December 19, 2017)

· Rules of Procedure of the Board of Governors (adopted January 16, 2016, amended December 19, 2017)

· Rules of Procedure of the Board of Directors (approved January 17, 2016, amended October 9, 2017)

· Code of Conduct for Board Officials (adopted January 16, 2016)

· Code of Conduct for Bank Personnel (adopted January 16, 2016)

· Headquarters Agreement between the Government of the People's Republic of China and the Asian Infrastructure Investment Bank (January 16, 2016)

· Staff Regulations (November 11, 2016)

AIIB Board of Governors' Resolutions and summary proceedings of meetings

AIIB Board of Directors' Minutes, Committees and Composition

AIIB Members (list of members and prospective members)

AIIB Policies, including:

· Corporate Procurement Policy (January 2016)

· Environmental and Social Policy (February 2016)

· General Conditions for Sovereign-backed Loans (May 1, 2016)

· Operational Policy on Financing（January 2016, updated March 21, 2017）

· Operational Policy on International Relations（March 21, 2017）

· Policy on Prohibited Practices（May 1, 2016, amended December 8, 2016）

· Procurement Policy（January 2016）

· Public Information Interim Policy（January 2016）

· Sovereign-backed Loan and Guarantee Pricing Decision（January 2016）

Asian Infrastructure Investment Bank（AIIB）（2017）. Connecting Asia for the Future, Annual Report and Accounts 2016.

Bhattacharya, Amar, Mattia Romani and Nicholas Stern（2012）. Infrastructure for Development. London, UK: London School of Economics and G-24.

Bhattacharyay, Biswa Nath（2012）. "Modes of Asian Financial Integration: Financing Infrastructure", in Infrastructure for Asian Connectivity, edited by Bisa Nath Bhattacharyay, Mashiro Kawai and Rajat M. Nag, 349 – 401. Cheltenham, UK: Edward Elgar.

Bitterman, Henry J.（1971）. "Negotiation of the Articles of Agreement of the International Bank for Reconstruction and Development", *International Lawyer*, no. 1: 59-88.

Bronstone, Adam（1999）. The European Bank for Reconstruction and Development: The Building of a Bank for East Central Europe. Manchester, UK: Manchester University Press.

Callaghan, Mike and Paul Hubbard（2016）. "The Asian Infrastructure Investment Bank: Multilateralism on the Silk Road", *China Economic Journal* 9, no. 2: 116-39.

Cisse, Hassane（2012）. "Should the Political Prohibition in Charters of International Financial Institutions Be Revisited? The Case of the World Bank", in *World Bank Legal Review*, Volume 3, International Financial Institutions and Global Legal Governance, edited by Hassane Cisse, Daniel D. Bradlow and Benedict Kingsbury, 59-92. Washington, DC: World Bank.

Cogan, Jacob Katz（2009）. "Representation and Power in International Organization: The Operational Constitution and Its Critics", *American Journal of International Law* 103: 209-63.

Conway, Ed (2014). The Summit: Bretton Woods, 1944. New York, NY: Pegasus Books.

Development Committee (formally known as the Joint Ministerial Committee of the Boards of Governors of the World Bank and International Monetary Fund on the Transfer of Real Resources to Developing Countries) (2007). "Voice and Participation in the World Bank: Legal Framework", found as Annex 1B to Options Paper on Voice and Representation—Final Report, DC2007-0009/ 1, April 6, 2007.

Development Committee (2008). Enhancing Voice and Participation of Developing and Transition Countries in the World Bank Group: Options for Reform, DC2008-0013, October 12, 2008.

Development Committee (2010). World Bank Group Voice Reform: Enhancing Voice and Participation of Developing and Transition Countries in 2010 and Beyond, DC2010-0006/ 1, April 25, 2010.

Development Committee (2011). Strengthening Governance and Accountability: Shareholder Stewardship and Oversight, Background Document, DC2011-0006, April 4, 2011, Annex 2.

Development Committee (2016). Dynamic Formula— Report to the Governors, Annual Meetings 2016, DC2016-0010, September 20, 2016.

Diaz-Bonilla, Eugenio and Maria Victoria del Campo (2010). A Long and Winding Road: The Creation of the Inter American Development Bank. Available via lulu. com.

Dollar, David (2015). "China's Rise as a Global and Regional Power", *Horizons*, *Summer*, no. 4: 162-72.

English, E. Philip and Harris M. Mule (1996). The Multilateral Development Banks, Volume 1: The African Development Bank. Boulder, CO: Lynne Rienner Publishers.

European Investment Bank (EIB) (2008). The Bank of the European Union:

The EIB, 1958-2008. Luxembourg: European Investment Bank.

Gardiner, Robert K. A. and James Pickett (1984). The African Development Bank 1964-1984. Abidjan, Coted'Ivoire: The African Development Bank.

Gold, Joseph (1974). Membership and Nonmembership in the International Monetary Fund. Washington, DC: International Monetary Fund.

He, Alex (2016). "China in the International Financial System: A Study of the NDB and the AIIB", *CIGI Papers*, no. 106 (June).

Helleiner, Eric (2014). Forgotten Foundations of Bretton Woods: International Development and the Making of the Postwar Order. Ithaca, NY: Cornell University Press.

Huang, Po-wen, Jr. (1975). The Asian Development Bank: Diplomacy and Development in Asia. New York, NY: Vantage Press.

Humphrey, Chris (2015a). "Developmental Revolution or Bretton Woods Revisited? The Prospects of the BRICS New Development Bank and the Asian Infrastructure Investment Bank", *Overseas Development Institute Working Paper* 418 (April 2015).

Humphrey, Chris (2015b). Are Credit Rating Agencies Limiting the Operational Capacity of Multilateral Development Banks? Intergovernmental Group of 24 (G-24), October 30, 2015.

Humphrey, Chris (2016). "The Invisible Hand: Financial Pressures and Organisational Convergence in Multilateral Development Banks", *Journal of Development Studies* 52, no. 1: 92-112.

International Bank for Reconstruction and Development (IBRD) (2016). IBRD Information Statement, September 22, 2016, filed with the U. S. Securities and Exchange Commission electronically through the EDGAR system and available at http: // www. sec. gov/ edgar. shtml.

Jacob, Mark (2013). "Bank for International Settlements (BIS)," in *Max Planck Encyclopedia of Public International Law* (Oxford University Press, online).

Jin, Liqun (2015). "Financing for the Future— The Vision for the Asian Infrastructure Investment Bank", *Horizons*, Summer, no. 4: 54-61.

Kappagoda, Nihal (1995). The Multilateral Development Banks, Volume 2: The Asian Development Bank. Boulder, CO: Lynne Rienner Publishers.

Martinez-Diaz, Leonardo (2009). "Executive Boards in International Organizations", in *Studies of IMF Governance: A Compendium*, edited by Ruben Lamdany and Leonardo Martinez-Diaz, 82-126. Washington, DC: IMF International Evaluation Office.

Mason, Edward S. and Robert E. Asher (1973). The World Bank Since Bretton Woods. Washington, DC: The Brookings Institution.

Menkveld, Paul A. (1991). Origin and Role of the European Bank for Reconstruction and Development. London, UK: Graham & Trotman.

Mingst, Karen A. (1990). Politics and the African Development Bank. Lexington, KY: The University Press of Kentucky.

Mistry, Percy (1995). Multilateral Development Banks: An Assessment of Their Financial Policies, Structures and Practices. The Hague: FONDAD.

Morris, Scott (2016). "Responding to AIIB: U. S. Leadership at the Multilateral Development Banks in a New Era", *Center for Global Development Policy Paper* 091, October 2016.

Oliver, Robert (1975). International Economic Co-operation and the World Bank. London, UK: Macmillan.

Parra, Antonio R. (2017). The History of ICSID (second edition). Oxford, UK: Oxford University Press.

Reinsich, August (2008). "The Immunity of International Organizations and the Jurisdiction of Their Administrative Tribunals", *Chinese Journal of International Law* 7, no. 2, 285-306.

Reinisch, August and Jakob Wurm (2010). "International Financial Institutions before National Courts", in *International Financial Institutions and International Law*, edited by Daniel Bradlow and David Hunter, 103-35. The Netherlands: Wolters Kluwer.

Rigo Sureda, Andres (2004). "The Law Applicable to the Activities of International Development Banks", in *Collected Courses of The Hague Academy of International Law*, 308. Boston, MA: Brill Nijhoff.

Sanders, Gerard (2017a). "The Asian Infrastructure Investment Bank and the Belt and Road Initiative: Complementarities and Contrasts", *Chinese Journal of International Law* 16, no. 2: 367-71.

Sanders, Gerard (2017b). "Financing of Investment Projects at the AIIB: Institutional Set – Up and First Experiences", *Manchester Journal of International Economic Law* 14, no. 2: 262-65.

Shihata, Ibrahim F. I. (1988). MIGA and Foreign Investment: Origins, Operations, Policies and Basic Documents of the Multilateral Investment Guarantee Agency. Boston, MA: Martinus Nijhoff.

Shihata, Ibrahim F. I. (1990). The European Bank for Reconstruction and Development: A Comparative Analysis of the Constituent Agreement. London, UK: Martinus Nijhoff.

Shihata, Ibrahim F. I. (1999). "The Creative Role of the Lawyer— Example: The Office of the World Bank's General Counsel", *Catholic University Law Review* 48, no. 4: 1041-53.

Shihata, Ibrahim F. I. (2000). The World Bank Legal Papers. The Hague: Martinus Nijhoff.

Sun, Yun (2015). "China and the Evolving Asian Infrastructure Investment Bank", in Asian Infrastructure Investment Bank: China as Responsible Stakeholder, edited by Daniel Bob, 27-41. Washington, DC: Sasakawa USA.

Tussie, Diane (1995). The Multilateral Development Banks, Volume 4: The Inter-American Development Bank. Boulder, CO: Lynne Rienner Publishers.

UN Economic and Social Commission for Asia and the Pacific (ESCAP) (2005). Implementing the Monterrey Consensus in the Asian and Pacific Region: Achieving Coherence and Consistency. New York, NY: United Nations.

US Department of State (1940). United States Department of State Bulletin, May 11, 1940, containing the text of the Convention for the Establishment of an Inter-American Bank (with attachments) at 512-25.

US Department of Treasury (1944). "Questions and Answers on the Bank for Reconstruction and Development, June 10, 1944", mimeograph, Washington, DC, available as Center for Financial Stability, Paper in Financial History, Questions and Answers on the Bank for Reconstruction and Development, June 10, 1944, edited by Kurt Schuler and Dylan Schuler, August 14, 2013.

Wang, Hongying (2015). "The Asian Infrastructure Investment Bank: A New Bretton Woods Moment? A Total Chinese Triumph?" *CIGI Policy Brief*, no. 59, April 2015.

Wang, Hongying (2016). "New Multilateral Development Banks: Opportunities and Challenges for Global Governance", *Council on Foreign Relations Discussion Paper*.

Weber, Stephen (1994). "Origins of the European Bank for Reconstruction and Development", International Organization 48, no. 1: 1-38.

Weiss, Martin (2017). "Asian Infrastructure Investment Bank", *Congressional Research Service Research Report*, February 3, 2017.

White, John (1968). "The Asian Development Bank: A Question of Style", International Affairs 44, no. 4: 677-90.

White, John (1970). Regional Development Banks: A Study of Institutional Style. London, UK: Overseas Development Institute.

Wihtol, Robert (2015). "Beijing's Challenge to the Global Financial Architecture", *Georgetown Journal of Asian Affairs*, Spring/ Summer 2015, 7-15.

Wilson, Dick (1987). A Bank for Half the World: The Story of the Asian Development Bank 1966-86. Manila, Philippines: Asian Development Bank.

Xi, Jinping (2013). "Deepen Reform and Opening Up and Work Together for a Better Asia Pacific", H. E. Xi Jinping, President of the People's Republic of China to the APEC CEO Summit, October 7, 2013, Bali, Indonesia, at http: // www. fmprc. gov. cn/ mfa_eng/ topics_665678/ xjpfwynmlxycx21apec_665682/ t1088517. shtml. (last accessed December 10, 2017).

Zedillo, Ernesto (2009). Repowering the World Bank for the 21st Century: Report of the High-Level Commission on Modernization of World Bank Group Governance. Washington, DC: World Bank.

索　引